ドイツ
原価計算研究

アメリカの活動基準原価計算(ABC)との比較研究

著 森本和義 *Morimoto Kazuyoshi*

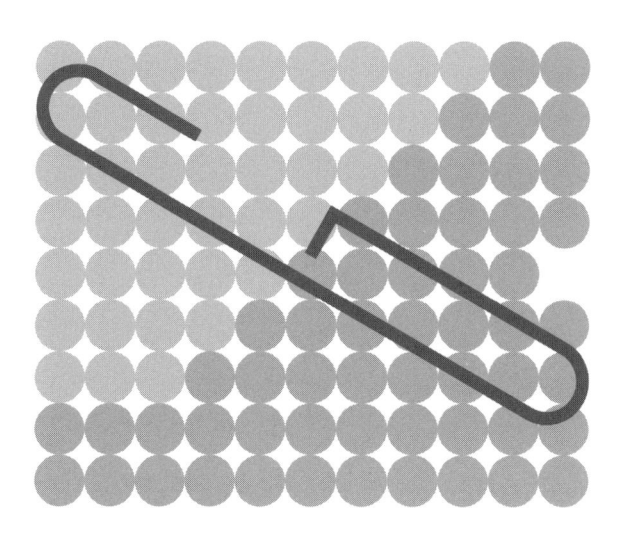

同文舘出版

序　文

　本書は，アメリカの活動基準原価計算（Activity-Based Costing；ABC）と比較しながら，ドイツの原価計算を研究したものである。まず，私は，大学院時代に，恩師平林喜博先生の指導のもとで，リーベルの学説研究に専念していた。リーベルは，化学工業の生産現場を熟知し，とりわけ連産品の原価計算，すなわち結合原価（間接費）の問題について綿密な研究を重ねていた。そして，その研究の帰結として，間接費を各製品単位に配賦することを放棄し，間接費を段階的に回収計算する原価計算方法を確立するに至る。いわゆるリーベルが1950年代末に提唱した直接費計算および補償貢献額計算である。私の原価計算研究の原点は，まさにこのリーベルの学説研究にあり，以後，原価計算対象，原価作用因，原価部門別計算，製品原価計算の計算軸，部分原価計算と全部原価計算，貢献差益法と全部原価計算などの原価計算上の論点に関して自問自答することになる。なお，本書第1章は私のリーベル研究の成果である。

　また，大学院を修了し，大分大学経済学部に奉職した頃から，1980年代末に提唱されたドイツのプロセス原価計算について研究し始めた。プロセス原価計算を提唱するホルヴァートとマイヤーは，クーパーやキャプランらが提唱するアメリカのABCから多大な影響を受けていたが，しかし，プロセス原価計算の計算構造は明らかにドイツ原価計算の伝統を継承していた。また，ドイツでは，ABCが登場する以前の1970年代に，間接費の増大に伴う原価構造の変化が顕著となり，ABCと類似する原価計算の発想がシーメンス社などの企業実務において生み出されていた。したがって，このような状況から，プロセス原価計算の研究を契機として，私の研究は自ずとABCとドイツ原価計算との比較研究に向かうことになる。

　さて，私のABCとドイツ原価計算との比較研究の内容は，以下に示す通りであり，その研究成果は本書の各章に収容されている。

(2)

- (1) ABCのコスト・ドライバーとドイツ原価計算の伝統的概念である関連量（本書第2章）
- (2) ABCが登場する以前に創出されていたシーメンス社のプロセス志向原価計算（本書第4章）
- (3) ABC貢献差益法とドイツの補償貢献額計算（本書第5章）
- (4) ABCの計算構造とドイツのプロセス原価計算の計算構造（本書第6章）
- (5) ABCとドイツ原価計算との比較研究とわが国の『原価計算基準』（本書第7章）
- (6) ABCの原価理論とグーテンベルクの原価理論（本書第8章）
- (7) ABCとシュマーレンバッハの原価計算論（本書第9章）

また，本書第3章では，ドイツ補償貢献額計算論争を取り上げ，ドイツで有力な2つの部分原価計算（すなわちプラウトとキルガーが提唱する限界計画原価計算とリーベルが確立した直接費計算および補償貢献額計算）への理解を深めた。この論争にはホルヴァートとマイヤーも参加し，彼らは，1986年の論文では，関係データ・ベースに統合されたリーベルの直接費計算および補償貢献額計算に歩むべき新たな道を見出したようであったが，僅か3年後の1989年には，アメリカのABCから影響を受けて全部原価計算としてのプロセス原価計算を提唱している。

さらに，本書第10章では，エヴァートとヴァーゲンホーファーの2007年の共同論文を取り上げ，アメリカ流の管理会計とは異なるドイツ独自の管理会計研究の形成過程を明らかにするとともに，特に1990年代以降には，ドイツ流のKostenlehre（原価学）からアメリカ流のmanagement accounting research（管理会計研究）への移行が現れ，近年アメリカ型のmanagement accounting researchがドイツで成立しているといえる現況について論究した。以上が，本書の概要である。

なお，大阪市立大学の伝統的な原価計算観は原価凝着（Costs Attach）という概念に集約されるように思われるが，この原価の凝着性については本書では論及しなかった。この論点については，改めて検討したい。

このように本書を上梓することができたのは，何よりも恩師である平林喜博

先生（大阪市立大学名誉教授）のお陰である。大学院でご指導を仰いで以来，温かく寛大なお心で見守っていただいた。先生の親身のご指導がなければ，今のような研究者としての私の存在はなかったものと理解している。先生に「救われた」というのが，不肖の弟子である私の実感である。長年の学恩に感謝の意を表し，謹んで本書を先生に捧げる次第である。

　また，学部時代の恩師である西田芳次郎先生（元同志社大学教授）には，公私にわたりお世話いただいた。先生には，学問の面白さをご教示いただいた。アメリカ会計学会の『原価・管理会計基準』や『基礎的会計理論』，チェスター・I・バーナードの『経営者の役割』，グーテンベルクの『経営経済学原理』やハイネンの『経営経済学入門』など，原書と訳本を突き合わせて読むことをご指導いただいた。研究者としての礎が形成されたことは言う迄もなく，心からお礼を申し上げたい。

　兄弟子である中嶌道靖先生（関西大学教授）にも，感謝の意を表したい。先生の激励がなければ，途中でくじけていたかもしれない。

　大学院を終えた時点からお世話になっている会計情報研究会の諸先生方にも，感謝を申し上げたい。深山明先生（関西学院大学教授）には，ドイツ経営経済学のご指導をいただき，小菅正伸先生（関西学院大学教授）には，原価計算や管理会計のご指導をいただいている。また，山口忠昭先生（近畿大学教授）には，本書の上梓に向けて，最後の一押しをいただいた。厚くお礼を申し上げたい。

　上總康行先生（京都大学名誉教授）と廣本敏郎先生（元一橋大学教授，公認会計士・監査審査会常勤委員）にも，心からお礼を申し上げたい。研究を放棄しかけた時に，貴重なご助言や研究発表の機会を与えていただいた。また，尾畑裕先生（一橋大学教授）には，直接ご指導いただいたわけではないが，心から感謝の念を伝えたい。本書の多くは，尾畑先生の研究に依拠している。

　研究会などでお世話になっている水野一郎先生（関西大学教授），向山敦夫先生（大阪市立大学教授），澤邉紀生先生（京都大学教授）にも，心から感謝を申し上げたい。

　岸本幸臣学長先生や杉原充志副学長先生をはじめ羽衣国際大学の諸先生方に

も，感謝の意を表したい。お陰様で，充実した教員生活を送らせていただいている。

　最後に，本書を刊行する機会を与えていただいた同文舘出版ならびに大変お世話になった取締役編集局長市川良之氏に厚くお礼を申し上げたい。

2015年4月

　　　　　　　　　　　　　　　　　　　　　　　　　　森本　和義

目　次

序　文 ———————————————————————————— (1)

第1章　リーベル研究
―相対的直接費計算および補償貢献額計算― ———— 3

Ⅰ．はじめに …………………………………………………… 3
Ⅱ．全部原価計算への批判 …………………………………… 6
　1．全部原価計算の欠陥 …………………………………… 6
　2．全部原価計算の欠陥の克服 …………………………… 10
Ⅲ．間接費の理論的研究 ……………………………………… 17
　1．直接費と間接費 ………………………………………… 18
　2．真の間接費と見せかけの間接費 ……………………… 21
　3．給付費と経営準備費 …………………………………… 23
Ⅳ．リーベルの原価計算システムの構造 …………………… 24
　1．全 体 像 ………………………………………………… 24
　2．基礎計算と補償貢献額計算 …………………………… 32
Ⅴ．おわりに …………………………………………………… 41

第2章　キルガー研究
―弾力的計画原価計算および補償貢献額計算― ———— 43

Ⅰ．はじめに …………………………………………………… 43
Ⅱ．弾力的計画原価計算の概要 ……………………………… 46
Ⅲ．原価部門編成のための原則 ……………………………… 50

Ⅳ．関連量選択の原則 …………………………………………… 53
　Ⅴ．製造原価部門における関連量の選択 ………………………… 57
　　1．製品に起因する原価発生の異質性 ………………………… 57
　　2．方法に起因する原価発生の異質性 ………………………… 60
　　3．製品および方法に起因する原価発生の異質性 …………… 62
　Ⅵ．その他の第一次原価部門における関連量の選択 …………… 63
　Ⅶ．第二次原価部門における関連量の選択 ……………………… 66
　Ⅷ．おわりに ………………………………………………………… 73

第3章　ドイツ補償貢献額計算に関する研究 ── 75

　Ⅰ．はじめに ………………………………………………………… 75
　Ⅱ．補償貢献額計算という概念 …………………………………… 77
　　1．ヴェーバーの偽ブランド発言 ……………………………… 77
　　2．メンネルによる声明 ………………………………………… 79
　Ⅲ．ホルヴァート，クライナーおよびマイヤーによる
　　　GPKとEDRの比較考察 ……………………………………… 81
　　1．経営経済学の分析対象としての組立 ……………………… 81
　　2．GPKとEDRとの比較考察 ………………………………… 86
　Ⅳ．ベッカー主催の公開討論会 …………………………………… 89
　　1．プラウトの反論 ……………………………………………… 90
　　2．プラウトに対するホルヴァート，クライナーおよびマイヤーの返答 ‥94
　　3．ヴェーバーの弁明 …………………………………………… 96
　Ⅴ．プラウト，ボニンおよびヴィカスによるGPKとEDRの比較考察‥98
　Ⅵ．おわりに ……………………………………………………… 101

第4章　シーメンス社のプロセス志向原価計算 ── 103

　Ⅰ．はじめに ……………………………………………………… 103

目　次　(7)

　Ⅱ．プロセス志向原価計算の構想 …………………………………………105
　Ⅲ．プロセス志向原価計算の導入実験 ……………………………………111
　　1．電気機器工場の事例 …………………………………………………111
　　2．電動モーター工場の事例 ……………………………………………114
　　3．冷蔵庫および冷凍庫工場の事例 ……………………………………115
　Ⅳ．おわりに …………………………………………………………………118

第5章　活動基準原価計算（ABC）――――――――――――― 121
　Ⅰ．はじめに …………………………………………………………………121
　Ⅱ．初期 ABC の構造 ………………………………………………………123
　Ⅲ．ABC の階層構造 …………………………………………………………127
　　1．ABC 全部原価計算 ……………………………………………………127
　　2．ABC 貢献差益法 ………………………………………………………132
　Ⅳ．おわりに …………………………………………………………………139

第6章　ドイツのプロセス原価計算―――――――――――――― 143
　Ⅰ．はじめに …………………………………………………………………143
　Ⅱ．ABC とプロセス原価計算との異同点 …………………………………145
　Ⅲ．プロセス原価計算の計算構造 …………………………………………148
　　(1) 活動分析を通じての部分プロセスの認識 ………………………150
　　(2) 基準量の選択 ………………………………………………………151
　　(3) 部分プロセス原価の算定 …………………………………………153
　　(4) 主要プロセス原価の算定 …………………………………………154
　Ⅳ．第二世代 ABC の計算構造 ……………………………………………155
　Ⅴ．おわりに …………………………………………………………………158

第7章　経営環境の変化と『原価計算基準』――――― 161

　Ⅰ．はじめに……………………………………………………161
　Ⅱ．『原価計算基準』の再検討…………………………………163
　Ⅲ．ABCとプロセス原価計算…………………………………166
　　1．ドイツのプロセス原価計算……………………………166
　　2．第二世代ABC……………………………………………169
　　3．シーメンス社のプロセス志向原価計算………………170
　Ⅳ．おわりに……………………………………………………171

第8章　中間的原価計算対象に関する研究――――― 175

　Ⅰ．はじめに……………………………………………………175
　Ⅱ．グーテンベルクの生産・原価理論………………………177
　　1．経営部分単位の役割……………………………………177
　　2．B型生産関数……………………………………………179
　　3．適応の理論と原価関数…………………………………181
　　　(1)　強度による適応……………………………………181
　　　(2)　量的適応……………………………………………183
　Ⅲ．ABCの諸条件………………………………………………185
　Ⅳ．ABCの原価関数……………………………………………187
　Ⅴ．おわりに……………………………………………………191

第9章　シュマーレンバッハ研究
　　　　　―工場経営における簿記と原価計算――――― 193

　Ⅰ．はじめに……………………………………………………193
　Ⅱ．原価計算的簿記の必要性…………………………………194
　Ⅲ．出費の配賦計算……………………………………………197

Ⅳ．第一次費と第二次費 …………………………………………200
　Ⅴ．第一次原価計算価格と総原価計算価格 ……………………204
　Ⅵ．出費の算定基準 ………………………………………………207
　Ⅶ．おわりに ………………………………………………………210

第10章　ドイツ管理会計研究―――――――――――――― 213
　Ⅰ．はじめに ………………………………………………………213
　Ⅱ．管理会計発展の背景 …………………………………………214
　Ⅲ．財務会計と管理会計との関係 ………………………………219
　Ⅳ．原価理論と原価概念 …………………………………………223
　　1．生産に基づく原価 …………………………………………223
　　2．割引キャッシュ・フローに基づく原価 …………………227
　Ⅴ．ドイツ原価計算システム ……………………………………231
　Ⅵ．ドイツ管理会計研究 …………………………………………234
　Ⅶ．おわりに ………………………………………………………240

参考文献――――――――――――――――――――――― 245

索　　引――――――――――――――――――――――― 255

〈付　記〉

　本書の各章は，以下の雑誌に掲載された拙稿を基礎としている。勿論，本書の各章を執筆するにあたり，改めて以下の拙稿に検討を加え，補筆および修正を施している。

〈第 1 章〉
・「間接費の配賦に関する一考察―リーベルの所説を中心として―」『大分大学経済論集』第 44 巻第 1 号，82 頁〜 115 頁，1992 年 5 月。
・「リーベルの原価計算論について」『大分大学経済論集』第 44 巻第 3 号，50 頁〜 76 頁，1992 年 9 月。

〈第 2 章〉
・「キルガー研究―弾力的計画原価計算および補償貢献額計算―」『産業・社会・人間（羽衣国際大学）』No.14，51 頁〜 64 頁，2011 年 3 月。
・「限界計画原価計算に関する研究」『羽衣国際大学現代社会学部研究紀要』第 4 号，35 頁〜 47 頁，2015 年 3 月。

〈第 3 章〉
・「補償貢献額計算（Deckungsbeitragsrechnung）に関する論争について」『岡山商大論叢』第 44 巻第 1 号，25 頁〜 44 頁，2008 年 6 月。
・「ドイツ補償貢献額計算に関する研究」『羽衣国際大学現代社会学部研究紀要』第 2 号，25 頁〜 36 頁，2013 年 3 月。

〈第 4 章〉
・「シーメンス社のプロセス指向的原価計算に関する研究」『岡山商大論叢』第 45 巻第 2・3 号，49 頁〜 70 頁，2010 年 2 月。

〈第 5 章〉
・「活動基準原価計算について」『大分大学経済論集』第 48 巻第 3・4 号，205 頁〜 227 頁，1996 年 11 月。
・「活動基準原価計算（ABC）の階層構造について」『大分大学経済論集』第 50 巻第 3 号，39 頁〜 63 頁，1998 年 9 月。
・「間接費の配賦に関する一考察―活動基準原価計算（ABC）の階層構造を中心として―」『会計』155 巻第 6 号，22 頁〜 34 頁，1999 年 6 月。

〈第 6 章〉
・「プロセス原価計算に関する一考察」『大分大学経済論集』第 46 巻第 5 号，93 頁〜 114 頁，1995 年 1 月。
・「ドイツのプロセス原価計算について―Prozeßkostenrechnung と Activity-Based Costing との比較研究―」『原価計算研究』Vol.25 No.1，19 頁〜 29 頁，2001 年 3 月。

〈第7章〉
- 「経営環境の変化と『原価計算基準』—Activity-Based Costing と Prozeßkostenrechnung との比較研究—」『原価計算研究』Vol.28 No.1, 12 頁〜22 頁, 2004 年 3 月。
- 「原価部門別計算の重要性—Activity-Based Costing と Prozeßkostenrechnung との比較研究—」『産業経理』Vol.64 No.1, 50 頁〜60 頁, 2004 年 4 月。

〈第8章〉
- 「活動基準原価計算（ABC）に関する覚書」『大分大学経済論集』第 51 巻第 1 号, 238 頁〜253 頁, 1999 年 5 月。
- 「中間的原価計算対象に関する考察—ドイツ原価理論と Activity-Based Costing との比較研究—」『原価計算研究』Vol.36 No.1, 25 頁〜34 頁, 2012 年 3 月。

〈第9章〉
- 「シュマーレンバッハ研究—工場経営における簿記と原価計算—」『同志社商学』第 56 巻第 1 号, 133 頁〜146 頁, 2004 年 5 月。
- 「シュマーレンバッハ研究—近年の Activity-Based Costing を念頭において—」『会計史学会年報』2004 年度第 23 号, 27 頁〜40 頁, 2005 年 3 月。
- 「シュマーレンバッハの原価計算論について—近年の Activity-Based Costing を念頭において—」『産業経理』Vol.67 No.2, 69 頁〜79 頁, 2007 年 7 月。

〈第10章〉
- 「ドイツ管理会計に関する研究—歴史的考察として—」『岡山商大論叢』第 44 巻第 3 号, 1 頁〜28 頁, 2009 年 3 月。
- 「ドイツ管理会計の現況について—Kostenlehre から management accounting research への移行—」『羽衣国際大学現代社会学部研究紀要』第 1 号, 27 頁〜38 頁, 2012 年 3 月。

ドイツ原価計算研究

―アメリカの活動基準原価計算(ABC)との比較研究―

第1章　リーベル研究
――相対的直接費計算および補償貢献額計算――

I．はじめに

　今日，FA化（工場自動化）の進展に伴い，企業の原価構造は大きく変化してきている。FA環境下では，直接労務費は大幅に減少し，製造原価に占める製造間接費の割合が著しく増加してきている。そのため，直接作業時間ないし直接労務費のような単一の配賦基準でもって製造間接費を製品単位に配賦する実務に対しては，批判的な見解が示されている（小林, 1987, 25頁；Johnson and Kaplan, 1987, pp.183-192）。さらに，ヒューレット・パッカード社のようなハイテク企業では，直接労務費はもはや独立した原価項目とはみなされず，今や製造間接費に含められているとのことである（宮本, 1990, 114-115頁）。したがって，今日，原価計算担当者にとっては，この増大する製造間接費をいかに上手く管理するかが最大の関心事となってきている。

　製造間接費の管理手法としては，例えばアメリカでは，ABC（Activity-Based Costing；活動基準原価計算）が提唱されている。聞くところによると，このABCは，伝統的な製造間接費の配賦方法を根本的に見直し，製造間接費を製品に跡付ける最良の方法を研究したものであるらしい。ABCに関する数多くの研究成果の1つにすぎないが，次のような見解もある。「ABCの基本的な発想は，直接費のみならず，伝統的な原価分類では間接費とみなされていたものを，原価の発生要因ごとにできるかぎり正確に把握し，製品に関連づけようとするものである。比喩的にいうならば，間接費の直接費化志向ともいうことができる」（田中, 1991, 24頁）。

また，わが国では，製造間接費の製造原価に占める比率は著しく低く，そのため，予想されるほど製造間接費の管理は大きな問題にはなっていないとのことである。というのも，「わが国の企業では，最近，製品別跡づけをやめ，製品系列に原価を直課しようとする企業が増えつつある」からだそうである（櫻井, 1991, 113頁）。確かに，製品別に原価を計算しようとすると，ややこしい配賦が必要になるが，原価を製品系列に直課することにより，つまり製品系列に対する直接費として扱うことにより配賦をなくすことができる。すなわち，直接費の内容を拡張したために，伝統的な意味での配賦はなくなってしまったというのである（櫻井, 1991, 109頁）。

　どうやら製造間接費の革新的な管理手法を開発するためには，今まで間接費とみなしてきたものを直接費のように評価し管理することが必要であるようである。つまり，「製品との関連で行われていた直接費と間接費への原価の2分類を，基本的に忘れる」ことが肝要であるようである（宮本, 1990, 180頁）。「何が直接費で何が間接費かは，定義のいかんによって左右される」（宮本, 1990, 106頁）。今や，既成の概念にとらわれることなく，これを一度解体してみて，現状に適合するような概念を新たに再構築することが求められている。

　ところで，本章では，1950年代末にドイツでリーベル（Riebel, P.）によって開発された原価計算システムについて考察する。このリーベルの原価計算システムは，ドイツでは，「相対的直接費および補償貢献額による計算（Das Rechnen mit relativen Einzelkosten und Deckungsbeiträgen）」，「相対的直接費計算（relativen Einzelkostenrechnung）」，「相対的直接費に基づく部分原価計算（Teilkostenrechnung auf der Basis von relativen Einzelkosten）」として一般的に理解されている。本章でリーベルの所説を取り上げるのも，彼の原価計算システムの構想が，今日の間接費配賦の議論をより実り多いものにしてくれると確信しているからである。確かに，当時と現在とでは企業を取り巻く環境は大きく異なっている。しかし，間接費の問題に取り組む研究者の真摯な態度は，今も昔も大きくは変わらないであろう。したがって，本章においては，リーベルの所説を，しかもできる限り現代的な視野から検討することにする。

　リーベルは，数多くの論文を通じて，「間接費の配賦および固定費の比例化

を一切行わない原価計算システム」を構築したと主張している。しかし，彼の主張する「間接費の配賦を全く行わない原価計算システム」を入念に検討してみると，すべての原価費目が何らかの関連量（Bezugsgrößen）—すなわち原価が一義的に帰属計算される対象（原価計算対象）—に直課され，直接費（Einzelkosten）として把握されていることが容易にわかる。個々の原価費目は，製品ばかりでなく，それ以外の関連量にも直接的に跡付けられ，直接費として認識されている。すなわち，リーベルの場合にも，直接費の内容を拡張したために，伝統的な意味での配賦はなくなってしまったのである。

なお，リーベルの説明によると，実質的には会計上3種類の関連量が重要であるという。すなわち，(a)指数の分母としての関連量，(b)作用因としての関連量，(c)原価計算対象としての関連量である。なかでもリーベルの相対的直接費計算にとって特に重要となる関連量は，(c)の意味での関連量であり，リーベルは，(a)および(b)の意味での関連量との混同を避けるために，次第に(c)の意味での関連量を関連対象（Bezugsobjekt）と呼び換えるようになる（Riebel, 1985, S.515）。

リーベルによれば，直接費と間接費との区分は，相対的なものであるという（Riebel, 1964a, S.605）。また，直接費と間接費との区分は，相対化される場合には，決して無駄ではないともいう（Riebel, 1959b, S.215）。原価負担者（主として製品）にもはや直接的に帰属計算できない原価は，通常の用語では間接費（Gemeinkosten）であるが（Mellerowicz, 1966, S.141f.），この間接費をいかに直接費として把握するかが，リーベルにとっての第一の取り組むべき課題であった。製品との関連で行われる直接費と間接費への原価の2分類を絶対的なものとするのではなく，それ以外の数多くの関連対象（原価計算対象）に関係づけて，原価が直接費の性格を持つのか，それとも間接費の性格を持つのかが検討されている。リーベルによると，個々の原価費目は，どこか—例えば，製造指図書，製品あるいは製品グループ，さらには原価部門（製造部門であれ，補助部門であれ，販売および一般管理部門であれ）—で，直接費の性格を持つものと解釈されている（Riebel, 1956, S.280）。したがって，究極的には企業で発生するすべての原価が，何らかの関連対象に直課され直接費として扱われることに

なる。リーベルは，まさしく直課型原価計算システムとでもいうべきものを考案したのである。

なお，本論に入る前に，本章は，井上（1961），久保田（1965），斉藤（1970），平林（1980）両頭（1981），阪口（1984, 1992），柳田（1987, 2006），河野（1988），太田（1989），尾畑（1996），中田（1997）のリーベル研究に依拠していることを付記しておく。

II. 全部原価計算への批判

1. 全部原価計算の欠陥

ドイツでは，19世紀末葉頃から，原価計算はますます重要なものとなってきた。特に業種別経済団体（諸協会や諸連合会）では，原価計算の構築と実施とに徹底的に取り組む必要性が認識され始め，原価計算の統一化への努力が徐々に見られるようになってきた（Dorn, 1961, S.40, 訳30頁）。例えば，1908年には，ドイツ機械工作協会が，激化する価格競争に対処するために，「機械工場に対する原価計算（Selbstkostenrechnung für Maschinenfabriken）」を公表している。しかし，「原価計算ないし工業会計制度の統一化や改善について本格的な動きがみられたのは，一般的に第一次大戦後の産業合理化時代を迎えてから」のことである（久保田・小林, 1984, 961頁）。

この産業合理化時代には，特にドイツ経済合理化局（RKW）が，統一的な原価計算制度の確立に対して中心的な役割を担った。1919年から1921年にかけて，RKWの経済製造委員会は，原価計算の実施に対する統一的な指針として「原価計算基礎案（Grundplan der Selbstkostenrechnung）」を公表している。また，RKWの会計制度専門委員会は，1927年から1930年にかけて，シュマーレンバッハ（Schmalenbach, E.）の指導の下で，彼のコンテンラーメンの思考を広く取り入れて，各業種別の統一的な簿記指針を公表している。

しかし,「このような統一化は,原価計算の統一化を法的に強制するものではなかった。これに対して,ナチス体制下に入ると,原価計算の統一化は必然的に国家統制や製品の価格設定と強く結びつくようになった」(久保田・小林, 1984, 961頁)。なかでも,1938年の「公的注文品についての総原価に基づく価格算定細則 (LSÖ)」や1940年の「公的土木建築注文品についての総原価に基づく価格算定細則 (LSBÖ)」には,原価計算の形成に対する国家の影響力の行使が色濃く現れている (Dorn, 1961, S.170, 訳157頁)。

例えば,LSÖ は,第一義的には企業の価格算定プロセスに国家が介入したもので,すべての公的注文品の価格は,総原価 (Selbstkosten) を基礎として算定することを法的に規定している。しかし,価格の算定が原価計算を前提としている限り,LSÖ は価格計算ばかりでなく,原価計算 (経営内部の会計制度) にも著しく影響を及ぼすことになる (Dorn, 1961, S.160 u. 170f., 訳146頁, 157頁以下)。したがって,このような国家の要求 (つまり価格計算規定) に応じるということは,原価計算の本来の課題からますます遠ざかることを,また部分的にはその課題に変更を迫ることを企業に強要する。結果として,企業経営者は,原価計算の本来の役割をますます見失ってしまうことになる。企業管理および経済性管理のための補助手段としての原価計算の本来的な役割は,価格設定目的ないし国家機関による監視機能目的の背後に後退し形骸化されてしまう (Dorn, 1961, S172 u. 205, 訳159頁, 192頁)。そして,このような第3帝国の LSÖ 時代の原価計算思考が,すなわち総原価を算出するための原価転嫁思考 (「ころがし」思考) が,疑いなく第二次大戦後も依然として影響力を持つことになる。そのため,1950年代においても,実務における原価計算は全部原価計算 (総原価計算) でなければならないという意識が,実務家と学者双方の間に広く浸透することになった (Kilger, 1981, S.88)。

ところで,リーベルは,ドルン (Dorn, G.) の文献を参照しながら (Dorn, 1961),伝統的な原価計算 (つまり全部原価計算) は,その発展過程において,まず業種別経済団体による原価計算カルテルの下での価格計算目的によって,次に国家による価格算定規定 (とりわけ LSÖ) によって形作られてきたという (Riebel, 1959b, S.213; 1964b, S.553f.)。両者とも追求してきたことは,提供価

格の均一化を図ることと，特に LSÖ に当てはまることだが，計算要素のごく形式的な統制可能性を確保することであった（Riebel, 1967, S.1）。そして，そのための手段として，個々の原価負担者（注文品や製品単位）を個別かつ孤立的に考察の対象とするような統一的な原価計算シェーマが形成された。特に LSÖ 時代には，そのシェーマに従うことが法的に義務づけられていた。

　しかし，リーベルによると，伝統的な原価計算（全部原価計算システム）の下では，経営者の意思決定の構造や原価および給付の個別経営的構造が，計算上の写像プロセスにおいて何の配慮もなく台無しにされている。というのも，製品や注文品の総原価を算定するために，複数の製品に対して共通的に発生する原価（つまり間接費）が，多少とも恣意と空想でもって，まず原価部門に割り当てられ，次に先行原価部門から最終原価部門へと転嫁され，そして最終的に原価負担者に配賦されているからである。原則として，すべての原価が原価負担者に配賦されるので，そのため全部原価計算（Vollkostenrechnung）という概念が一般的に定着することになる（Riebel, 1967, S.1）。リーベルは，この原価計算のシステムを分かりやすく原価転嫁計算（「ころがし」計算）とも呼ぶことができるという（Riebel, 1964b, S.555；岡本，1980, 102頁；小林，1988, 100頁）。なぜならば，全部原価計算システムでは，すべての原価が，工程から工程へ，そして最終的には販売製品に至るまで，順次転嫁（ころが）されて行くからである。

　原価が各原価負担者に直接的に跡付けられない限り，原価は配賦（Schlüsselung）という手続を通じて恣意的に原価負担者に割り当てられる。したがって，リーベルによると，全部原価計算の基本思考は，経営プロセスを忠実に数値に写像するという原価計算の一般目的の達成を阻害するという。彼によれば，全部原価計算は，計算システムに拘束された誤った写像を提供する。リーベルは，全部原価計算システムのシステム内在的な欠陥を次の２点に整理している（Riebel, 1964b, S.555f.; 1967, S.1）。

　①給付の種類や給付の数量に依存しない原価（すなわち固定費）は，配賦率や振替率（例えば機械時間率）の形で比例化される。その結果，内部経営給付の振替計算や原価負担者別計算においては，固定費は比例費として現れ，真の

比例費と一緒になって工程から工程へと転嫁されて行く。したがって，配賦された固定費は，個々の給付単位に対して個別的に発生したものとみなされるようになるが，実際はもとより特定数ないし不特定数の給付単位に対して共通的に発生したものである。

②真の間接費が多少とも尤もらしい配賦基準に従って原価部門や原価負担者に配賦され，計算過程の途中で真の直接費と混同されて，個々の給付単位に対して個別的に発生したものとみなされる場合には，多品種生産経営における原価および給付の結合性が否定される。

要するに，リーベルは，上記①では，固定費を人為的に比例化するならば，固定費の性格を否定することになる点を，また②では，真の間接費を配賦するならば，経営における生産の結合性を否定することになる点を，全部原価計算システムに内在する欠陥として批判しているのである。しかも，真の間接費（例えば連産品の結合原価）の配賦や固定費の比例化を一度行えば，当然原価構造の全容は不明瞭なものとなってしまう。そこで，リーベルは，実際の関係状況を誤って写像しないように，真の間接費（結合原価）の配賦および固定費の比例化を行うことを一貫して禁止するのである（Riebel, 1964b, S.584）。同様に，給付（生産された製品や用役）ないし売上収益の側面においても，結合給付（結合収益）を分解してはならないという。

リーベルは，真の間接費—すなわち最善の把握方法を用いたとしても，個々の製品あるいは原価部門に直接的に跡付けることができない原価—を配賦する原価計算は，すべて誤っていると主張している（Riebel, 1959a, S.41; 1959b, S.216.）。彼は，とりわけすべての原価を原価負担者に無理やり帰属計算する全部原価計算を非難するのであるが，同様の批判は，変動間接費の配賦を行う直接原価計算（direct costing）や段階的固定費補償計算（stufenweise Fixkostendeckungsrechnung），さらには限界計画原価計算（Grenzplankostenrechnung）という他の部分原価計算にも向けられている（Ebert, 1989, S.187）。結局，リーベルは，「真の間接費（結合原価）の配賦および固定費の比例化を一切行わない彼独自の原価計算システム」の構築を目指すのであるが，それは，シュマーレンバッハの意味での基礎計算（Grundrechnung）の試みを展開

することであった。

2. 全部原価計算の欠陥の克服

　リーベルは，全部原価計算（すなわち「ころがし」計算）のもつ欠陥の克服を，シュマーレンバッハの意味での基礎計算を展開することに求めた。基礎計算では，個々の原価費目の性格が純粋なまま現れることが，言い換えれば，原価要素がその自然的属性においてそのまま維持され続けることがその前提となる。つまり，原始記録を第一義とするのである。原始データには恣意的な加工が加えられることなく，その自然的属性が変わることなくしっかりと保持され続けなければならない。リーベルは，基礎計算は理想的な形ではデータ・ベース（Datenbank）として実現されうると主張している（Riebel, 1985, S.519）。

　ところで，リーベルの論述によれば，シュマーレンバッハは，既に1902年の論文において，固定費の比例費化は経営的現実を歪めるものとして認識し，それを強く非難していた（Riebel, 1964b, S.556; 1967, S.3）。当時シュマーレンバッハは，彼の原価計算論において，固定費は各々の製品単位を通じて発生するものではなく，ゆえに固定費は製品単位の原価ではありえないとする見解を主張していた。また，彼は，原価計算担当者に，製品別計算の最終段階に至るまで，固定費（その当時の用語ではkonstante Unkosten）を比例費と区別しておくことを要求していた。しかし，このようなシュマーレンバッハの思考は，その他の研究者達によっても類似の主張がなされていたにもかかわらず，実務には殆ど受け入れられなかった。というのも，明らかにその当時は，業種別経済団体の原価計算カルテルや国家による原価計算規定および価格計算規定が，強い影響力を持っていたからである。ようやく1960年代になって，このシュマーレンバッハの思考が広く実務に普及することになるが，しかし，そのためには，アメリカから輸入された直接原価計算がドイツ原価計算に大きな刺激を与えたことは言う迄もない（Riebel, 1964b, S.556）。

　シュマーレンバッハが，固定費の製品への帰属可能性について既に早期に認識していたことは，ある種の変容を伴いつつも，真の間接費の製品への帰属計

算にも当てはまる。真の間接費が固定的であれ，また変動的であれ，結合生産の場合には，恣意性および実際の諸関係の歪曲なしには，真の間接費を各給付に帰属計算することはできない。したがって，化学工業の生産プロセスに深く精通し，連産品に対する原価の帰属計算の可能性について綿密な研究を重ねていたリーベルは，真の間接費を――もちろん変動的な真の間接費をも――各給付に帰属計算してはならないと強調する。彼は，原価負担者別計算（製品別計算）の最終段階に至るまで，間接費と直接費とを終始区別しておくことを要求している。というのも，もし計算過程の途中で，恣意的な間接費の配賦計算を通じて，間接費と直接費とが混同して計算されるようなことになれば，企業の真の原価構造は隠蔽され，誤った経営意思決定が導かれることになるからである。

さて，以上のようなリーベルの主張は，とりわけ実務において一般的に受け入れられている通常の原価計算シェーマの見直しを要求するものでもある。通常の原価計算シェーマに対するリーベルの批判は，個別原価計算（Zuschlagskalkulation）と総合原価計算（Stufenkalkulation）を抜本的に改善することを勧告するものである。リーベルは，実務における通常の原価計算シェーマからは，経営者の意思決定に有用な原価分類を抽出することはできないと主張する (Riebel, 1964b, S.577; 1967, S.7)。つまり，通常の原価計算シェーマにおいては，様々な経営意思決定に役立つようには，全部原価は細分されていないというのである。さらに，通常の原価計算シェーマは，実際の原価構造を隠蔽するともいう。

原価計算の文献，原価計算指針および価格算定細則において提示されている原価計算シェーマは，確かに細かい点においては相異なるけれども，原則的にはすべて多層的な個別原価計算をその基礎としている。例えば，1949年から1951年にかけて，ドイツ工業連盟の経営経済委員会の研究を中心として公表された「原価計算および給付計算に対する指針（Gemeinschafts-Richtlinien für die Kosten- und Leistungsrechnung：GRK)」を例にとれば，このGRKに依拠した原価計算シェーマでは，原価は図表1-1のシェーマAのように分類されている。このシェーマAでは，ある1つの領域（例えば，製造部門，販売部門および一般管理部門）の直接費のあとに，百分率で配賦されるか，あるいは振替

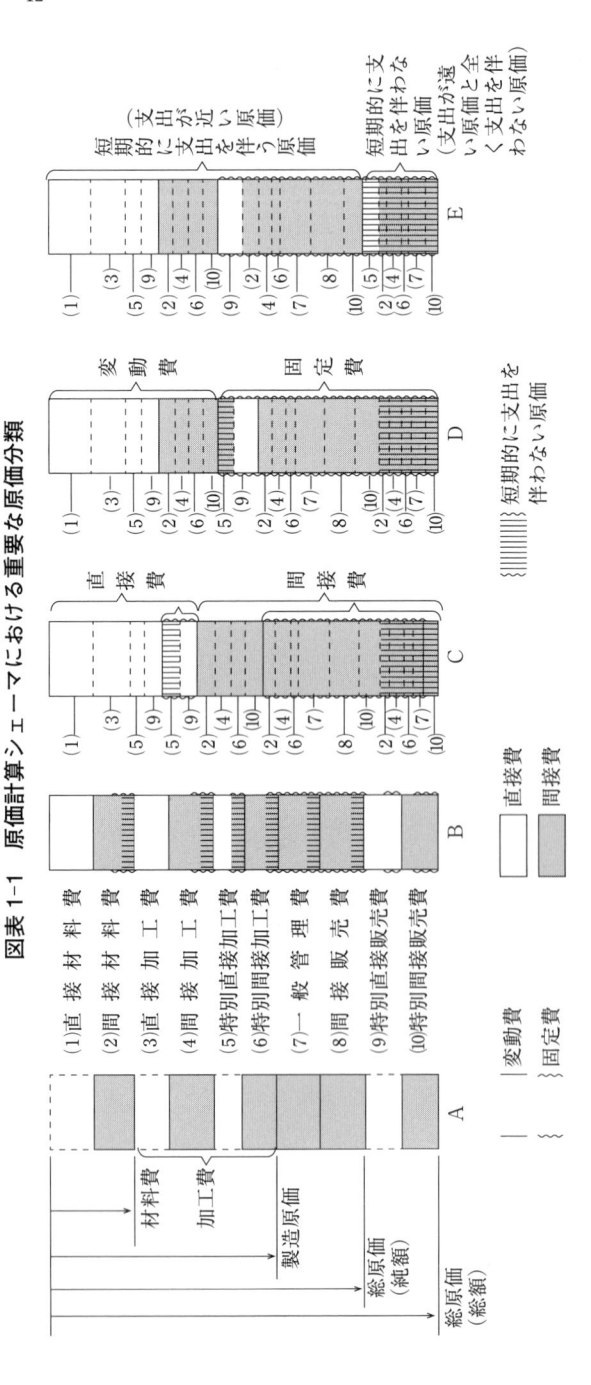

図表 1-1 原価計算シェーマにおける重要な原価分類

(1) 直接材料費
(2) 間接材料費
(3) 直接加工費
(4) 間接加工費
(5) 特別直接加工費
(6) 特別間接加工費
(7) 一般管理費
(8) 間接販売費
(9) 特別直接販売費
(10) 特別間接販売費

凡例：
― 変動費
〰〰 固定費
□ 直接費
■ 間接費
▒ 短期的に支出を伴わない原価

シェーマA＝GRKに従う通常の原価計算シェーマにおける原価分類
シェーマB＝通常の原価計算シェーマにおける重要な原価範疇の配置
シェーマC＝直接費と間接費による原価分類
シェーマD＝固定費と変動費による原価分類
シェーマE＝支出性による原価分類

シェーマA：総原価（総額）、総原価（純額）、製造原価、加工費、材料費

シェーマC：直接費、間接費

シェーマD：変動費、固定費

シェーマE：短期的に支出を伴う原価（支出が近い原価）、短期的に支出を伴わない原価（支出が遠い原価と全く支出を伴わない原価）

（出所：Riebel, 1964b, S.579；1967, S.7.）

率に基づいて算出された間接費がそのつど加算されている。したがって，直接費と間接費の層が代わる代わる生じることになる。しかも，一般的には直接費も間接費も様々な原価範疇を含んでいる。例えば，固定費と変動費とか，また支出性に従って細分すれば，支出が近い原価（短期的に支出を伴う原価），支出が遠い原価（長期的に支出を伴う原価）ならびに全く支出を伴わない原価という原価範疇である。リーベルは，このような種々の原価範疇は，シェーマAのような原価計算シェーマからは認識できないという。そのことは，シェーマAと重要な原価範疇を配置するシェーマBとを比較すれば，一目瞭然であろう。

　結局，リーベルは，以下のように結論づけている。例えば，GRKが提唱しているような原価計算シェーマ（すなわち図表1-1のシェーマA）は，定型的な原価計算にとっては確かに都合が良いかもしれない。また，必要ならば，商法および税法上の規定に従った棚卸資産の評価のためにも適しているかもしれない。しかし，経営内部の意思決定や統制のためには全く役には立たない。その上，このシェーマAは，原価負担者計算（製品原価計算）で算出される損益の正確性についても何ら言明能力を持つものではない。

　言う迄もなく，価格計算やその他の意思決定および統制目的のためには，解決すべき問題に応じて，そのつど関心事である原価範疇を直接的に認識できるか，あるいは少なくとも容易に集計できるような原価計算シェーマが必要となる。リーベルの見解では，伝統的な原価負担者計算（製品原価計算）の正当性や正確性を判定することが問われている場合には，直接費それ自体と間接費それ自体をシェーマCに従って集計することが必要となる。すなわち，リーベルは，シェーマAのような全部原価計算による損益計算にかえて，売上高と直接費部分を対応させて損益を算定するシェーマCのような部分原価計算を経常的に用いることを勧告しているのである。なお，リーベルは，棚卸資産（製品や半製品）の有高評価は変動直接費で行うべきであると主張している（Riebel, 1959b, S.237）。それに対して，未だ生産されていない製品のために短期的に価格下限を算定しなければならない場合や，その他の短期的な経営意思決定を支援しなければならない場合には，そのつど変動費と固定費がシェーマDのよう

に集計されていなければならない。また，流動性に隘路が存在する場合には，短期的に支出を伴う原価（支出が近い原価）と短期的に支出を伴わない原価（支出が遠い原価および全く支出を伴わない原価）とが，シェーマEのように区別されていることが重要となる。

　したがって，リーベルは，図表1-1のシェーマC，D，Eのように原価分類しておけば，全部原価による製品別計算の最終段階においても，さまざまな経営意思決定のために抽出しなければならない原価要素（関連原価）を依然として認識することができるという。始めから原価費目を種々の原価範疇に細かく分類し，それをしっかりと保持しておけば，何時でもその再利用は可能となる。したがって，その場合には，いちいちそのつど特殊原価調査を実施する必要性もなくなる。要するに，原始データの充実は，僅かの追加コストで，しかも殆ど瞬時に必要な原価データの抽出を可能とするのである。

　他方で，累加法による総合原価計算の場合には，第1工程の製造原価が材料費として第2工程に振り替えられ，そして第2工程の製造原価が材料費として第3工程に順次振り替えられて行く。それゆえに，製品が通過する工程の数が多くなればなるほど，各工程においては，実際の原価構造に関する適正な写像を得ることが困難となる。図表1-2には，直接材料費と間接材料費，それに直接加工費と間接加工費のみが区分されている簡単な原価計算シェーマが示されている。このシェーマに従えば，累加法（「ころがし」手法）をとる場合には，第3工程の原価構造はその大部分が直接材料費から構成されていて，それに比較的僅かの間接材料費，直接加工費および間接加工費がさらに加算されていることが一目でわかる。しかし，この原価構造は，見せかけの原価構造を示すにすぎない。第3工程の実際の原価構造は，図表1-2の右端に示されているように全く異なるものである。

　また，この原価計算シェーマからは，各工程においては，変動費と固定費，支出が近い原価と支出が遠い原価というような原価情報を得ることもできない。したがって，各製品が非常に数多くの工程を通過する企業——例えば工程数が80を大幅に超える大規模化学工業——においては，価格下限の算定やその他の経営意思決定の支援のために有用な原価情報を提供する際には，原価計算担

第1章 リーベル研究 15

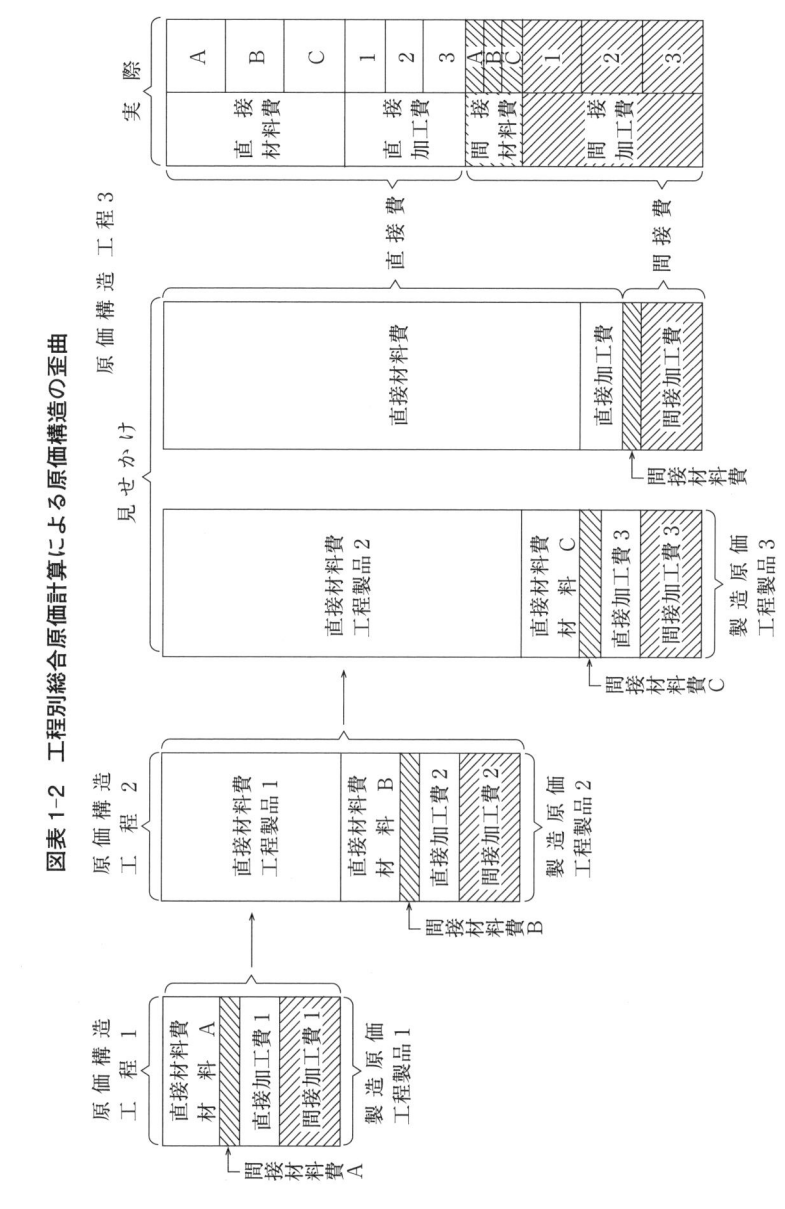

図表1-2 工程別総合原価計算による原価構造の歪曲

(出所：Riebel, 1964b, S.581；1967, S.8)

当者は暗中模索することになる。つまり，累加法による総合原価計算を実施している企業においては，経営者の意思決定に有用な原価範疇に基づく成層（例えば，図表1-1のシェーマC，D，E）を入手したり，そのつど関心事である部分原価を抽出するためには，原価費目別計算から再び着手して，原価部門別計算および製品別計算を逐一調べ上げて行かなければならなくなる。しかし，その場合には，余りにも調査費用がかかり過ぎるし，また時間や労力もかなり浪費することになる。したがって，リーベルは，多工程の総合原価計算においても，製品別計算の最終段階に至るまで，原価費目の自然的属性や重要な原価範疇を終始維持し続けておくことを要求するのである。

リーベルは，とにかくコンピューターの導入が以上の要求を可能にするという。彼は，全部原価計算システム（すなわち「ころがし」計算）に内在する欠陥を克服するために，シュマーレンバッハの意味での基礎計算を展開するのであるが，この試みはコンピューターの処理能力の増大を拠り所としている。様々な計算目的を達成しうる特別計算（Sonderrechnung）の基盤であるという基礎計算，また理想的にはデータ・ベースとして実現されうるという基礎計算は，コンピューターによるデータ処理を前提とするものであり，まさしく現代的な課題であるといえる。

ところで，佐藤（1991）によれば，新日本製鐵では「工程別流し計算」が実践されているという。この新日本製鐵の原価計算システムでは，「前工程で算定された製造原価をそのまま次工程の素材費として受け入れ，当該工程における追加原材料費や作業費を加え，この工程の製造原価」が算定されている（佐藤，1991，134頁）。言う迄もないが，リーベルが改善を要求しているのは，まさにこのような「工程別流し計算」である。

ただし，リーベルが提唱する相対的直接費計算にも全く問題がないわけではない。多くの研究者達は，リーベルが余りにも計算技術的な厳密性を追求しすぎているがために，相対的直接費計算の実務への適用可能性については疑問を投げ掛けている。例えば，リーベルと対峙するキルガー（Kilger, W.）は，「リーベルによって提唱された直接費計算および補償貢献額計算は，限界原価計算および補償貢献額計算に関する学問上の議論を確かに豊かにはしたが，しかし

実務に適用する際には全く問題外である。リーベルによって追求された原価計算の目的のほぼすべては，原価部門・原価負担者志向の限界計画原価計算を通じてより良く達成することができる」と論評している (Kilger, 1981, S. 98)。同様にメレロビッツ (Mellerowicz, K.) も，「直接費およびそれに基づいた補償貢献額計算は，実務では伝統的な原価計算または直接原価計算の代わりとしては，ごく限られた場合，とりわけ連産品の場合にしか適用できない」と指摘している (Mellerowicz, 1966, S.153)。さらに，リーベルの原価計算システムに真摯に取り組んできた化学工業連合会の経営経済委員会も，リーベルの思考を全面的に受け入れているわけではない (Kilger, 1981, S.94ff.)。両頭 (1981) によれば，この委員会は，相対的直接費計算と伝統的な全部原価計算とを適切な形で結合させるように結論づけているという (両頭, 1981, 202頁)。

Ⅲ. 間接費の理論的研究

間接費に関するリーベルの研究は，とりわけ化学工業における経験的研究に依拠している。リーベルの場合，化学工業の生産プロセスから得た広範な経験的認識に基づいて，彼独自の間接費の理論と精緻な原価計算システムが構築されている。しかも，このような経験的研究に立脚するリーベルの研究方法に対しては，とくにラスマン (Laßmann, G.) が高い評価を与えている (Laßmann, 1968, S.62ff.; 小林, 1973, 250頁以下)。

ところで，化学工業の生産プロセスを観察するなかでリーベルが最も関心を示した問題は，連産品の生産に伴って発生する結合原価の問題であった。例えば，電気分解を通じて連産品の1つである塩素を抽出する場合，この電気分解に要する電力料というのは，確かに産出量に比例して発生しているけれども，しかしその発生原因は連産品を構成する個々の製品にあるわけではない。言う迄もなく，その電力料というのは，電気分解プロセス全体を通じて発生するものであり，連産品を構成する製品1単位のみを得ようとしたところで，電気分解に要する原価は全額発生してしまうことになる。つまり，連産品に伴う結合

原価—リーベルの概念では，変動的な真の間接費—というのは，確かに産出量に比例した（つまり比例性原則（Proportionalitätsprinzip）を満たす）配賦基準を見つけ出すことは可能であるが，しかし，同時に発生原因原則（Verursachungsprinzip）をも満足させる配賦基準は何ら存在しないのである（Riebel, 1959a, S.41; 1959b, S.216）。したがって，発生原因を反映する配賦基準が存在しない限り，リーベルは，結合原価（変動的な真の間接費）を決して原価負担者に配賦してはならないと結論づけている。というのも，真の間接費の配賦には，原価の人為的比例化や計算的擬制の介入が避けられず，真実の諸関係が歪められて写像されてしまうからである。なお，以下では，(1) 直接費と間接費，(2) 真の間接費と見せかけの間接費，(3) 給付費と経営準備費という原価分類を取り上げ，化学工業での経験に立脚するリーベルの理論的研究について検討することにする。

1. 直接費と間接費

ドイツでは，直接費と間接費への原価分類は，専ら原価負担者（主として製品）のみに関連づけて行われてきた。しかし，原価負担者以外の原価計算対象に原価を帰属させることが検討され始め，例えばヘンツェル（Henzel, F.），コジオール（Kosiol, E.）およびレーマン（Lehmann, M.R.）らの先学者は，原価部門への原価の帰属可能性に着目し，部門直接費（Stellen-Einzelkosten）と部門間接費（Stellen-Gemeinkosten）という対概念を提唱している。

リーベルの試みも，基本的には上述の先学者の試みの延長線上にある。ただし，リーベルの場合，製品や原価部門に留まることなく，原価を直接的に跡付ける原価計算対象の範囲が大幅に拡張されている。そして，この試みが，原価計算対象の階層化—リーベルの概念では，関連対象階層（Bezugsobjekthierarchie）—として結実することになる。

さて，図表1-3の関連対象階層は，リーベルが提案する原価計算対象の階層化の一例である。この関連対象階層では，企業で発生するすべての原価が，階層上のどこかの段階で—勿論経済的に支持できる限り階層の最下位の段階

第1章　リーベル研究　19

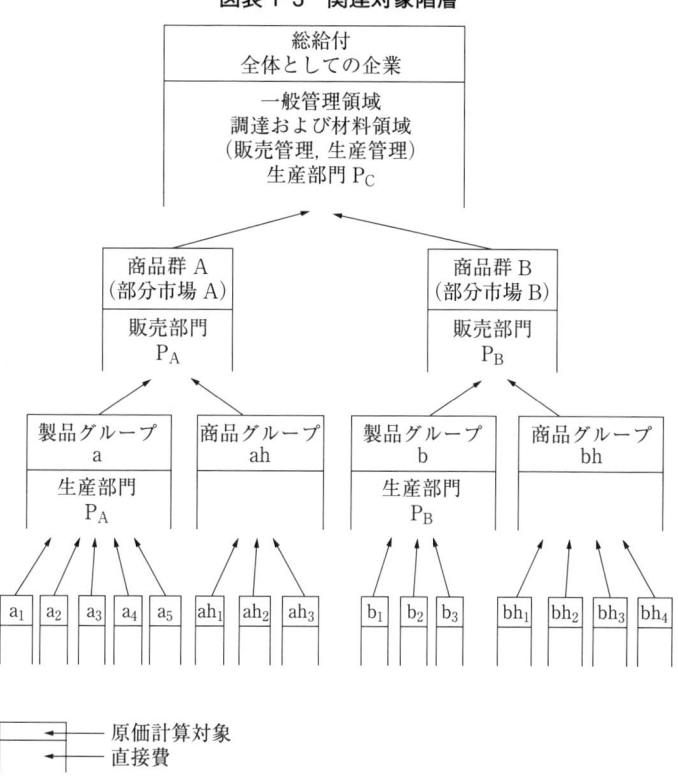

図表1-3　関連対象階層

```
          総給付
        全体としての企業
        一般管理領域
       調達および材料領域
      （販売管理，生産管理）
        生産部門 P_C
         ↑       ↑
    商品群 A      商品群 B
   （部分市場 A） （部分市場 B）
    販売部門      販売部門
      P_A         P_B
    ↑    ↑      ↑    ↑
 製品グループ 商品グループ 製品グループ 商品グループ
    a       ah        b        bh
  生産部門            生産部門
    P_A                P_B
  ↑↑↑↑↑   ↑↑↑    ↑↑↑    ↑↑↑↑
 a1 a2 a3 a4 a5  ah1 ah2 ah3  b1 b2 b3  bh1 bh2 bh3 bh4
```

```
┌──┐◄───── 原価計算対象
└──┘◄──── 直接費
```

（出所：Riebel, 1964d, S.119.）

で一，直接費として把握および表示されることになる（Riebel, 1959b, S.218; 1964b, S.584）。しかも，その場合，上位の関連対象の直接費の中に，下位の関連対象の直接費をも含めることは合目的的ではない。したがって，この関連対象階層のどこかの段階で直接費として把握される原価は，下位の関連対象に関係づければ，常に間接費として現れることになる（Riebel, 1959b, S.215; 1964a, S.606）。つまり，リーベルが提示する関連対象階層では，上位の関連対象の直接費（例えば原価部門直接費）は，常に下位の関連対象（例えば原価負担者）の間接費となる。要するに，ある1つの原価費目が，関係づける関連対象をかえることによって，直接費にもまた同時に間接費にも認識されうるのである。

まさしく直接費と間接費の区分は，相対的なものである。

リーベルによれば，最も重要な関連対象となるのは，やはり原価負担者としての最終製品と原価の発生場所である原価部門である。勿論状況によっては，原価負担者としての最終製品を製品単位，製品品種，製品グループなどに細分化することも必要となる。また，より正確な原価の帰属計算が求められている場合には，原価負担者や原価部門に限らず，別の関連対象に注意を払うことも必要となる。例えば，販売領域では，顧客訪問，顧客照会，顧客注文，顧客ないし顧客グループ，販売地域などが関連対象となるし，また製造領域では，経営中断，品種変更，従業員の雇用および教育訓練などが関連対象となる（Riebel, 1959b, S.216）。

さらに，リーベルは，時間的次元においても，彼の直課型原価計算システム（相対的直接費計算）の考え方を徹底させている。つまり，彼は，計算期間（会計期間）に対しても，原価をできる限り直接的に把握することを第一義としている。そのため，期間共通的に発生する原価（例えば減価償却費などの期間間接費）を恣意的に期間配分することは，基本的に禁じられている。なお，図表1-4は，リーベルが示す期間計算階層の一例であるが，この階層に従えば，期間原価は期間直接費（Perioden-Einzelkosten）と期間間接費（Perioden-Gemeinkosten）とに区分される。具体的に言えば，就業時間，日次，月次，

図表1-4　期間計算階層

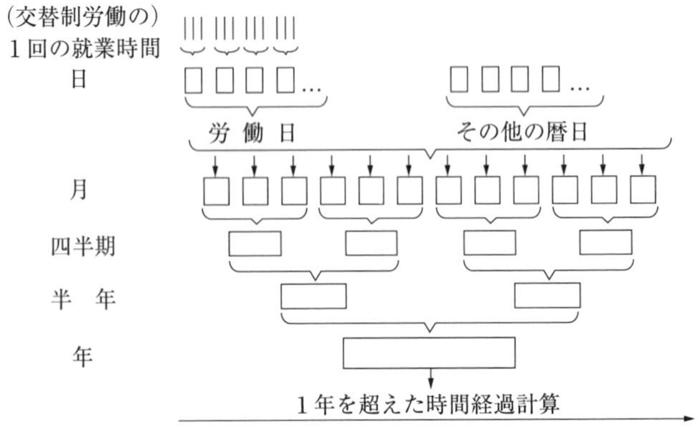

（出所；Riebel, 1970, S.385.）

四半期および年次といった計算期間ごとに直接費と間接費とが区分されることになるが，その区分はあくまでも相対的なものである。

2. 真の間接費と見せかけの間接費

リーベルは，1926年に溯るアウベル（Aubel, P. van）の主張と同じく，真の間接費（echte Gemeinkosten）と見せかけの間接費（unechte Gemeinkosten）とを明確に区別することを要求している（Riebel, 1956, S.289; 1967, S.3）。リーベルがこのような区別を要求する主たる理由は，実務では直接費と間接費とを区別する際に，原価の帰属可能性ではなく，原価の把握方法に焦点を置いているからである。つまり，原価の帰属可能性に従えば，本来は直接費として把握されるべき原価が，実務では諸々の理由から直接費としての把握が断念されて，結局のところ間接費として把握されているからである。

リーベルによると，真の間接費とは，最善の把握方法を用いたところで，個々の製品や各原価部門など（ある特定の原価計算対象）に直接的に帰属計算することができない原価である。また，理論的にも原価計算対象への一義的な帰属が完全に不可能な原価である（Riebel, 1959a, S.41; 1959b, S.216）。例えば，原価負担者を原価計算対象とする場合には，典型的な真の間接費となるのは，連産品の分離が完了するまでに発生するすべての結合原価である。また，多品種生産を前提とすれば，いかなる種類の製品が製造されるかに関係なく発生する経営準備費などは，個々の製品品種に関しては真の間接費となる。さらに，消防隊や守衛の原価ならびに福利厚生施設の原価などは，原価部門に関する真の間接費である。

それに対して，見せかけの間接費とは，その原価の性質から言えば，原価負担者や原価部門などの原価計算対象においては直接的に把握されうるけれども，経済上の理由—しばしば便宜上の理由—から直接的把握が断念された原価である（Riebel, 1959b, S.216; 1967, S.4）。つまり，見せかけの間接費というのは，最善の把握方法を用いれば，直接費として把握されうるけれども，可能である直接的把握を断念したがために，見かけ上間接費とみなされている原価であ

る。例えば，動力（電気や蒸気）や工場消耗品（ネジや釘や塗料）の消費量を各原価部門で測定することが技術的に可能であっても，そのために必要とされる測定器や計器類を準備することが不経済な場合がしばしばある（Riebel, 1956, S.282）。このような場合には，実務では消費量の直接的把握は断念されて，その消費量は複数の原価部門や原価負担者に対して共通的に把握されている。結局，可能である直接費としての把握を断念すれば，見せかけの間接費が生じることになる。

　さらに，リーベルは，見せかけの直接費（unechte Einzelkosten）も存在すると主張している（Riebel, 1967, S.4）。この原価は，見かけ上は直接費として把握されているけれども，原価の本質から言えば，複数の原価計算対象に対して共通的に発生する真の間接費である。リーベルは，見せかけの直接費の典型例は，製造賃金の把握の際に見られると指摘している。彼によると，通常一般に直接費とみなされている製造賃金は，厳密に考察してみると，見かけ上直接的に把握されているにすぎず，明らかに間接費の性格を持つ。

　しかも，リーベルの見解では，労務費というのは，直ちに引き渡される給付単位に依存するのではなく，中長期の期待注文に応じる経営管理者の意思決定に依存している。また，短期の操業変動への賃金発生額の適応は，ドイツの現行の労働法や労働市場の諸条件によって禁止されているばかりでなく，時間外労働の指示を除けば，大抵は不経済でもある（Riebel, 1964d, S.144; 1967, S.5）。実際問題として，従業員の雇用，解雇，教育訓練および再教育などは，中長期の経営管理者の期待や計画に基づいて行われているので，短期的に必要な人的キャパシティと現有の人的キャパシティとは一致しないことが多い。労働者の人的能力を利用できない場合にでも，依然として労働契約に基づいて賃金は発生している。要するに，リーベルによれば，製造賃金を直接労務費として製品や注文品に直課することは非現実的であり，また製造賃金を操業変動に即応して短期的に統制することなどもできない。

　なお，シュバイツァー（Schweitzer, M.）が指摘しているように，製造賃金の取り扱いに関しては，リーベルとキルガーとでは，その見解は全く対照的である（Schweitzer, 1986, S.316, 335 u.414, 訳247, 265, 351頁）。リーベルは，従業員

の賃金が短期的に解除できない雇用契約に基づくものであるという理由から，これを短期的には変動しない原価と考えている。しかし，それに対して，キルガーは，経営労務にかかわる原価をできるだけ多く比例費化することを目指している。キルガーによれば，製造賃金は変動費の重要な構成要素であり，補助賃金や賃金に依存する福利費も，しばしば操業度に関連する変動費に含められている。

3. 給付費と経営準備費

　操業度との関連による分類では，原価の発生態様に応じて，原価要素は固定費と変動費とに分類される。リーベルは，この固定費と変動費への原価分類（すなわち固変分解）は，多くの場合二義的であると主張している（Riebel, 1967, S.10; 1985, S.391）。というのも，操業概念が曖昧であり，原価と操業との間に何ら一義的な依存関係を確認することができないからである。リーベルによると，本来ならば，操業と原価との間の一義的な依存関係—すなわち原価の依存性—が，固変分解を行う上での決定的規準となるべきである。しかし，実務では，適正に操業を測定することも，原価と操業との一義的な依存関係（原価の依存性）を確認することも極めて困難である。そのため，実務家達は，例えば四半期などの会計期間を主観的に設定し，その会計期間内での原価の変動性を固変分解のための規準としている。つまり，リーベルの指摘によれば，本来あるべき規準である原価の依存性は，実務上原価の変動性にすり替えられている（Riebel, 1974, S.501; 1985, S.391）。

　原価の依存性の下では，操業（生産された製品）に一義的に依存する原価のみが，直接費として生産された製品に直課される。しかし，すり替えられた原価の変動性の下では，操業（生産された製品）に一義的に依存しない原価も—すなわち間接費も—，変動費という名の下で生産された製品に帰属されてしまう。したがって，リーベルは，変動間接費の製品への帰属を回避するために，操業概念をより厳密に解釈する。すなわち，指図書，シャージ，ロット，パルティー等のより少量の生産量でもって操業を測定する。そして，その少量の生

産量に一義的に帰属する原価のみが、製品直接費として認識される。しかも、この少量の生産量は、極めて短期的な生産量の変動をも意味する。つまり、リーベルの場合には、操業概念のより厳密な解釈と結び付いて、製品の短期変動費が算定されることになる。ただし、この変動費概念は、通常の変動費概念と比べれば、極めて狭義な概念である。

以上、リーベルは、変動費と固定費という既成の対概念を否定する。そして、少量かつ短期の生産量に焦点を定めて、変動費と固定費に代わる概念として給付費（Leistungskosten）と経営準備費（Bereitschaftskosten）という対概念を提唱している。給付費とは、少量かつ短期の生産量の増減に応じて変化する原価であり、いわば製品直接費＝短期変動費という等式が成立する原価概念である。それに対して、少量かつ短期の生産量の増減に関係なく変化しない原価が経営準備費である。リーベルは、給付費と経営準備費を次のように定義している（Riebel, 1967, S.10; 1985, S.392）。すなわち、給付費とは、実際に実現される給付プログラムに依存し、給付および分割された給付（指図書、シャージ、ロット、パルティー等）の種類、数量および価額、ならびに調達、生産および販売プロセスの諸条件に応じて自動的に変動する原価である。それに対して、経営準備費とは、給付プログラムを実現するための制度上、組織上および技術上の諸前提を形成するために、経営者の期待や計画に基づいて自由に処理される原価である。

Ⅳ. リーベルの原価計算システムの構造

1. 全 体 像

リーベルが公表した数多くの論文は、彼の著書『直接費計算および補償貢献額計算（Einzelkosten- und Deckungsbeitragsrechnung）』（初版1972年）の中に体系化されて収容されている。この著書のタイトルが示す通り、リーベルの

原価計算システムは，直接費計算（より正確には相対的直接費計算）と補償貢献額計算という2つのサブシステムから構成されている。

まず，相対的直接費計算においては，基礎計算の実施がその中核をなす。この基礎計算では，個々の原価費目は，一方で関連対象（例えば原価負担者，原価部門およびその他の原価計算対象）に直接的に関係づけられるとともに，他方で原価範疇に従って分類されている。要するに，基礎計算の特徴は，このように原価を2面的に分類する点にある。なかでも前者―原価費目が何らかの関連対象に直課されること―は，特に注目に値する。というのも，そのことを通じて，企業で発生するすべての原価が直接費として把握され，恣意的な間接費の配賦計算が回避されているからである。

次に，もう1つのサブシステムである補償貢献額計算は，経営者の意思決定に有用な会計情報を提供できるように，基礎計算を補完するものである。一連の意思決定問題を解くためには，原価計算は，経営給付ないし売上収益を組み入れて1つの成果計算（補償貢献額計算）に拡張されなければならない（Schweitzer, 1986, S.390, 訳322頁）。したがって，リーベルが提唱する補償貢献額計算においても，逆行的な粗利益計算（retrograde Brutto-Ergebnisrechnung）―すなわち売上高から出発して各関連対象の直接費を段階的に控除していく経営成果計算―が確立されている（Riebel, 1959b, S.226; 1964b, S.585）。このように，補償貢献額計算というのは，原価，収益，利益の一連の関係を計算すること，言い換えれば企業活動を原価，収益，利益の関連過程として把握することを本来的な目的とするものである。

さて，筆者の解釈では，リーベルの原価計算システムの全体像は，図表1-5のように整理することができる。この図の上層部分は，主として原価と給付との帰属計算（Zurechnung）に関して図示したものである。リーベルは，原価と給付との帰属計算を同一の意思決定にまで遡って確認しようとしている。

現実の企業の経営行動は，究極的には何らかの経営者の意思決定によるものである。したがって，具体的な経営行動の背後にある意思決定ないし意思決定代替案が，原価，収益および成果の本来の源泉として，また本来の原価計算対象としてみなすことができる（Riebel, 19567, S.9; 1985, S.388）。リーベルによる

図表 1-5　リーベルの原価計算システムの全体像

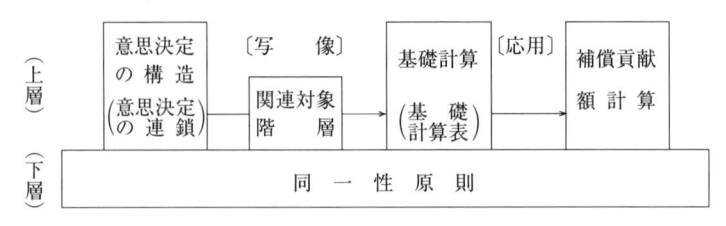

```
（上層）  意思決定  〔写　像〕  基礎計算  〔応用〕  補償貢献
         の構造    関連対象    （基　礎           額計算
         （意思決定  階　層    計算表）
         の連鎖）

（下層）              同　一　性　原　則
```

図表 1-6　意思決定の連鎖

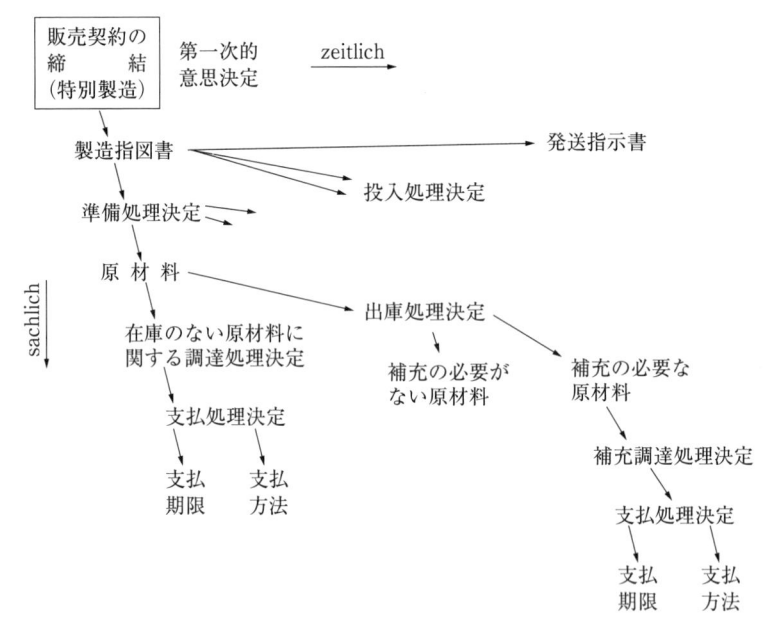

```
販売契約の    第一次的       zeitlich →
締　　結      意思決定
（特別製造）

製造指図書 ―――――――――――――→ 発送指示書
    ↓   ＼
    ↓    → 投入処理決定
準備処理決定 →
    ↓
原　材　料 ――→ 出庫処理決定
    ↓            ↓        ＼
在庫のない原材料に  補充の必要が   補充の必要な
関する調達処理決定  ない原材料    原材料
    ↓                          ↓
支払処理決定                 補充調達処理決定
    ↓   ＼                       ↓
 支払   支払                  支払処理決定
 期限   方法                    ↓   ＼
                             支払   支払
                             期限   方法

sachlich ↓
```

（出所：Riebel, 1978, S.140.）

と，意思決定は，sachlich（事柄的）およびzeitlich（時間的）に作用する。また，経営プロセスにおいては，大抵の場合，個々の意思決定はそれぞれ孤立的に行われるのではなく，多くの意思決定が互いに機能的に依存し合っている。例えば，図表1-6に示すように，特定の第一次的意思決定によって，一連の従属的意思決定が誘発されている。つまり，個々の意思決定は，1つあるいは複数，さらには多重に結び付く意思決定の連鎖の1つの環であることが常であり，個々の意思決定は互いにsachlichおよびzeitlichに緊密な関係にあ

る。したがって，この意思決定の連鎖を把握および写像することが，意思決定志向の原価計算システムにとっては必要不可欠であるとリーベルは強調している（Riebel, 1974, S.510f.）。

また，リーベルは，個々の意思決定ないし経営行動は，意思決定の構造の構成要素であるともいう。彼にとっては，この意思決定の構造を原価計算，収益計算および成果計算によって把握することが第一の課題であった。そして，この課題を解決するために，まずリーベルは，企業組織における責任領域階層（組織の管理階層），生産および販売領域における給付の流れ，さらには追求される計算目的などを考慮に入れて，企業の意思決定の構造を断片的かつ簡略的に関連対象階層として写像しようと試みる。そして，すべての原価をこの関連対象階層のどこかの段階で直接費として把握しようとする。同様のことは，給付（売上収益）の側面にも当てはまる。したがって，1つの関連対象—究極的には同一の意思決定—に給付（売上収益）と原価とが帰属計算され，その両者の差額から補償貢献額が得られることになる。とりわけ，原価および収益ならびに数量データを段階的に集計する際や間接費を段階的に回収計算する際には，意思決定階層（関連対象階層）に注意を払うことが特に重要となる。

他方で，図表1-5の下層部分は，リーベルの原価計算システムの理論的側面である。リーベルは，まず第一に，原価の給付への帰属計算は，一体いかなる論理的根拠（すなわち基本原則）によって正当化されうるのであろうかと自問した。ドイツでは，「その製品に生じたところの原価は，すべてその製品に帰属させなければならない」（Dorn, 1961, S.57, 訳46頁）という要求には古くから一致した合意が見られたが，これが一般にいわれる発生原因原則である。ドルンはこの原則を原価計算の基本原則とみなしている。またキルガーも，シュマーレンバッハとルンメルに遡る発生原因原則は，意思決定を志向する原価計算の基本原則であると主張している（Kilger, 1981, S.16）。しかし，リーベルは，発生原因原則を原価計算の基本原則とみなすことに躊躇している。したがって，リーベルは，原因（Kausalitäts）概念を2通りに解釈し，原価計算上2つの発生原因原則—すなわち原因・結果・関係の意味での発生原因原則（因果原則）と手段・目的・関係の意味での発生原因原則（目的原則）—が存在するこ

とを示したムンツェル（Munzel, G.）の文献に依拠しながら（Munzel, 1966），発生原因原則をより厳密に分析している（Riebel, 1969, S.53ff.; 斉藤, 1970; 平林, 1980; 太田, 1989）。

　まず，原因・結果・関係の意味での発生原因原則（因果原則）のもとでは，原価が結果であって，給付が原因であると考える。そして，原価をその発生原因である給付に帰属させる。しかし，リーベルは，因果原則を分析した帰結として，原価と給付との間には因果関係は成立しないと結論づけている。

　リーベルによれば，因果関係が成立するためには，次の3条件が満たされなければならない（Riebel, 1969, S.53）。すなわち，①原因が結果に時間的に先行すること，②原因は結果が生じるために必要な前提であること（原因のない結果はない），③原因が存在すれば必然的に例外なく結果が，しかも同じ結果が生じなければならないということ（結果のない原因はない。同じ原因には同じ結果）の3条件である。そして，リーベルは，これら3条件に照らして，原価と給付との間の因果関係を分析した上で，次のような見解を示す。第2条件は，すべての原価に対して満たされうると考えられる。しかし第1条件は，給付を原因，原価を結果とする場合には，少なくとも満たされない。また，第3条件は，変動費には当てはまるが，固定費ないし経営準備費には妥当しない。というのも，固定費ないし経営準備費は何ら給付を産出しなくても，単に経営準備を維持するだけで原価を発生させてしまうからである。つまり，給付発生という原因がないのに，原価という結果が生じてしまうからである。

　以上のように，上記の因果関係の3条件が満たされない限り，原価と給付との間には因果関係は成立しえない。したがって，リーベルは，因果原則に基づいて原価を給付に帰属させることは論理的ではないと結論づけている。

　また，リーベルの考えでは，因果関係は現実そのものである。それに対して，原価と給付の概念は，現実過程の結果を計算上写像したものである。原価と給付とは，いわば観念上の数値であり，現実過程そのものではない。それ故に，リーベルは，原価を給付に因果的に帰属計算する根拠はもとより失われていると主張している（Riebel, 1969, S.54ff.）。図表1-7に示す通り，原価財の消費（生産要素の消費）および給付財の発生（生産物の発生）は，ともに1つの

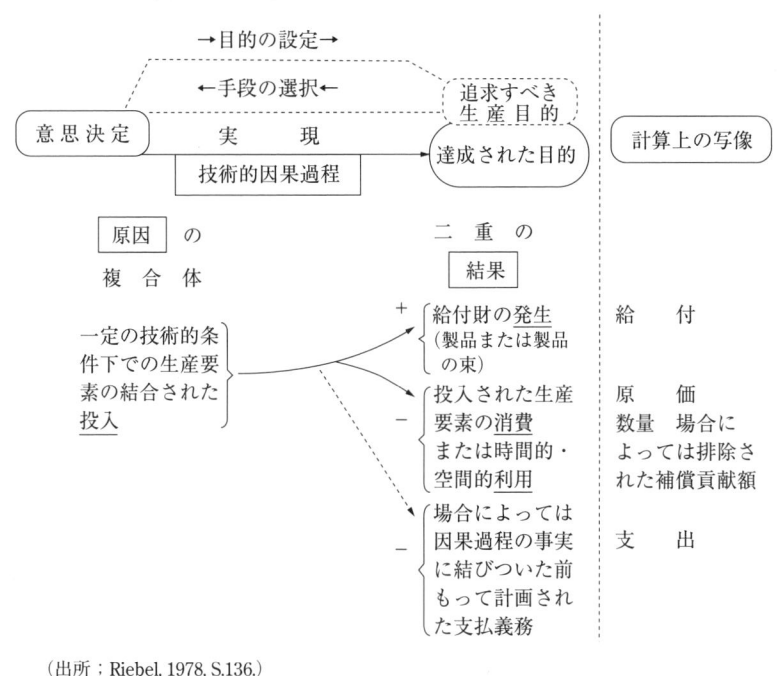

図表1-7 目的および因果過程としての生産意思決定

```
              →目的の設定→
              ←手段の選択←         追求すべき
 意思決定        実　現            生産目的         計算上の写像
              技術的因果過程    →達成された目的

    原因  の              二　重　の
    複　合　体               結　果

                        ┌ 給付財の発生         給　　付
  一定の技術的条      + │ （製品または製品
  件下での生産要    ┌──┤   の束）
  素の結合された  ─┤    │
  投入             │  - │ 投入された生産      原　価
                   │    │ 要素の消費          数量　場合に
                   │    │ または時間的・      よっては排除さ
                   │    └ 空間的利用          れた補償貢献額
                   │
                   │    ┌ 場合によっては
                   └  - │ 因果過程の事実
                        │ に結びついた前      支　　出
                        │ もって計画され
                        └ た支払義務
```

（出所：Riebel, 1978, S.136.）

別の状況（すなわち生産要素の結合された投入）を原因とする2重の結果であり，そしてその2重の結果を計算上写像したものが原価と給付である。

　他方で，手段・目的・関係の意味での発生原因原則（目的原則）のもとでは，給付生産過程を手段と目的の過程として捉え，給付を目的，原価を手段と考える。そして，目的である給付に手段である原価を帰属させる。リーベルは，この目的原則を分析するにあたり，マルティン・ハイデガー（Heidegger, M.）とともに20世紀の存在論の双璧をなすニコライ・ハルトマン（Hartmann, N.）の見解に依拠しながら，自己の思索を練り上げている（Riebel, 1969, S. 58ff.）。

　リーベルによれば，目的の設定（第1の行為）と手段の選択（第2の行為）は，もっぱら人間の意識の中で行われる。その場合，手段による目的の達成は予見的に意図されたものであり，それが外界に現れることはない。しかし，因

果的に推移する実現過程（第3の行為）を通じてはじめて，その意図されたことが，実際の手段の投入と実際の目的の達成となって現実に現れてくる（図表1-7参照）。したがって，その意味では，目的関係（手段と目的の過程）は因果的に経過する現実過程を包摂し，それ自体では盲目的である因果過程を目的に向かわせるのである。

　図表1-7に示す通り，原価財の消費（生産要素の消費）は，給付生産目的のための手段としては解釈することはできない。原価財の消費（生産要素の消費）というのは，それ自体は望まれない副次的結果（マイナスの結果）であるにすぎないが，しかし，給付財の発生（生産物の発生）という意図された結果（プラスの結果）を達成するためには，どうしても負担しなければならないものである。あくまでもリーベルの考えでは，原価と給付は，生産要素の投入（すなわち意思決定）にまで遡って間接的に因果関係を確認することができるに過ぎない。

　以上，リーベルの見解では，原価と給付との間には，因果関係も目的関係も存在しない。したがって，原価と給付との帰属計算は，2通りに解釈される発生原因原則（すなわち因果原則と目的原則）によっては論理的に根拠づけることができないことになる。しかし，このことは，それにかわる他の原則によって，原価と給付との帰属計算が実質論理的に説明されうるかどうかという問題を提起することでもある。そこで，リーベルは，一義的な帰属計算の論理的根拠として，同一性原則（Identitätsprinzip）を提唱するに至る。つまり，原価の給付への帰属計算を正当化する根拠を同一性原則に求めたのである。

　ところで，リーベルは，同一性原則を「同一の意思決定のつながり，すなわち共通の処理的源泉に遡及可能な2つの数値を互いに対応させるための原則」であると説明している（Riebel, 1985, S.519 u. 521）。すなわち，2つの数値である原価と給付は，同一の意思決定によって惹起された場合，言い換えれば同一の意思決定に遡及可能な場合にのみ互いに帰属計算が可能となる（Riebel, 1959a, S.45; 1969, S.60f.; 1978, S.136）。リーベルの場合，帰属計算の可能性を判定するための唯一決定的な規準が，この同一性原則である。

　また，リーベルは，同一性原則は発生原因思考を放棄したものではなく，そ

れを精緻化したものであるともいう (Riebel, 1978, S.136)。つまり，一般的に原価計算の基本原則としてみなされてきた発生原因原則を同一性原則として厳密に解釈しているのである。言う迄もなく，同一性原則による帰属計算の構想が会計上一般に適用できるのも，会計上の考察対象——すべての原価と給付，すべての支出と収入，すべてのフローとストック——の存在が，結局は何らかの経営意思決定によるものであるからである (Riebel, 1969, S.63)。

なお，リーベルが提唱する同一性原則は，彼の原価計算システムにおいては，極めて重要かつ中心的な役割を演じているといえる。例えば，製造賃金を短期的に変動しない原価（経営準備費）として把握するリーベル独自の見解は，同一性原則を厳密に適用している帰結に過ぎない。また，期間共通的に発生する原価（例えば減価償却費などの期間間接費）の期間配分を根本的に拒否している見解も，同一性原則を厳密に解釈したものである。さらに，リーベルは，ドイツで支配的な見解である価値的原価概念 (wertmäßigen Kostenbegriff) に対しても，またコッホ (Koch, H.) が提唱する収支的原価概念 (pagatorischen Kostenbegriff) に対しても異論を唱え (Riebel, 1978, S.127ff.)，彼独自の収支志向的原価概念——リーベルは意思決定志向的原価概念 (entscheidungsorientierten Kostenbegriff) と呼んでいる——を主張しているが，この原価概念を固持できる根拠も同一性原則によるものである。特にこの同一性原則を原価額の決定に対しても適用することによって，評価問題——原価財の消費量に価格を割り当てること——の一義的な解決を図ろうとしていることを見落としてはならない。すなわち，リーベルの場合，価値評価（原価額の決定）の問題が帰属計算問題として展開されている (Riebel, 1978, S.135ff.)。

要するに，図表1-6に示されているように，意思決定の連鎖の最終的に行き着く先は，収支過程すなわち貨幣の出入りである。それ故に，リーベルは，意思決定に適合的かつ客観的に検証可能な原価額は，その時々の意思決定によって惹起された追加的支出ないし支払からのみ導き出すことができると主張する。リーベルは原価を次のように定義している。「原価とは，考察される対象に関する意思決定によって惹起された非相殺的な追加的支出（支払）である」(Riebel, 1978, S.143)。

以上の考察から明らかなように，リーベルの原価計算システムは，同一性原則によって論理的に根拠付けられているといえる。すなわち，彼の原価計算システムは，同一性原則によって根底から支えられているのであり，リーベルの原価計算システムの全体像を要約すれば，同一性原則に基づく帰属計算（Zurechnung nach Identitatsprinzip）ということになる。

2. 基礎計算と補償貢献額計算

以下では，リーベルが提示するモデル経営を用いて，基礎計算と補償貢献額計算との一連の関係を説明することにする。モデル経営の生産プロセスは，図表1-8のように描写することができる。このモデル経営においては，まず生産工程Aで原材料hおよびzを用いて中間製品u, v, w, xが製造されている。そして，これらの中間製品には，生産工程BおよびCでさらに加工が加えられ，最終的には数種類の完成品（例えばu_1, u_2, u_3, v_1など）が産出されている。なお，Lは在庫を示している。

ところで，このモデル経営の原価構造は，図表1-9のような原価集計表，すなわち基礎計算表に写像することができる。基礎計算は，勘定形式あるいは一覧表形式のいずれかを用いて実施することが可能であり，経営決算（Betriebsabrechnung）のように様々な方法で営業簿記（Geschäftsbuchhaltung）と有機的に結び付くことができる。特にリーベルは，原価構造を一目で見渡すことができるとして，経営決算表（Betriebsabrechnungsbogen；BAB）―部門費集計表ともいう―の様式に従った一覧表形式の基礎計算表を推奨している。

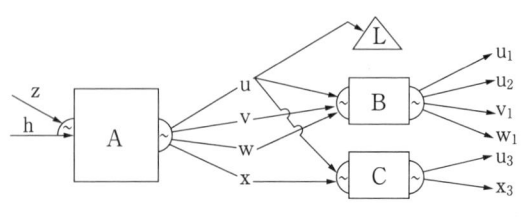

図表1-8 モデル経営の生産プロセス

（出所：Riebel, 1964b, S.585.）

第1章 リーベル研究 33

図表 1-9 基礎計算表

	I	II	III	IV	V	VI	VII	VIII	IX	X	XI	XII	XIII	XIV
	帰属計算対象 (関連対象) 原価範疇 および原価費目	販売および一般管理部門	原価 補助部門	製 A	造 B	部門 C	中間製品 u_L	原 u_1	価 u_2	最終 u_3	負担 v_1	者 w_1	製品 x_3	Σ
1	売 上 依 存 原 価 (売上税, 販売手数料)							20,000	12,400	5,720	22,005	29,800	24,960	114,885
2	投入材料 h						23,760	47,520	38,016	24,710	26,730	47,520	76,032	284,288
3	投入材料 z										54,000	64,000	38,400	156,400
4	材料費 Σ						23,760	47,520	38,016	24,710	80,730	111,520	114,432	440,688
5	Aの変動動力費						7,440	14,880	11,904	7,738	8,640	13,280	19,008	82,890
6	Bの変動動力費							2,400	1,520	728	3,375	4,200		11,495
7	Cの変動動力費												2,880	3,608
8	変 動 力 費 Σ						7,440	17,280	13,424	8,466	12,015	17,480	21,888	97,993
9	Σ						31,200	64,800	51,440	33,176	92,745	129,000	136,320	538,681
10	Σ						31,200	84,800	63,840	38,896	114,750	158,800	161,280	653,566
11	補助材料費		12,860	7,000	7,000	4,000								44,860
12	動力費		10,280	7,000	6,000	6,000								35,280
13	人件費	100,000	51,430	15,000	20,000	25,000								211,430
14	外部用役	20,000	8,570	9,000	6,000	9,000								52,570
15	租税等	50,000												50,000
16	Σ	190,000	83,140	38,000	39,000	44,000								394,140
17	Σ	190,000	83,140	38,000	39,000	44,000	31,200	84,800	63,840	38,896	114,750	158,800	161,280	1,047,706
18	賃却率(減価償却費)	15,000	28,290	39,000	21,000	50,000								153,290
19	総 原 価	205,000	111,430	77,000	60,000	94,000	31,200	84,800	63,840	38,896	114,750	158,800	161,280	1,200,996

(a) ここでは同時に支出が近い原価
(b) ここでは同時に支出が遠い原価
(出所：Riebel, 1964b, S.588.)

＊基礎計算表からは，図表1-1のシェーマC, D, Eを直接的に認識できる。

なお，図表1-9には，一覧表形式の基礎計算表が示されている。

この基礎計算表においては，すべての原価は，一方で関連対象（図表1-9の場合には原価部門と原価負担者）に従って分類されるとともに，他方で原価費目および原価範疇に従って分類されている。図表1-9からも明らかなように，通常のＢＡＢと同様に，水平方向では関連対象（原価計算対象）に従った分類が示され，垂直方向では原価費目および原価範疇に従った分類が示されている。なお，この水平方向の原価分類は，関連対象階層に基づいて行われたものであり，また垂直方向の原価分類は，原価範疇階層を基礎として行われている。図表1-8に示したモデル経営の場合には，生産領域における給付の流れに従って，図表1-10のような関連対象階層が構築されている。また，原価範疇階層は図表1-11のように形成されている。

既述の通り，関連対象階層では，上位の関連対象の直接費は，常に下位の関連対象の間接費となる。図表1-10の関連対象階層で説明すれば，例えば製品u_3およびx_3を製造している原価部門Ｃの賃借料は，原価部門Ｃの直接費であると同時に，下位の関連対象である原価負担者u_3およびx_3の間接費でもある。要するに，原価部門Ｃの賃借料という１つの原価費目は，関係づけられる関連対象（原価計算対象）がかわることによって，直接費にもまた同時に間接費にも認識されうるのである。まさしく相対的直接費計算と呼ばれる所以である。他方で，図表1-11の原価範疇階層では，原価の支出性が最上位の分類メルク

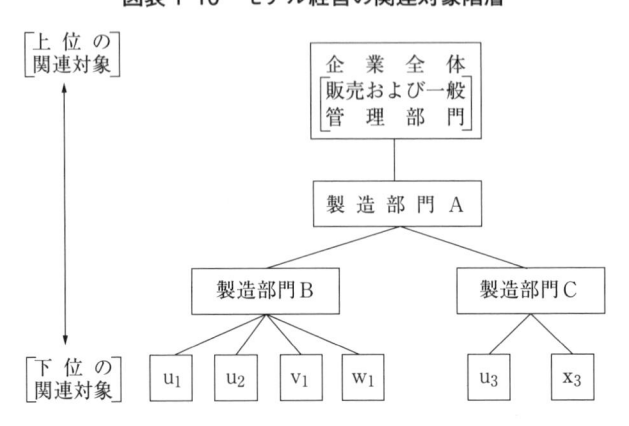

図表1-10　モデル経営の関連対象階層

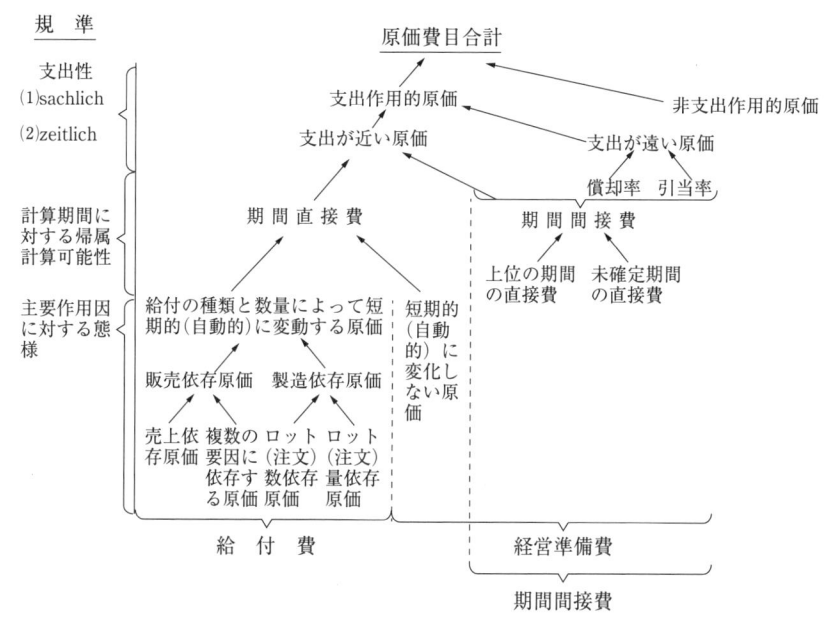

図表 1-11 原価範疇階層

マールとされている。そして，この分類メルクマールに続いて，計算期間に対する帰属可能性や主要作用因に対する原価態様に従った原価分類が行われている。

以上のように，基礎計算の特徴は，経営構造（給付の流れや組織の管理階層）および追求される計算目的を考慮に入れて，原価が2面的に分類される点にある。原価は，一方で関連対象（例えば原価部門や原価負担者）に従って分類され，他方で原価費目および原価範疇に従って分類される。要するに，基礎計算は，原価費目別計算，原価部門別計算および原価負担者別計算を結合したものである（Riebel, 1959b, S.218; 1964d, S.84）。リーベルは，費目別計算→部門別計算→製品別計算という順序を辿るのではなく，これら3つの計算を基礎計算において同時に実施しようとする。そして，この試みを通じて，原価を順次振り替えて行く全部原価計算（すなわち「ころがし」計算）の持つ欠陥を克服しようとするのである。

なお，リーベルは，基礎計算は一会計期間に発生したすべての原価費目を含んでいるので，その点では全部原価計算であるが，しかし，原価部門や原価負担者やその他の関連対象に関して言えば，そこで直接的に発生した原価のみが表示されているので，部分原価計算であるという (Riebel, 1964a, S.608)。確かにリーベルは，全部原価計算システムを徹底的に批判し，彼が提唱する部分原価計算システムの優位を説くのであるが，前述の主張からもわかるように，彼が完全に全部原価の補償（回収）を放棄しているとは到底考え難い。全部原価計算よりもむしろリーベルが提唱する部分原価計算の方が，間接費ないし固定費の補償に対しては意識的であり，弾力的な間接費の回収計算が念頭に置かれているように思われる。リーベルが提唱する補償貢献額計算の計算シェーマは，図表 1-12 および 1-13 に示す通りであるが，その計算シェーマは，直接原価計算によるセグメント別損益計算と類似の形態をとっている。そこでは，セグメント（製品，製品系列，顧客，地域など）別に補償貢献額（貢献差益）が算定されている。リーベルの場合には，間接費を恣意的に配賦することなく，間接費を段階的に回収計算することが意図されているといえる。

　ところで，基礎計算という名称は，シュマーレンバッハに由来するものである。リーベルは，シュマーレンバッハに倣い，基礎計算を特別計算の迅速な構成のために必要な一種の準備計算 (Bereitschaftsrechnung) であると考えている (Riebel, 1964c, S.144)。基礎計算においては，一切原価の配賦計算が行われてはならない。やむを得ない原価の配賦計算は，シュマーレンバッハが要求しているように特別計算に委ねられる。このことは，例えば税務上の製造原価の算定や公的ないし私的注文品の総原価の算定のための原価の配賦計算に対しては，最もよく当てはまる。また，見せかけの間接費の配賦も，勿論特別計算の枠内で，しかも異論のない配賦基準を用いて行われなければならない (Riebel, 1964d, S.145)。ただし，その場合，配賦された見せかけの間接費は，あくまでも直接的に把握された原価と区別しておくことが重要となる。しかし，リーベルは，内部経営給付の振替計算に関しては，シュマーレンバッハとは見解を異にする。リーベルは，内部経営給付の流れが現実に把握できて，しかも変動費（直接変動費）で評価される限りは，内部経営給付の振替計算を特別計算では

図表1-12 補償貢献額計算

	I	II	III	IV	V	VI	VII	VIII
	製　　品	u_1	u_2	u_3	v_1	w_1	x_3	u_L
1	正　味　価　格	2,000	1,500	1,100	1,630	1,490	1,040	
2	（−）売上依存原価 （売上税，販売手数料）	200	155	110	163	149	104	
3	差引正味価格	1,800	1,395	990	1,467	1,341	936	520
4	（−）製造依存原価							
a	投　入　材　料　h	475	475	475	198	238	317	396
b	投　入　材　料　z	−	−	−	400	320	160	−
c	A　の　動　力　費	149	149	149	64	66	79	124
d	B，Cの動力費	24	19	14	25	21	12	−
5 a	製　品　貢　献　額 （自動的に変動する直接 　費を超過した額）	1,152	752	352	780	696	368	0
b	順　　　位	(1)	(3)	(6)	(2)	(4)	(5)	
	特殊補償貢献額							
6 a	Aの機械時間当たり（5a÷10）	922	602	282	1,404	1,740	1,104	
b	順　　　位	(4)	(5)	(6)	(2)	(1)	(3)	
7 a	Bの機械時間当たり（5a÷11）	1,152	902		780	835		
b	全体プログラム内における 順位	⟨3⟩	⟨4⟩	⟨1-2⟩	⟨6⟩	⟨5⟩	⟨1-2⟩	
c	部門Bのプログラム内にお ける順位	(1)	(2)	−	(4)	(3)	−	
8 a	Cの機械時間当たり（5a÷12）			529			552	
b	全体プログラム内における 順位	⟨1-4⟩	⟨1-4⟩	⟨6⟩	⟨1-4⟩	⟨1-4⟩	⟨5⟩	
c	部門Cのプログラム内にお ける順位	−	−	(2)	−	−	(1)	
9 a	投入材料h 100kg当たり（5a÷13）	960	627	293	1,560	1,160	460	
b	順　　　位	(3)	(4)	(6)	(1)	(2)	(5)	
	特殊補償貢献額算定のため の関連基準							
10	機械時間/100kg（A部門）	1.25	1.25	1.25	0.55	0.40	0.33	1.04
11	機械時間/100kg（B部門）	1.00	0.83	−	1.00	0.83	−	−
12	機械時間/100kg（C部門）	−	−	0.67	−	−	0.67	−
13	投入材料h /100kg	1.2	1.2	1.2	0.5	0.6	0.8	1.0

（出所；Riebel, 1964b, S.590.）

図表 1-13　期間関連補償貢献額計算

	I	II	III	IV	V	VI	VII	VIII
	製　　品	u_1	u_2	v_1	w_1	u_3	x_3	u_L
	製品量（単位：100kg）	100	80	135	200	52	240	60
1	正　味　売　上　高	200,000	124,000	220,050	298,000	57,200	249,600	－
2	（－）売上依存原価（売上税，販売手数料）	20,000	12,400	22,005	29,800	5,720	24,960	－
3	差引正味売上高	180,000	111,600	198,045	268,200	51,480	224,640	31,200
4	（－）製造依存原価							
a	投　入　材　料	47,520	38,016	80,730	111,520	24,710	114,432	23,760
b	変　動　動　力　費	17,280	13,424	12,015	17,480	8,466	21,888	7,440
5	自動的に変動する直接費を超過した製品貢献額	115,200	60,160	105,300	139,200	18,304	88,320	0
6	製品グループごとに一括された製品貢献額		部門Bの製品　419,860			部門Cの製品　106,624		0
7	（－）部門B，Cの期間直接費		39,000			44,000		－
8	期間直接費を超過した製品グループ貢献額		380,860			62,624		0
9	一括された製品グループ貢献額				443,484			
10	（＋）中間製品の製品貢献額				0			
11	中　間　合　計				443,484			
12	（－）Aの期間直接費				38,000			
13	（－）補助部門の期間直接費				83,140			
14	期間直接費を超過する全製品の補償貢献額				322,344			
15	（－）販売および一般管理部門の期間直接費				190,000			
16	流動性に作用する期間貢献額				132,344			
17	（－）減価償却費				153,290			
18	純　損　益				－20,946			

（出所：Riebel, 1964b, S.591.）

なく，基礎計算の枠内で行うことを要求している（Riebel, 1964a, S.607; 1964d, S.145）。

　なお，上述の基礎計算を最も有効に利用する方法が補償貢献額計算である。図表1-12では，モデル経営で生産されている製品ごとに給付単位当たりの補償貢献額（製品単位貢献額）ならびに隘路（ボトル・ネック）に関係づけられた一連の特殊補償貢献額が算定されている。リーベルは，前者の給付単位当たりの補償貢献額（図表1-12の5行目）は，プログラム内において各製品の順位を判定する上では，一般的には意味を持たないという。というのも，隘路をできる限り有効に利用することが，経営管理者にとっては最大の関心事であるからである。したがって，プログラム内において製品の順位を判定する場合には，後者の特殊補償貢献額（図表1-12の6～9行目）が決定的な意味を持つことになる。この特殊補償貢献額は，補償貢献額を隘路要因の単位数に関連づけることによって形成された指標である。リーベルは，プログラム選択（プロダクト・ミックスの決定）の際には，このような隘路単位当たりの補償貢献額に従って製品の順位付けを行う場合には，自動的に期間利益が最大化されうると主張している（Riebel, 1964b, S.592）。隘路を競合している製品の順位は特殊補償貢献額から決定されることになるが，当然その順位は，特殊補償貢献額の算定に用いられる関連基準（図表1-12の10～13行目）やそのつどの隘路状況によって変化する。そのことは，図表1-12の6から9行目に表示されている特殊補償貢献額を一見すれば明らかである。

　続いて，上記の給付単位当たりの補償貢献額と特殊補償貢献額の他に，種々の経営意思決定を支援するための重要な情報源として，リーベルは図表1-13に示されている期間関連補償貢献額計算の必要性を主張している。この補償貢献額計算においては，各製品の補償貢献額（製品貢献額）がグループごとに一括して把握され（図表1-13の5～6行目），そして，この一括把握された製品貢献額から各製品グループに直接帰属可能な原価のみがまず補償（回収）されている（図表1-13の7～8行目）。そして，この原則に従って，図表1-10で示した関連対象階層を順次上に登っていけば，すなわち図表1-10の関連対象階層の下から順に各関連対象の直接費を段階的に控除していけば，最終的にはすべ

ての期間直接費を超過する余剰額すなわち期間貢献額が得られる（図表 1-9 の 17 行目および図表 1-13 の 16 行目）。この期間貢献額は，期間間接費の回収および利益に対する貢献額として解釈することができる。さらに，この期間貢献額から支出が近い期間間接費を控除すれば，流動性に作用する期間貢献額が得られる（図表 1-13 の 16 行目）。ただし，このモデル経営の場合には，簡略化のために，期間直接費は同時に支出が近い原価でもあると仮定されているので，期間貢献額と流動性に作用する貢献額とは一致している。

　リーベルによると，流動性に作用する期間貢献額は，経営者の意思決定にとっては極めて重要な情報であるとされている。というのも，この種の貢献額は，経営者が投資およびその他の経営目的のために自由に処分することができるキャッシュ余剰額を示しているからである。そしてさらに，この流動性に作用する期間貢献額から支出が遠い原価および全く支出を伴わない原価（ここでは減価償却費）を回収した後には，最終的に期間純損益が得られることになる（図表 1-13 の 18 行目）。

　リーベルは，以上のような多段階式の期間関連補償貢献額計算においては，彼が提唱する原価計算システムの基本理念が，特に顕著に現れているという(Riebel, 1964b, S.593)。というのも，このような補償貢献額計算においては，間接費を各給付単位に恣意的に配賦する幻覚的な純利益計算のかわりに，売上高から出発して各関連対象の直接費を段階的に控除していく粗利益計算が確立されているからである。なお，図表 1-13 の期間関連補償貢献額計算は，生産領域における給付の流れに従って構築された図表 1-10 の関連対象階層を基礎にしている。しかし，価格政策や販売領域での経営意思決定のためには，さらに別の関連対象階層を，例えば販売地域，顧客グループおよび販売経路などに基づいて構築することが要求される。言う迄もないが，企業の成果構造を十分に洞察するためには，様々な関連対象階層に基づく複数の補償貢献額計算が必要となる（Riebel, 1964b, S.594）。

V. おわりに

　FA化の進展が直接原価計算に対して及ぼす影響については，全く相対立する2つの見解が見られる（櫻井,1991,311頁）。1つは，FA環境下では，直接原価計算における直接原価部分が著しく減少することから，直接原価計算の利用は減少するという見解である。もう1つは，逆に，固定費が増えるからこそ直接原価計算や貢献差益法の利用が増えるとする見解である。

　ところで，本章で考察したリーベルの所説は，後者の見解に関しては，多少とも相通じるところがある。敢えてリーベルの原価計算システムに現代的な意義を見出すとすれば，それは彼が適用している貢献差益法であろう。リーベルは，化学工業の生産プロセスに深く精通し，連産品に対する原価の帰属計算可能性に関して，すなわち結合原価の問題に関して綿密な研究を重ねてきた。そして，その帰結として，間接費を各製品単位に配賦することなく，間接費を段階的に回収計算する原価計算システムを構築するに至る。リーベルが提唱する原価計算システムは，主として基礎計算と補償貢献額計算から構成されている。後者の補償貢献額計算，すなわち貢献差益法は，前者のデータ・ベースとしての基礎計算を前提とするものである。

第2章 キルガー研究
──弾力的計画原価計算および補償貢献額計算──

Ⅰ．はじめに

　本章は，キルガー（Kilger, W.）の大著『弾力的計画原価計算（Flexible Plankostenrechnung）』に関する検討を内容とする。キルガーのこの大著は，彼の大学教授資格取得論文から生まれたもので，1961年にその初版が刊行されている。その当時，キルガーは，師匠であるグーテンベルク（Gutenberg, E.）の指導の下で，実際原価計算から正常原価計算を経て，そして最終的に弾力的計画原価計算へと至る原価計算の発展過程を詳細に分析するとともに，弾力的計画原価計算を理論的に完結したシステムとして叙述することに専念していた。そして，その努力が大著として結実することになる。

　周知のように，キルガーの大著は，日本語にも翻訳されている。1970年に，豊島教授と近藤教授が，第3版の第1部「実際原価計算から弾力的計画原価計算への発展（Die Entwicklung von der Istkostenrechnung zur flexiblen Plankostenrechnung）」を翻訳しているし，また1972年には，近藤教授が，第4版の第2部「弾力的計画原価計算の理論的基礎（Theoretische Grundlagen der flexiblen Plankostenrechnung）」および第6部「弾力的計画原価計算に基づく給付単位計算，損益管理および最適プログラム計画（Kalkulation, Erfolgskontrolle und optimale Programmplanung auf der Basis der flexiblen Plankostenrechnung）」を『原価計算と意志決定』という書名でもって翻訳している。キルガーの弾力的計画原価計算に関しては，例えば，宮本（1967），山形（1969），中田（1981），阪口（1984, 1992），柳田（1987, 2006），河野（1988），尾畑（1998,

2000) など，わが国には優れた研究の蓄積がある。キルガーが提唱する弾力的計画原価計算は，限界計画原価計算（Grenzplankostenrechnung）という呼称での方が周知であるかもしれないが，先学者によれば，この原価計算方法は「わが国でいう直接標準原価計算にほぼ相当するといってよい」（阪口，1984, 99頁）とか，「アメリカのシステムのなかで近い概念を挙げれば，標準直接原価計算に基づく予算編成を挙げることができよう」（尾畑，1998, 54頁）などと評されている。ただし，アメリカでは，標準原価の意味は，製品単位当たりの計画された原価，とりわけ製品単位当たりの計画された製造原価と理解されているが，ドイツでは，計画原価計算が部門別計算から出発したので，標準原価という名称は計画原価の上位概念として普及することができなかったことを付記しておく（Kilger, 1967, S.53f., 訳56頁）。

　ところで，キルガーの大著は，1981年の第8版において，全面的に改訂されている。その際に，書名も，『弾力的計画原価計算および補償貢献額計算（Flexible Plankostenrechnung und Deckungsbeitragsrechnung）』に改称されている。キルガーは，まず改訂増補第8版の「前書き（Vorwort）」において，旧称の「弾力的計画原価計算」を「限界計画原価計算」に改称しない理由について，次のように説明している。「原価管理ならびに意思決定に有用な計画原価計算は限界計画原価計算および補償貢献額計算でなければならないという考えが，時間の経過とともに，学会でも実務界でも浸透してきた。したがって，「弾力的計画原価計算」という旧称を「限界計画原価計算」に改称することは正当化されるであろう。しかし，近年，限界計画原価計算および補償貢献額計算を同時並行的に実施される全部原価計算によって補完する傾向が顕著になってきている。したがって，上位概念である「弾力的計画原価計算」を堅持することにした」。すなわち，この説明からは，部分原価計算（限界原価計算）の絶対的優位を確信しているキルガーでさえも，1970年代のドイツの企業実務の動向を踏まえて，全部原価計算の必要性を認識せざるを得なかったことが読み取れる。したがって，キルガーは，改訂第8版では，旧版とは異なり，もとより純粋な限界原価計算（直接原価計算）の叙述は放棄して，専ら限界原価（直接原価）と全部原価を両建てで算出する原価計算システムの叙述に専念す

ることになる。

　なお，キルガーによれば，彼の大著の要点は，相変わらず第 5 部「弾力的計画原価計算における原価部門費の計画と統制（Die Planung und Kontrolle der Kostenstellenkosten in der flexiblen Plankostenrechnung）」にあるという。この第 5 部では，第 2 部での原価理論的な論述に基づいて，弾力的計画原価計算の関連量システム（Bezugsgrößensystem）に関する説明がより明確な形で展開されている。この関連量（Bezugsgrößen）という概念は，弾力的計画原価計算の中心概念であるが，原価作用因（Kosteneinflußgrößen）とも原価発生尺度（Maßgrößen der Kostenverursachung）とも解釈されている。勿論，この関連量の主たる役割は，部門費の計画と統制，すなわち原価管理や予算管理への貢献にあるが，ただし，キルガーは，原価管理上最適な関連量に関係づけて製品原価計算（給付単位計算）を行えば，より正確な製品原価の算定に至るとも主張している。

　さて，本章の目的は，1980 年代中頃にアメリカで出現した ABC（Activity-Based Costing）に関連づけながら，キルガーが提唱する弾力的計画原価計算について考察することである。ABC と限界計画原価計算との関連性に関する研究は，例えばエヴァート（Ewert, R.）とヴァーゲンホーファー（Wagenhofer, A.）の共同研究に見られる。彼らは，限界計画原価計算の関連量と ABC のコスト・ドライバー（cost driver）とが同一である場合がよくあることから，双方の原価計算の親密性を指摘している（Ewert and Wagenhofer, 2007, p.1049）。また，わが国の尾畑教授は，「限界計画原価計算はもともとアクティビティ志向になっている」とも指摘している（尾畑, 1998, 54 頁）。要するに，同教授によれば，関連量を使って部門のコストを計画する部分が，活動（アクティビティ）志向になっているというのである（尾畑, 1998, 55 頁）。本章では，上記の先学者の研究を手掛かりとしながら，ABC が登場する以前の 1981 年に出版されたキルガーの大著第 8 版を取り上げ，ABC と弾力的計画原価計算との関連性について研究する。

II．弾力的計画原価計算の概要

　ドイツでは，発生原因原則（Verursachungsprinzip）に従って，特定の給付単位（製品単位）に直接跡付けることができる原価を直接費（Einzelkosten）と呼んでいる。それに対して，特定の給付単位への直接的跡付けが叶わず，発生原因原則に従って，さしあたり原価部門に割り当てられる原価を主として間接費（Gemeinkosten）と呼ぶ。しかしながら，キルガーは，この間接費という概念の使用を否定し，それに代わる概念として原価部門費（Kostenstellenkosten）という概念を適用している。彼によれば，間接費を原価部門費で代替する理由は，次の2点にある（Kilger, 1981, S.20）。まず，第1の理由は，間接費という概念では，もはや発生原因原則に即して原価を給付単位に跡付けることができないという印象を与えてしまうからである。しかし，間接費の大部分は，適切な関連量を用いさえすれば，発生原因原則に反することなく給付単位への跡付けが可能となる。また，第2の理由は，弾力的計画原価計算では，効果的な原価管理の実施と給付単位計算の簡略化のために，典型的な直接費である製造賃金を原価部門に集計するからである。結局，キルガーの弾力的計画原価計算論においては，直接労務費を含む原価部門費の計算に主眼を置きながら，その議論が展開されることになる。

　他方で，キルガーは，原価理論的な解釈から，所与のキャパシティを前提とした上で，Ausbringung（産出）を最も重要な原価作用因であると考えている。ドイツでは，AusbringungはしばしばBeschäftigung（操業）とも呼ばれているが，アメリカの文献では，これらと同義の概念としてoutputとかvolumeが用いられている。キルガーが取り組む第一の課題は，原価部門費の計画と統制のために，原価作用因である産出ないし操業を（すなわち一定期間中に生み出される給付の大きさを）量的に把握する尺度（測定単位）を見つけ出すことであった。この尺度（測定単位）は，ドイツ原価計算論では，伝統的に基準量（Maßgrößen）と呼ばれている。また，キルガーによれば，原価管理上最適な基準量を原価負担者計算に適用すれば，その適用は製品原価計算（給

付単位計算）の正確性の改善にも繋がると考えられている（Kilger, 1981, S.57）。勿論，企業全体の産出（操業）を唯一つの基準量を通じて測定することは極めて例外であり，その限りでは，産出（操業）の測定は，きめ細かく区分された原価部門別計算の助けを必要とする。しかも，場合によっては，部門内において複数の基準量を用いることも要求される。なお，このような基準量は，弾力的計画原価計算においては，関連量という概念に置き換えられている。関連量を具体的に示せば，例えば生産量，製造時間，機械運転時間，装入重量，それに長さ，面積，体積の測定単位などである（Kilger, 1981, S.138 u. 141）。

　ところで，弾力的計画原価計算の本質的基盤は，年次原価計画の実施にある。なかでも，キルガーが特に重視したのは，以上の論述からもわかるように，原価部門計画の実施である（Kilger, 1981, S.317-319）。原価部門計画を実施する場合の適切な手順は，図表2-1に示す通りであり，この図表からは，原価は数量と価格の積に他ならず，この両者に関する計画が準備措置として必要であることがわかる。キルガーは，自らの経験を踏まえて，数量計画の準備措置を原価計画上その初めに実施することが，実務上極めて合目的的であることが判明したと主張している。彼によれば，数量計画の準備措置としては，①空間配分計画，②機械設備投入計画，③従業員投入計画，④間接費算定基準計画の4つが示されている。また，原価の量的大きさ（数量的側面）を迅速に評価するためには，さしあたり価格計画と賃率計画が完了していなければならない。キルガーは，原価計画の準備措置として，これら(1)数量計画と(2)価格・賃率計画の重要性を指摘しているが，さらに重要な準備措置として，(3)原価部門の設定と部門別の関連量計画を挙げている。とりわけ，この(3)の準備措置に関する検討が，以下本章における課題である。

　以上3つの準備措置が完了した段階で，真の意味での原価部門計画の策定に移行することになる。原価部門計画の策定に際しては，原価部門を計画する順序が重要であると指摘されている（Kilger, 1981, S.317）。つまり，キルガーは，常に第二次原価部門（補助原価部門）を第一次原価部門（主要原価部門）に先駆けて，まず初めに計画することが原則であると主張している。要するに，この主張は，①部門費の集計，②第二次原価部門費（補助原価部門費）の振替，

図表 2-1　原価計画の手順

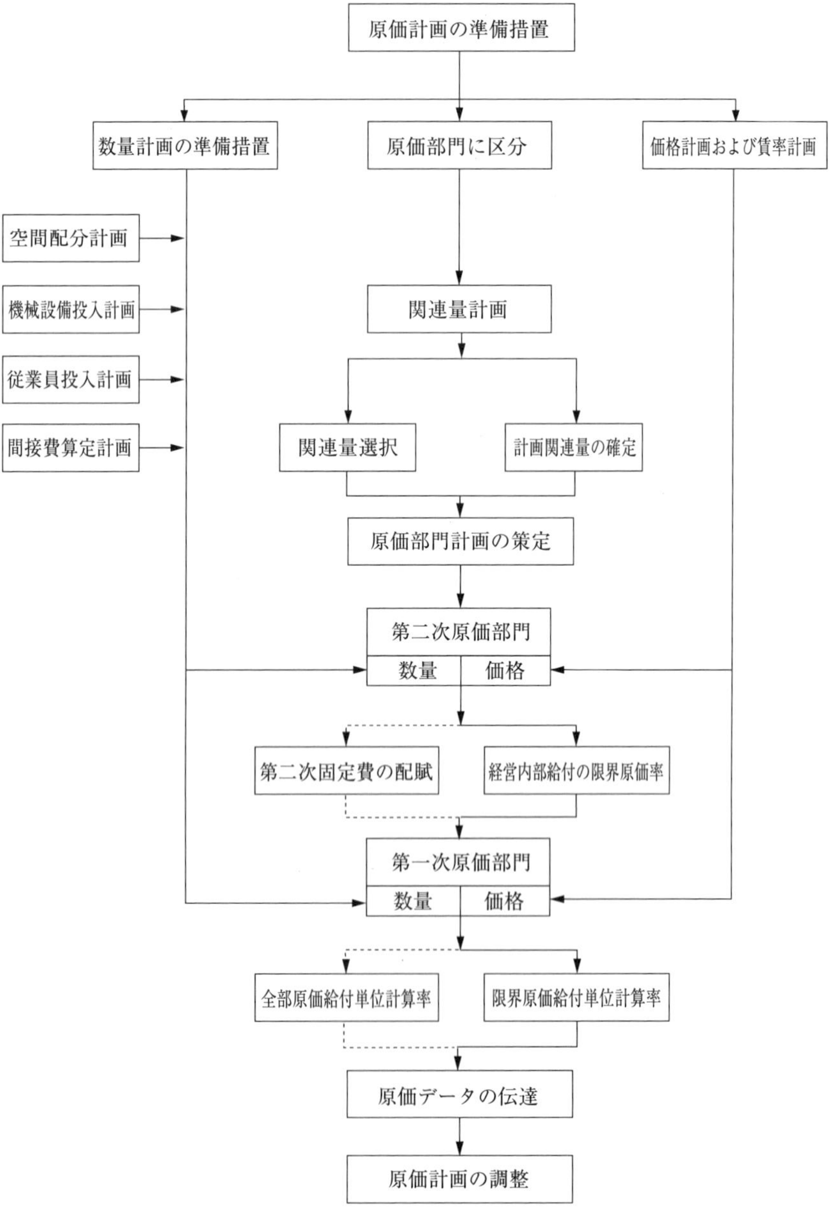

```
                    原価計画の準備措置
          ┌──────────────┼──────────────┐
     数量計画の準備措置      原価部門に区分      価格計画および賃率計画

  空間配分計画  →
  機械設備投入計画 →          関連量計画
  従業員投入計画  →     ┌────────┴────────┐
  間接費算定計画 →    関連量選択        計画関連量の確定

                    原価部門計画の策定

                    第二次原価部門
                    ┌─数量─┬─価格─┐
              第二次固定費の配賦    経営内部給付の限界原価率

                    第一次原価部門
                    ┌─数量─┬─価格─┐
             全部原価給付単位計算率   限界原価給付単位計算率

                    原価データの伝達
                    原価計画の調整
```

(出所；Kilger, 1981, S.318.)

③第一次原価部門費（主要原価部門費）の製品への跡付け，という通常の部門別計算の手続に照応する形で，原価部門計画の策定が順に進められて行くことを意味する。なお，補助部門費の配賦計算の手続については，ドイツでは，innerbetriebliche Leistungsverrechnung（経営内部給付振替計算）と表現されている（Kilger, 1981, S.21）。

キルガーが勧告する原価計算方法は，あくまでも部分原価計算（限界原価計算）である。したがって，その限りでは，各原価部門費は比例費（変動費）と固定費に分解され，そして原則として比例費のみが製品原価となる。経営内部給付振替計算においても，第二次原価部門から第一次原価部門に振り替えられる原価は，原則上比例費に限られる。しかし，全部原価計算が要求される場合には，部門固定費を配賦する必要性が生じ，この場合には，第二次原価部門の計画は固定費の配賦計算を通じて補足されることになる。そして，原価計画の最終作業過程である第一次原価部門の計画では，部門費の予算額を関連量の予定数値で除することにより，給付単位計算率（Kalkulationssätzen）が確定される。勿論，全部原価計算が同時並行的に実施される場合には，この給付単位計算率は限界原価率（比例費率）と全部原価率の両建てで算出されることになる。なお，部門別原価計算は，ドイツでは伝統的に経営決算表（Betriebsabrechnungsbogen；BAB）―部門費集計表ともいう―の上で実施されていたが，近年ではコンピュータ上で処理されているという（Kilger, 1981, S.21）。また，部門別に実施されるゾルとイストの原価比較（Soll-Ist-Kostenvergleich）も，さらに原価計画の調整も，同様にコンピュータ上で処理される。

なお，キルガーは，上述のような原価部門計画は，生産形態や業種業態を問わず，殆どすべての企業において実施可能であることを強調している。確かに計画原価計算の萌芽期には，計画原価計算は大量生産や組別生産などの標準規格品を取り扱う経営に限り利用可能であり，個別受注生産や生産プログラムが不断に変更される小ロット別生産の場合には，その利用の正当性は一般的に認められていなかった。しかし，次第に，生産プログラムの詳細度とは関係なく，個別受注生産や小ロット別生産を含むすべての企業において，部門別原価計画や計画原価計算の実施可能性が立証され始める。キルガーは，「原価計画

の実施可能性に対して決定的なのは，生産プログラムの詳細度ではなく，原価部門の活動（Aktivitäten）に対して関連量を見つけ出す可能性である」と主張している（Kilger, 1981, S.319）。

ただし，ケーファー（Käfer, K.）などは，予見不能あるいは不断に変更が行われる経営に対しては，例えば，鉱山，レストラン，修理・整備工場，建設，造船，映画などの産業に対しては，原価計画の実施可能性の限界を指摘している（Käfer, 1955, S.325）。とはいえ，キルガーは，関連量選択の困難はあるとしても，これらの産業を含む殆どすべての企業において，原価部門計画は実施可能であると強調している。しかし，キルガーの見解によれば，計画給付単位計算（Plankalkulation）の実施だけは，標準規格品を取り扱う量産型の経営に限られるという。要するに，個別受注生産を前提とする場合には，計画期間に対する注文量は予め確定できないので，キルガーは，個別受注生産での計画給付単位計算の実施可能性に関しては否定的な見解を示している。

Ⅲ．原価部門編成のための原則

弾力的計画原価計算が機能するためには，細分化された原価部門の設定が決定的に重要となる。原価部門の設定にあたっては，計画原価計算の場合にも，伝統的原価計算と基本的に同じルールが妥当する。しかし，計画原価計算では，特に次の2つの原則が重視される（Kilger, 1981, S.320-321）。

第1の原則は，原価発生に何ら本質的な違いがない（すなわち同じ原価構造を持つ）機械や作業場を1つの原価部門に統合しさえすればよいとするものである。キルガーによれば，原価部門の細分化を要求するこの原則の下でのみ，費消される原価と産出される給付との間に真の比例関係を確立する関連量を原価部門別に見つけ出すことができるという。しかし，この原則に反して，原価部門の細分化を怠れば，すなわち異なる原価構造を持つ機械や作業場を1つの原価部門に統合すれば，部門別に選択された関連量はもはや原価と給付との間の真の比例関係を反映しなくなる。当然，真の比例関係を反映しない関連量を

用いれば，製品原価計算（給付単位計算）の正確性も，また原価管理上の有効性も損なわれてしまうことになる。

次に，第2の原則は，原価部門は独立した責任領域として開設されなければならないというものである。責任会計の観点からすれば，いずれの原価部門においても，部門長または職長が部門指導者として原価責任を負わなければならない。勿論，部門指導者は原価計画に参加し，その後の原価比較において把握される原価部門差異に責任を負うことになる。

キルガーの考えでは，正確な給付単位計算と原価管理を実現するためには，どうあれ上記の2原則を遵守した上で，細分化された原価部門の設定が必要となる。しかし，原価部門の細分化は，実際原価を勘定記入する際に，記帳上の困難をもたらす。ゆえに，この困難を回避するために，ドイツの計画原価計算では，2つの方法が提案されてきた。キルガーによると，その1つが，ノイマイヤー（Neumayer, W.W.）やディークス（Diercks, H.）およびペッツォルト（Petzold, F.）が提案する原価場所原則（Kostenplatzprinzip）であり，もう1つが，プラウト（Plaut, H.G.）が展開した方法である領域部門原則（Bereichsstellenprinzip）である（Kilger, 1981, S.321-322）。

ノイマイヤーらの提案は，計画原価計算を原価場所計算（Kostenplatzrechnung）として実施する点に特徴がある。この方法は，原価部門の細分度と関連量の詳細度との間には代替（トレード・オフ）関係が存在することを前提として議論を展開する。つまり，原価構造の異なる複数の機械群が1つの原価部門に統合されているならば，言い換えれば原価部門の細分度が不十分であるならば，給付単位計算と原価管理の正確性を確保するために，代替関係にある関連量の詳細度でもって対処することになる。要するに，原価部門の細分度の不足を補うために，原価部門内の同じ原価構造を持つ機械群だけを原価場所（生産中心点）として1つに纏め，そしてその機械群（生産中心点）別に異なる関連量を選び出し，その関連量に関係づけて計画原価計算が実施されることになる。しかし，ゾル原価と実際原価の原価比較では，関連量別に設定されたゾル原価は一括されて，その一括されたゾル原価と原価部門に勘定記入される実際原価との対応が図られる。なお，ゾル原価という名称は，弾力的計画原価計算

制度での特殊な範疇の計画原価，もっと正確にいうと実際操業度に従って変化する計画原価に対して用いられている（Kilger, 1967, S.54, 訳57頁）。

ノイマイヤーらが提案する原価場所原則では，計画単位と統制単位の一致の断念がその典型であり，原価計画の段階では，作業場や機械群別のきめ細かな区分単位を基礎とするが，その反面，原価統制の段階では，格段にきめの粗い区分単位に基づく。要するに，原価場所は原価の計画単位としてのみ出現し，会計単位（原価の集計単位）は相変わらず職長の責任領域とも一致し，そして複数の原価場所からなる原価部門である。なお，キルガーによれば，計画単位と統制単位（会計単位）との一致を断念することから，原価場所計算（原価場所原則）には批判的な意見が寄せられているという（Kilger, 1981, S.321）。結局，このような方法では，ゾル原価と実際原価の比較分析上，原価作用の相殺（帳消し）が生じるし，原価部門差異が給付単位計算率にどの程度の影響を及ぼすのかも判明しない。さらに，この方法の場合には，何かと生じる計画の誤りを認識することも，またそれを完全に除去することも不可能となる。

他方で，プラウトが展開する方法では，記帳上の困難を克服するために，領域原価部門（Bereichskostenstellen）の編成が提案されている。この方法によれば，原価部門の細分度は，要求される給付単位計算と原価管理の正確性の度合に応じて常に決定される。つまり，正確な計算を要求すればするほど，原価部門の細分度は高まる。しかし，原価部門の細分度が高まれば，それに伴い記帳上の困難も増す。そこで，プラウトは，記帳上の困難を回避するために，職長の管理下にある幾つかの原価部門をいわゆる領域原価部門に組み入れる。そして，実際原価の記帳の際には，各原価部門別の把握が困難な原価費目のみを，例えば職長の給料，作業場記録係の賃金，測定器具費，洗浄剤や機械油の原価などを，経常的に領域原価部門に勘定記入する。いわば領域原価部門には，工場管理部門と同じような第二次原価部門（補助原価部門）としての機能が付与されることになる。

なお，領域原価部門の事例は，図表2-2に示す通りであり，この事例では，機械の種類A，B，Cに対応して製造原価部門301，302，303が開設されている。そして，各々の製造原価部門（301，302，303）は，共通の職長領域原価

図表 2-2　領域原価部門の編成例

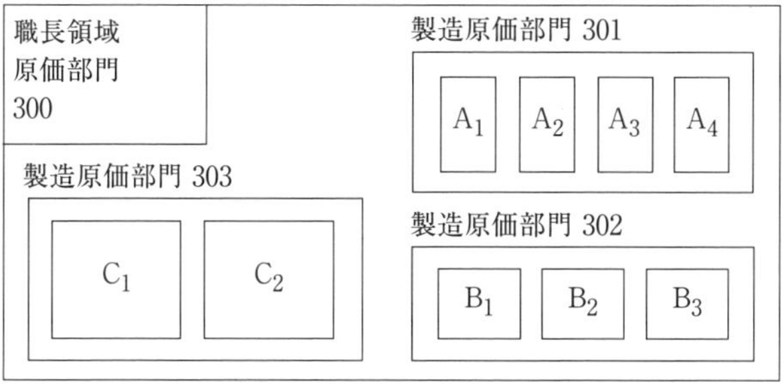

| 職長領域原価部門 300 | 製造原価部門 301　A₁ A₂ A₃ A₄ |
| 製造原価部門 303　C₁ C₂ | 製造原価部門 302　B₁ B₂ B₃ |

（出所：Kilger, 1981, S.322）

部門（300）に組み込まれている。領域部門原則は，計画単位と統制単位との一致を固守する点に特徴があり，したがって，個々の原価部門単位で原価比較と差異分析を行うことができる。この領域部門原則の下では，原価場所原則の場合には不透明であった計画の誤り，誤記帳，不経済性などが認識可能となり，この点が原価場所原則と比較した場合の利点である。ただし，領域部門原則の場合には，原価場所原則を適用する場合よりも，計算の対象となる原価部門の数が格段に増加することになり，この点が欠点として強調されている。しかし，キルガーは，近年殆どの企業において，原価比較はコンピュータ上で実施されているので，この種の反論は殆ど重要視されないと主張している（Kilger, 1981, S.322）。

Ⅳ. 関連量選択の原則

　原価部門の区分が定まれば，編成されたすべての原価部門において，原価発生と比例的な関連量が決定されることになる。キルガーによれば，適切な関連量を選択するためには，原価理論的な解釈においても，また弾力的計画原価計算の実践においても，次の状況を区別することが重要となる（Kilger, 1981, S.142）。

1. 同質的原価発生

2. 異質的原価発生
　　a．製品に起因する異質性
　　b．方法に起因する異質性
　1つの原価部門において，操業に依存するすべての原価費目が比例的に態様する1つの関連量を見つけ出すことができる場合，この状況を同質的原価発生（homogene Kostenverursachung）という。同質的原価発生であるためには，次の2つの条件を満たさなければならない。
　(1)　1つの原価部門において，同時に複数の原価作用因が原価の発生に影響を及ぼしてはならない。あるいは，複数の原価作用因が同時に原価の発生に影響を及ぼす場合には，諸作用因間に比例関係が存立し，諸作用因は相互に交換可能でなければならない。
　(2)　操業の変動は，常に一定の方法およびプロセス条件の下でのみ生起しなければならない。つまり，生産方法や生産条件は常に不変であり，両者に対する選択の可能性が存在してはならない。

　上記2条件のうち1つでも満たされないならば，その状況が異質的原価発生（heterogene Kostenverursachung）である。異質的原価発生の場合には，1つの原価部門において，常に複数の関連量の使用が必要となる。しかも，その場合，2つの状況が区別される。すなわち，製品に起因する異質性（produktbedingte Heterogenität）と方法に起因する異質性（verfahrensbedingte Heterogenität）である。
　給付（製品）の質的特性が複数の関連量の選択を要求する場合には，製品に起因する原価発生の異質性が存在する。例えば，1つの原価部門で製造される数種類の給付（製品）が，相互に比例関係のない複数の原価作用因を同時に発動する場合には，製品に起因する原価発生の異質性が妥当する。他方で，1つの原価部門の給付（製品）が，異なる方法や異なるプロセス条件の下で製造される場合には，方法に起因する原価発生の異質性が存在する。選択される方法や条件が異なれば，すなわち生産実施の活動（Aktivitäten）が変われば，同製品の同数量を製造したところで発生する操業依存原価（比例費）は異なる。

ところで，キルガーによれば，関連量を選択する場合，その方法には統計的方法と分析的方法とがある。アメリカでは，前者を相関法（correlation techniques），そして後者を論理分析（logical analysis）と呼ぶという（Kilger, 1981, S.324-325）。

まず，前者の統計的方法の場合，原価費目別の実際原価と関連量（基準量）の実際値が，長期にわたり既知であることが前提となる。しかも，この方法では，統計的判定を下す前に，偶然性，誤記入，原価残留，原価飛躍，経営内の不経済性の影響を実際原価から取り除く修正作業が必要となる。また，基準となる価格水準や賃金水準への調整も終えていなければならない。統計的判定は回帰分析や相関計算を利用して行われるが，この場合，いかなる作用因が関連量として最適であるかは相関係数の値から確定される。しかし，実務上，必要となる上記のような実際原価の修正は不完全にしか行うことができず，この点に統計的方法の致命的な難点がある。特に，経営者の意思決定の影響や組織構造上の不経済性は，この統計的方法では認識できない。そのため，キルガーは，統計的な作用因（関連量）分析の適用を，例えば動力費などの一部の原価費目のみに限定すべきであると主張している。

それに対して，関連量選択の分析的方法は，綿密な技術的・原価経済的な作用因（関連量）分析を基礎とする。この作用因分析の場合，給付生産の活動と操業依存的な生産諸要素の費消との間には，いかなる機能的または処理的な関係が存在するかという観点から，各原価部門の生産プロセスが分析される。つまり，原価部門別の活動分析を通じて，適切な作用因（関連量）を見つけ出す点に，この分析的方法の特徴がある。なお，この方法は，上述の統計的な作用因分析に比して，次のような利点を持つ。まず，過去の実際原価とは無関係であり，何ら統計的な推定を必要とはしない。また，原価を決定する作用因の考慮に関しては，極めて柔軟的である。とりわけ，過年度の経営者の意思決定の影響（例えば原価残留の形での影響）や組織構造上の不経済性の影響は，この分析的方法では回避することができる。

さて，以下では，キルガーが思い描く関連量選択の流れに沿いながら，実務上いかにして適正な関連量の選択に至るのかを説明することにする（Kilger,

1981, S.325-328)。

　1つの原価部門において1種類の給付のみが生産されていて、しかも生産実施（つまり生産方法や生産条件）が一定である場合には、給付量（例えば製品単位数）を直接的に関連量として用いることができる。また、生産実施には確かな変化が生じたが、この変化が原価に作用しない場合には、同様に給付量を関連量として用いることができる。しかし、生産実施に変化が生じ、この変化が原価に重大な影響を及ぼす場合には、生産実施の活動別に区別された複数の関連量が必要となる。

　他方で、1つの原価部門が数種類の給付を生産している場合には、①給付は定量化可能であるかどうか、②実際関連量（関連量の実際値）が経済的に是認できるコストで毎月把握可能であるかどうか、が検討課題となる。そして、この2つの条件が満たされるならば、当該原価部門に対しては、原価発生を厳密に定量化する関連量を適用することができる。キルガーは、このような関連量を直接関連量（direkte Bezugsgrößen）と呼んでいる。

　また、上記2条件を満たすならば、次の手順として、①生産される給付（製品）に特性があるかどうか、しかも、②その特性が原価に著しく影響を及ぼしているかどうか、が検討される。そして、その検討の結果、給付の質的特性（例えば、材料の質、重量、必要時間、表面の形など）が原価に著しく影響を及ぼしている場合には、いわゆる製品に起因する原価発生の異質性が存在することになる。そして、この異質的原価発生の場合には、給付の特性別に区別された複数の関連量が必要となる。しかし、製品に起因する異質性が認められない場合には、次に生産プロセスの分析を通じて、生産実施の活動が原価部門の原価に作用しているかどうかが確認されることになる。もし、その作用が確認できれば、いわゆる方法に起因する原価発生の異質性が存在することになり、その場合には生産実施の活動別に区別された複数の関連量が必要となる。しかし、方法に起因する異質性も妥当しないのであれば、その状況は同質的原価発生であり、したがって、当該原価部門においては1つの関連量の使用のみで十分となる。また、給付の質的特性と生産実施の活動の両者が、その組み合わせとして原価に多大な影響を及ぼす場合も考えられる。このような場合には、給

付の特性と生産実施の活動別に詳細に区別された複数の関連量が必要となる。

さらに，①原価部門で生産される給付が定量化できないか，あるいは②実際関連量の把握が経済的に是認できるコストで不可能な場合には，当該原価部門に対しては，実務上直接関連量を用いることができない。そこで，このような場合には，補助関連量とも呼ばれる間接関連量（indirekte Bezugsgrößen）が適用されることになる。キルガーによれば，主として原価額（金額）に基づく間接関連量は，確かに生産される給付単位との直接的な関係を欠いてはいるが，しかし，その適用は発生原因原則に叶うという。彼によれば，間接関連量の適用は，伝統的原価計算の場合の配賦（Umlageschlüsseln）とは本質的に異なる（Kilger, 1981, S.327）。

V. 製造原価部門における関連量の選択

部門別原価計算の手続では，まず，原価部門は第一次原価部門（主要原価部門）と第二次原価部門（補助原価部門）に大別される。また，キルガーの議論では，第一次原価部門は製造原価部門とその他の主要原価部門に区分され，その上で各部門別の原価の発生状況に応じて関連量選択の問題が論じられている。以下では，キルガーの論述に依拠しながら，製造原価部門を対象とする関連量選択の問題について検討する。勿論，異質的原価発生の状況を念頭に置きながら，複数の関連量が選択される必要性について議論を深めることになる。

1. 製品に起因する原価発生の異質性

製品に起因する原価発生の異質性が確認される場合，以下の3ケースが考えられる（Kilger, 1981, S.329-331）。

まず，第一のケースは，投入される材料の種類や材料の配合の違いが原因で，操業依存原価が著しく影響を受けるケースである。この場合には，同じ材料や同じ材料配合を要求する製品品種別に異なる関連量を選択することによ

り，製品に起因する原価発生の異質性の解消を図る。キルガーは，異質的原価発生の解消について，以下のような事例を示している。

まず，自動車や自転車用のタイヤチューブを加硫する場合，関連量としては「加熱時間」が最適となる。しかし，天然ゴムチューブと合成ゴムチューブとでは，加熱時間当たりの原価が異なる。合成ゴムチューブの場合には，加熱前に追加の作業工程を要求するし，また加熱時の原価発生も両者では異なる。したがって，このような状況下では，原価発生の異質性を解消するために，2つの関連量が，すなわち「天然ゴムチューブの加熱時間」と「合成ゴムチューブの加熱時間」の両者が同時に適用されることが要求される。

また，類似の理由から，銅線とアルミニウム線を交互に圧延する電線製造工場でも，関連量の区別が必要となる。この場合，「圧延時間」が最適な関連量として選択されることになるが，両金属の比重が著しく乖離していることから，銅線の圧延とアルミニウム線の圧延とでは，その原価発生は全く異なる。したがって，異質的原価発生を克服するためには，「銅線の圧延時間」と「アルミニウム線の圧延時間」を明確に区別した上で，両者の関連量をともに使用することが必要となる。

さらに，製品に起因する原価発生の異質性の事例は，強度が異なる部品加工の際にも見られる。例えば，モリブデン製品とタングステン製品を交互に加工する製造原価部門では，両製品の加工時間当たりの工具の摩耗，動力消費量および修繕費が著しく異なるので，製品別に適切な加工時間関連量を選択する必要性が生じる。

他方で，鋳造工場の場合には，後処理の際に生じる温度喪失のために，薄板グラファイト鋳鉄と球形グラファイト鋳鉄とでは異なる流出口の温度が必要となる。したがって，このような鋳造工場の状況下では，2つの関連量の区別が，すなわち「薄板グラファイト鋳鉄の重量」と「球形グラファイト鋳鉄の重量」の区別が必要とされる。

次に，第二のケースは，製品単位当たりの重量と加工時間の関係から，製造原価部門で生産される製品が区別されるケースである。つまり，比較的に重量の重い製品が短い加工時間を要求し，逆に，比較的に重量の軽い製品が長い加

工時間を要求するケースである。そして，このようなケースの下で，一部の原価が時間に依存して発生し，また他の一部の原価が重量に依存して発生する場合には，「加工時間」と「装入重量」の両者を関連量として用いることが必要となる。

　キルガーは，重量と加工時間の関係が製品品種別に異なる場合に，それによりいかに製品原価計算（給付単位計算）が影響を及ぼされるかを誤差計算（Fehlerrechnung）を通じて確認している。図表2-4がその誤差計算の計算結果であり，図表2-3にはその基礎データが示されている。図表2-3の基礎データからは，比例加工費（変動加工費）の総額は月間44,400マルクであり，このうち36,000マルクは加工時間に，残りの8,400マルクは装入重量に比例

図表2-3　製品に起因する原価発生の異質性（原価データ）

比例費	金額(マルク)／月間	限界原価率
総額	44,400	0.617 マルク/分
そのうち時間依存的	36,000	0.500 マルク/分
そのうち重量依存的	8,400	0.300 マルク/kg

（出所：Kilger, 1981, S.330.）

図表2-4　製品に起因する異質的原価発生の場合の給付単位計算

製品品種	計画数量個数/月間	加工時間 分/個数	加工時間 分/月間	重量 Kg/個数	重量 Kg/月間	2つの関連量 加工時間	2つの関連量 重量	2つの関連量 合計	1つの関連量 加工時間	誤差(％)
1	500	6	3,000	3.0	1,500	3.00	0.90	3.90	3.70	− 5.1
2	1,500	8	12,000	2.0	3,000	4.00	0.60	4.60	4.94	＋ 7.4
3	2,230	10	22,300	2.0	4,460	5.00	0.60	5.60	6.17	＋10.2
4	400	4	1,600	3.5	1,400	2.00	1.05	3.05	2.47	−19.0
5	500	12	6,000	8.2	4,100	6.00	2.46	8.46	7.40	−12.5
6	600	8	4,800	1.5	900	4.00	0.45	4.45	4.94	＋11.0
7	500	9	4,500	6.0	3,000	4.50	1.80	6.30	5.55	−11.9
8	200	16	3,200	5.2	1,040	8.00	1.56	9.56	9.87	＋ 3.2
9	1,000	5	5,000	5.4	5,400	2.50	1.62	4.12	3.09	−25.0
10	800	12	9,600	4.0	3,200	6.00	1.20	7.20	7.40	＋ 2.8
合計			72,000		28,000					

（出所：Kilger, 1981, S.331.）

的に発生することがわかる。そして，この場合，単一の関連量「加工時間」のみを用いて計算すれば，比例加工費の総額44,400マルクを月間72,000分の計画関連量（計画操業）で割り算して，限界原価率0.617マルク／分が得られる。それに対して，異なる2つの関連量を用いて給付単位計算を行えば，時間依存的な比例加工費36,000マルクを月間72,000分の計画関連量（計画操業）で割り算して，まず限界原価率0.50マルク／分が得られ，次に月間8,400マルクの重量依存的な比例加工費を月間28,000kgの重量関連量で割り算して，重量依存の限界原価率0.30マルク／kgが得られる。なお，図表2-4には，単一の関連量と複数2つの関連量を使用した場合の製品単位原価の誤差が百分率で示されている。この誤差計算からは，5つの製品品種が10％を越える誤差を示し，また，加工時間に比して最も重量の重い製品品種9の誤差は25％にも達していることがわかる。そして，キルガーは，このような誤差計算の結果から，関連量の区別を無視してはならないと結論づけている（Kilger, 1981, S.331）。

最後に，第三のケースは，重量以外の製品の特性と加工時間の関係が，複数の関連量の使用を要求するケースである。このケースは，例えば，加工時間に依存する比例費の他に，加工される製品の表面積や体積に依存する比例費が発生する製造原価部門に妥当する。

なお，製品の体積が原価に作用する典型例は，鋳造業や窯業の事例にみられる。例えば，鋳造部門では，製品に起因する異質的原価発生を解消するために，「製品本体の体積」と「鋳型の体積」の両者を同時に関連量として使用する必要性がある。また，陶磁器製造工場の焼結炉部門では，製品のかさばりが製造原価に影響を及ぼすので，「炉空間」と「装入重量」の両者が関連量とされる。

2. 方法に起因する原価発生の異質性

製造原価部門において，方法に起因する原価発生の異質性が存在するならば，それは，大抵，次の理由に帰する（Kilger, 1981, S.332-334）。
① ロット別生産

ロット別生産を行う製造原価部門において，段取時間の原価率と加工時間の原価率が大きく乖離する場合には，「段取時間」と「加工時間」の両者を関連量として用いる必要性がある。とりわけ，ロット・サイズの小さい製品が長い段取時間を要求する場合には，段取時間の適用は妥当となる。

キルガーによれば，自動化された製造原価部門では，段取時間の適用を断念してはならないという。というのも，自動化された製造現場では，長い段取時間が発生すると同時に，製品のロット・サイズも極めて多種多様であるからである。それに対して，あまり自動化が進展していない製造現場では，例えば，旋盤，ボール盤，あるいはその他の切削加工の工作機械を用いる製造原価部門では，多くの場合，段取時間の適用を断念することができる。というのも，そこでは，工具自らが機械の準備を行い，またロット・サイズも自動機械生産の場合ほど大きく相違しないからである。

② 掛持ち作業

掛持ち作業を行う製造原価部門において，操作関係（工員1人当たりの操作機械数）が変化する場合には，「工員の作業時間」と「機械時間」の両者を関連量として使用する必要性が生じる。キルガーによれば，操作関係の変化を伴う掛持ち作業は，特に自動化が進展した製造原価部門において顕著であり，しかも，そこではロット別生産を特徴とする。また，キルガーは，掛持ち作業は繊維業ではかなり普及していると指摘している。繊維業の職場では，例えば，織工には織物の種類に応じて20機から80機の織機が割り当てられている。というのも，破損しやすい繊細な織物は，比較的に多量の給仕を要求するが，他方で，多くの織物は支障なくスムーズに織り上がるので，織工は多数の織機を操作することができるからである。したがって，このような繊維業の職場では，異質的な原価発生を解消するために，織機群別に「製造時間」と「織物の緯糸」を同時に関連量として用いることが要求される。

③ プロセス条件の変更

プロセス条件が頻繁に変更される製造原価部門においても，方法に起因する原価発生の異質性が現れる。この場合，正確な製品原価計算と原価管理を行うためには，プロセス条件別に詳細に区別された複数の関連量が必要となる。

図表2-5　異なるプロセス条件の下での限界原価率

温度（℃） 圧力（bar）	限界製造原価（マルク/分）					
	Nr.	350°	Nr.	400°	Nr.	450°
280	1	2.58	4	2.79	7	3.30
320	2	2.67	5	2.93	8	3.65
360	3	2.76	6	3.07	9	4.00

（出所；Kilger, 1981, S.333.）

例えば，図表2-5に示す製造原価部門の場合には，圧力と生産温度の組み合わせから，9つのプロセス条件が実現されうる。そして，この事例では，プロセス条件別に9つの関連量（装置時間ないし機械時間）が適用され，プロセス条件別に異なる比例原価率が算出されている（図表2-5参照）。ただし，このような場合にも，先と同様の誤差計算を用いて，いかに最少数の関連量の適用でもって，必要とされる計算上の正確性を確保できるかが，常に検証されていなければならない。なお，簡便法もあり，その場合には，プロセス条件別に機械時間関連量を使用するかわりに，原価計算上の動力費の金額などの間接関連量が適用されることになる。

3. 製品および方法に起因する原価発生の異質性

なお，製造原価部門において，製品に起因する異質性と方法に起因する異質性の両者が，その組み合わせとして同時に操業依存原価に作用する場合もある。この場合には，次の2つのケースが考えられる（Kilger, 1981, S.334-336）。

第一のケースは，製品に起因する原価作用と方法に起因する原価作用が互いに依存し合わないケースである。このケースは，例えば，質的に異なる製品がロット別に生産される場合に該当する。この場合，製品の特性に基づく関連量の区別とともに，生産実施の活動に基づく関連量の区別も必要となる。ただし，関連量の区別の仕方は，既に述べた通りである。

第二のケースは，製品に起因する原価作用と方法に起因する原価作用が，機能的に互いに依存し合うケースである。例えば，このケースは，材料の種類，

装入重量あるいはその他の製品の質的特性が，特定の方法や操作関係を要求する場合に該当する。この場合には，製品の特性に基づく関連量の区別か生産実施の活動に基づく関連量の区別のどちらか一方の区別に依拠することになるが，ただし，それで十分であるかは常に検討を要する。

以上のようなキルガーの詳説は，工業経営の複雑な状況下でも，適切な関連量を見つけ出すことができることを指摘している。しかし，関連量の区別の詳細度が高まれば，実際関連量（関連量の実際値）の把握が困難を極め，その把握コストも増大することになる。したがって，その意味では，実務上関連量の区別は必要不可欠の最小限に抑えるべきであるといえる。また，キルガーは，方法（生産実施の活動）に依存する関連量の詳細な区別は，原価管理目的には有効ではあるが，計画給付単位計算（製品原価計算）を実施する上では，トラブルを招くことも指摘している（Kilger, 1981, S.336)。周知のように，近年のABCは，当初，実際全部原価による製品原価計算として誕生するが，その後1991年を境として，管理的色彩を強め，製品原価の計算技法としてのABCから原価管理を主目的とするABCM（Activity-Based Cost Management）へと発展することになる（Kaplan, 1992)。このABCからABCMへの発展を考えた場合，上述のキルガーの指摘は非常に興味深い。

Ⅵ. その他の第一次原価部門における関連量の選択

キルガーによれば，製造領域以外のその他の第一次原価部門（主要原価部門）には，①研究，開発および設計，②購買および材料経済，③経営管理，④販売（完成品の在庫管理も含む）という，いわば間接領域の原価部門が属する。キルガーは，このような間接領域の第一次原価部門を対象とする関連量選択の問題を論じるにあたり，原価部門を2つのグループに大別している（Kilger, 1981, S.336)。

まず，第一のグループには，主として意思決定的，計画設定的あるいは組織的活動（Tätigkeiten）を実行する原価部門が属する。この第一グループの原価

部門の活動は，一般的にケースバイケースでその性質が大きく異なり，反復的な性質のものではないので，原価部門が生み出す給付量（活動量）の定量化には困難を伴う。したがって，このような第一グループの原価部門に対しては直接関連量を適用することはできず，間接関連量の適用のみが問題となる。

次に，第二のグループには，頻繁に繰り返される管理（処理）的活動 (verwaltende Tätigkeiten) を実行する原価部門が属する。この第二グループの原価部門の場合には，反復的な性質の活動がその対象となるので，労働科学的な職能分析を利用すれば，直接関連量を見つけ出すことが可能となる。

キルガーの説明では，間接領域の第一次原価部門において，全く同種の活動（仕事）が実行される場合には，その状況は同質的原価発生であるという。そして，この状況下では，仕事の処理件数 (Anzahl der Bearbeitungsfälle) が直接関連量として適用されうる。しかし，間接領域の第一次原価部門においても，複数の異なる性質の活動（仕事）が実行されるのが常であり，通常は異質的原価発生の状況が現れる。この状況下では，原価発生の異質性を解消するために，複数の異なる関連量を用いるか，あるいは等価係数か点数評価法を利用して異なる性質の活動（仕事）を共通単位にそろえるか，どちらかの措置が必要となる。

なお，ドイツでは，既に計画原価計算の萌芽期に，製造領域以外のその他の第一次原価部門に対しても，直接関連量を見つけ出す試みが実際に存在していた。そして，その後の展開により，事務労働に関する労働科学の研究成果に依拠することもできた。キルガーは，製造領域以外（間接領域）の第一次原価部門を対象とする直接関連量を図表2-6に示している。とりわけ，この図表2-6の直接関連量と近年のABCの中心概念であるコスト・ドライバーとを比較すれば，ドイツ原価計算の先駆的な発展を垣間見ることができる。

さて，間接領域を対象とする関連量選択の問題は，製造領域を対象とするそれとは本質的に異なる (Kilger, 1981, S.337-340)。キルガーによれば，製造原価部門と同様に，上記第二グループの間接原価部門においても，部門が提供する給付量を的確に測定し，原価管理上有効な直接関連量を見つけ出すことができる。しかし，間接領域の原価部門の場合には，その活動や仕事は直接製品の製

図表 2-6　製造領域以外の第一次原価部門における直接関連量

原価部門の種類	関連量の種類
実験室	検査件数
	分析件数
購買	処理された入札件数
	発注書の枚数
	点検された請求書の枚数
資材倉庫または完成品倉庫	入庫件数
	出庫件数
	平均在庫品の数量
	平均在庫品の価額
	利用された倉庫の床面積（㎡）
	利用された倉庫の空間（㎡, ltr か hltr）
材料検査	検査件数
	分析件数
財務簿記	記帳件数
給付単位計算	事前給付単位計算の件数
	計画給付単位計算の件数
	事後給付単位計算の件数
経営決算	決算された原価部門の数
賃金計算	総額賃金計算の件数
	実額賃金計算の件数
文書室	Ａ4紙の枚数
文書保管室	保存文書の数
郵便部門	発送郵便物の数
販売	顧客注文書の枚数
請求書（計算書）作成	計算書の枚数
	計算書の行数
発送	発送指示書の枚数
データ処理	パンチカードの枚数
	計算時間
	作表の行数

（出所；Kilger, 1981, S.338.）

造や加工に携わらないので，原価管理上有効な直接関連量をそのまま製品原価計算（給付単位計算）に適用することには難がある。例えば，購買原価部門を例にとれば，「発注書の枚数（発注件数）」が原価管理上最適な直接関連量として選択されうるとしても，しかし，発注書の処理がいかなる製品単位数を対象として実行されたかは，容易には認識できない。すなわち，直接関連量である「発注書の枚数」と生産される製品単位数との直接的な関係は，簡単には見出せない。また，これと同じことが，財務簿記部門の関連量「記帳件数」にも，文書事務部門の関連量「Ａ４紙の枚数」にも当てはまる。

　結局のところ，原価管理上有効な直接関連量が選択可能であり，その利用が正確な製品原価計算へと導くことがわかっているとしても，製造領域以外の第一次原価部門の場合には，直接関連量と製品との間の関係が希薄であるがゆえに，給付単位計算上は間接関連量が適用されることになる。ただし，キルガーは，間接関連量（例えば，材料費や限界製造原価の金額など）を利用したとしても，その利用が製品原価計算の正確性を損なうものではないことを強調している。キルガーによれば，間接関連量を利用する場合にでも，原価発生が異なる原価負担者グループ（製品系列）別に異なる間接関連量を用いることによって，要求される製品原価計算の正確性は確保できるという（Kilger, 1981, S.337）。

Ⅶ. 第二次原価部門における関連量の選択

　キルガーは，第一次原価部門（主要原価部門）に続き，第二次原価部門（補助原価部門）に対しても，関連量選択の問題を論じている。その場合，キルガーは，第二次原価部門を次の3つのケースに区別している（Kilger, 1981, S.340）。
　(1)　第二次原価部門が生み出す給付は量的に測定可能であり，しかも，その給付を消費する原価部門においても，提供された給付の消費量が把握できるケース。
　(2)　第二次原価部門が生み出す給付は確かに量的に測定可能であるが，しかし，その給付を消費する原価部門においては，提供された給付の消費量

が把握できないケース。
(3) 第二次原価部門が生み出す給付は量的に測定できないし，しかも，その給付を消費する原価部門においても，その給付の消費量が把握できないケース。

キルガーによれば，上記 (1) のケースに該当する第二次原価部門に対してのみ，直接関連量を用いることができる。しかし，上記 (2) および (3) に該当する第二次原価部門においては，直接関連量の適用が叶わず，間接関連量の利用が必要となる。しかも，その際に利用される間接関連量は，補償関連量 (Deckungsbezugsgrößen) とも呼ばれ，補償されるべき原価額に基づく関連量である。なお，以下では，上記3ケースの区別を念頭に置きながら，①空間原価部門，②工具制作原価部門および修繕原価部門，③動力原価部門，④福利厚生原価部門，⑤運搬原価部門，⑥工場管理原価部門という第二次原価部門（補助原価部門）を取り上げ，関連量選択の問題について順次検討を加えることにする。

① 空間原価部門

まず，キルガーの説明では，第二次原価部門のなかで特殊な位置にあるのが，空間原価部門である (Kilger, 1981, S.340)。この空間原価部門というのは，他の原価部門に空間的キャパシティを提供する純粋な経営準備部門である。したがって，純粋な準備部門である限り，空間原価部門で発生する原価はすべて経営準備費すなわち固定費として認識されることになる。そして，固定費である限り，もはや関連量を考慮する必要性がなくなる。キルガーの見解によれば，弾力的計画原価計算の実務では，確かに空間費は利用される床面積（㎡）に基づいて関係する消費原価部門に割り振られているけれども，床面積は操業（給付量）を把握する尺度としての関連量ではなく，固定費を配賦するための単なる配賦基準にすぎない。

② 工具制作原価部門および修繕原価部門

他方で，直接関連量が用いられる第二次原価部門には，工具制作部や修繕部などの原価部門がある (Kilger, 1981, S.340)。これらの原価部門で生み出される給付は，主として工具の作業によるものであり，したがって，その給付量は

「作業時間」を関連量として把握することができる。しかも，工具制作部や修繕部などの原価部門では，大抵の場合，同質の作業により同質の給付が生み出されている。つまり，同質的原価発生の状況にあるので，1つの時間関連量を直接関連量として用いるだけで十分となる。しかし，工具が修理作業とともに溶接作業なども行う場合には，異質的原価発生の状況が生じることもある。勿論，そのような状況下では，異質的原価発生を解消するために，複数の時間関連量の適用が必要となる。

③　動力原価部門

また，動力原価部門においても，直接関連量を用いることができる（Kilger, 1981, S.340）。動力原価部門が同質の動力を提供している場合には，例えばkWh の電力，10^6 kcal の熱量，㎥のガス，㎥の水，㎥の圧縮空気など，動力の測定単位が直接関連量となる。しかし，動力が複数の方法により生成されている場合や，あるいは動力が異なる調達先から購入されている場合には，しばしば異質的原価発生の状況が生じる。勿論，このような異質的原価発生の状況下では，その状況を解消するために，複数の直接関連量を用いることが要求される。例えば，暖房用石油と天然ガスを代わる代わる利用する動力部門の場合には，2つの異なる関連量が必要となるし，また用水部門の場合には，水道水，井戸水および川水などを区別する必要性が生じる。

ところで，動力原価部門における直接関連量の利用は，動力を消費するすべての原価部門において，動力消費量が把握されていることがその前提である。しかしながら，すべての消費原価部門において，動力消費量を把握することは不可能である。というのも，計器類の購入費用や経常的に発生する検針費用が重荷となり，大半の原価部門には測定器が配置されていないからである。そのため，キルガーの主張では，動力原価部門に対しては，補償関連量の形での間接関連量が利用されることになる（Kilger, 1981, S.341）。なお，図表 2-7 には，動力原価部門（電力供給部門）を対象とする補償関連量の適用例が示されている。

図表 2-7 の事例では，電力を消費するすべての原価部門が各々の計画関連量（計画操業）を実現する場合に，電力供給部門が月間 63,000kWh の電力を

図表2-7 電力供給部門における間接関連量

Nr.	電力消費原価部門 名称	関連量 名称	関連量 計画値	関連量 実際値	計画電力料 全部原価	計画電力料 比例費	計画電力料 固定費	関連量単位当たりの比例電力料	実際操業時の比例ゾル電力料
1	2	3	4	5	6	7	8	9	10
101	作業準備部門	間接費補償額	4,506	5,002	46	26	20	0.0058	29
200	土地および建物	（固定費部門）	—	—	264	—	264	—	—
203	修繕部門	加工時間	1,000	1,300	144	134	10	0.1340	174
204	社内運搬部門	間接費補償額	2,760	2,800	300	270	30	0.0978	274
301	材料および部品倉庫	材料費補償額	120	124	288	260	28	2.1667	269
302	補助材料および燃料倉庫	間接費補償額	3,450	3,680	84	84	—	0.0243	89
401	旋盤部門	加工時間	3,300	3,750	540	513	27	0.1555	583
402	タレット旋盤部門	加工時間	2,700	2,890	1,296	1,231	65	0.4559	1,318
403	カルセル旋盤部門	加工時間	1,200	1,420	1,104	1,049	55	0.8742	1,241
404	自動機械部門	機械時間	1,500	1,725	1,092	1,030	62	0.6867	1,185
501	ボール盤部門	加工時間	1,700	1,810	264	250	14	0.1471	266
502	精密ボール盤部門	加工時間	200	300	34	34	—	0.1700	51
503	小型フライス盤部門	機械時間	1,600	1,850	270	255	15	0.1594	295
504	大型フライス盤部門	機械時間	1,200	1,070	162	154	8	0.1283	137
505	研磨部門	加工時間	1,200	1,460	696	660	36	0.5500	803
600	溶接部門	溶接時間	1,000	1,160	276	250	26	0.2500	290
610	焼入部門	100 kg	150	180	288	260	28	1.7333	312
700	組立部門	加工時間	3,600	3,850	412	400	12	0.1111	428
合計					7,560	6,860	700	—	7,744
実際操業時のゾル原価総額									8,444
実際操業度 = 8,444 ÷ 7,560									111.7%

(出所：Kilger, 1981, S.342.)

提供し，そしてその時に月間7,560マルクの電力料が発生すると予定されている。したがって，7,560マルクの計画電力料（電力料予算額）を63,000kWhの計画関連量（関連量の計画値）で割り算すれば，原価率（予定配賦率）は0.12マルク/kWhとなる（7,560マルク÷63,000kWh＝0.12マルク/kWh）。確かに，すべての電力消費原価部門において，電力消費量が測定されているのであれば，電力供給部門の電力供給量（kWh）が直接関連量となる。しかし，図表2-7の事例では，電力消費量の測定が困難であることが前提とされている。そのため，直接関連量（kWh）の利用は叶わず，その代わりとして，間接関連量「原価補償額7,560マルク」が利用されている。勿論，この場合，計画関連量を実現する計画操業時には，各々の消費原価部門の計画電力料の総和は，原価補償額7,560マルクとなる。したがって，図表2-7においても，計画電力料の合計金額は7,560マルクとなっている（図表2-7縦欄6）。

　加えて図表2-7の事例では，各消費原価部門の計画電力料は，比例費と固定費に分解されている（縦欄7および縦欄8）。そして，この原価分解のためにも，消費原価部門ごとに，その部門固有の関連量が選択されている（縦欄3）。しかも，その計画関連量（関連量の計画値）も確定されている（縦欄4）。なお，図表2-7の縦欄9には，消費原価部門別に関連量単位あたりの比例電力料（いわゆる変動費率）が記されているが，その値は計画電力料の比例費部分（縦欄7）を各消費原価部門固有の計画関連量（縦欄4）で除して求められている（縦欄7÷縦欄4＝縦欄9）。

　また，図表2-7の縦欄5には，実際操業時の実際関連量（関連量の実際値）も示されている。勿論，弾力的計画原価計算の場合には，変動予算の適用により，実際関連量（実際操業）に応じた計画比例電力料，すなわち比例電力料の予算許容額も算出されている。キルガーは，この比例費の予算許容額のことを比例ゾル原価（proportionale Sollkosten）と称しているが，そのゾル原価額は，縦欄5の実際関連量に縦欄9の関連量単位あたりの比例電力料（いわゆる変動費率）を乗じて求められている（縦欄5×縦欄9＝縦欄10）。なお，比例ゾル原価の総額は月間7,744マルクであり，それに月間700マルクの固定電力料（固定費）の予算額を加算すれば，実際操業時の月間予算許容額8,444マルク

が算出される。その場合の実際操業度は111.7％である（8,444マルク÷7,560マルク＝1.117)。

　以上がキルガーによる動力部門費（補助部門費）の配賦計算方法である。動力部門費の比例費は，関連量単位あたりの比例電力料（変動費率）に実際関連量を乗じた金額でもって予定配賦される一方で，動力部門費の固定費は，予算額をもって各消費原価部門に配賦されている。つまり，動力の提供を受ける消費原価部門では，動力の実際消費量は測定され得ないので，動力部門費（補助部門費）の実際発生額（イスト）が各消費原価部門に配賦されることはない。その代わりとして，予算許容額（ゾル）が，関係する消費原価部門に配賦される。したがって，原価部門差異（この場合には予算差異のみ）が，補助部門である動力原価部門に生じることになる。要するに，キルガーが説明する補助部門費の配賦方法とは，比例費（変動費）と固定費との区別を前提とするいわゆる複数基準配賦法であり，しかも，予算許容額配賦の適用に他ならない。そして，このような予算許容額配賦の適用により，消費原価部門の責任による操業度差異は各消費原価部門に配賦されることになり，他方で，動力部門が責任を負うべき予算差異は補助部門である動力原価部門に残る。つまり，キルガーが説く補助部門費の配賦方法とは，責任会計上最適な補助部門費の配賦方法の実践であるといえる。

④　福利厚生原価部門

　また，福利厚生部門に対しても，若干，直接関連量を用いることができる(Kilger, 1981, S.341 u. 343)。例えば，原価部門「福利厚生サービス全般」においては，「従業員数」や「月次の勤務交替数」が直接関連量となりうる。また，工場の食堂部門においては，「食事件数」を直接関連量とすることができる。しかし，実務では，計算を簡略化するために，福利厚生部門に対しては，直接関連量の利用が断念されている。そして，その場合には，間接関連量ではあるが，「賃金の金額」や「給料の金額」が関連量として利用されている。なお，福利厚生部門のなかには，純粋に経営準備部門の性格を持つ原価部門もある。例えば，社宅部門がそれであるが，社宅部門の原価計算上の処理は，前述の空間原価部門に準ずる。

⑤　運搬原価部門

　さらに，運搬原価部門においても，多くの場合，直接関連量を用いることができる（Kilger, 1981, S.343）。とりわけ，乗用車輸送，トラック輸送（近場と遠方の輸送を区別），工場専用鉄道，自社船舶や自社航空機などの社外運搬原価部門に対しては，直接関連量の利用が妥当となる。特に1つの運搬原価部門において，同質の運搬手段のみが利用されている場合には，走行距離（Km）のような1つの関連量の利用で十分となる。それに対して，1つの運搬原価部門において，異なる原価構造をもつ運搬手段が利用されている場合には，運搬手段別に異なる関連量を用いる必要性が生じる。正確な原価把握のためには，距離関連量（Km）の適用だけでは不十分であることが実証されているが，キルガーも，走行距離（Km），積載重量・走行距離（t・km），運搬時間および積み込み・積み卸し時間などの関連量を相ともに利用する必要性を指摘している。

　他方で，キルガーは，フォークリフトや電動荷車部門などの社内運搬原価部門に対しても，可能な限り直接関連量を用いるべきであると主張している。しかし，実務では，実際関連量の把握に挫折するために，大抵の場合，間接関連量が用いられているという。また，駐車場も運搬原価部門に属するが，駐車場部門の場合，積載作業や清掃作業などが行われるので，工具制作部や修繕部などの原価部門と同様に，時間関連量の適用が指摘されている。

⑥　工場管理原価部門

　なお，給付量を把握することができない上記（3）のケースに該当する第二次原価部門として，工場管理部門がある（Kilger, 1981, S.343-345）。この工場管理部門には，経営指導，作業準備および職長部門などの原価部門が属するが，これらの原価部門に対しては，大抵の場合，補償関連量の形での間接関連量が適用されることになる。ただし，この補償関連量の適用に関しては，図表2-7の動力原価部門の場合と同じ処理方法が用いられることになる。とはいえ，キルガーの指摘によれば，ドイツでは，とりわけ作業準備部門に対してのみ，「処理された製造指図書の枚数」を直接関連量として利用することが，以前から提案されていたという。また，指図書部門（Auftragsstellen）の開設も勧告されていたが，その場合，指図書部門は給付単位計算（製品原価計算）上の主

要原価部門とみなされ，しかも，その部門費が製造原価部門に配賦されることはなかったという。

以上が，キルガーによる第二次原価部門を対象とする関連量選択の説明である。キルガーの主張によれば，第二次原価部門に対する間接関連量の利用は，運用上の間に合わせ（暫定的な便法）であるにすぎない。あくまでもキルガーの見解によれば，運用上可能性がある限りにおいては，直接関連量が適用されるべきである。

Ⅷ．おわりに

本章では，近年のABCを念頭に置きながら，キルガーが提唱する弾力的計画原価計算について考察した。本章では，とりわけ尾畑（1998）やEwert and Wagenhofer（2007）を手掛かりにして，ABCが出現する以前の文献であるキルガーの大著第8版を取り上げ，キルガーの弾力的計画原価計算がABCに先駆けて活動志向になっていることと，関連量という概念がABCでいうコスト・ドライバーに近似する概念であることを確認した。

さて，キルガーの弾力的計画原価計算の特徴は，緻密な原価部門別計算と詳細に区別された関連量の適用にある。要するに，弾力的計画原価計算とは，部門別計算（コスト・センター）と関連量（コスト・ドライバー）の両システムを駆使しながら，原価発生の異質性の解消に努め，その結果として，より有効な原価管理とより正確な製品原価計算の実現を目指す原価計算方法であるといえる。

弾力的計画原価計算の場合，まず同質的原価発生の形成を念頭に置きながら，原価部門の細分化が行われる。しかし，原価部門の細分化が不十分であり，原価部門内に異質的原価発生の状況が現れる場合には，部門内において複数の関連量を使用することにより異質的原価発生の解消が図られる。

なお，弾力的計画原価計算の場合には，部門別に使用される関連量は，製品の特性や活動の分析を通じて見出されるが，この点は，活動分析を通じてコス

ト・ドライバーを見つけ出すABCの手続と近似する。ただし，関連量の主たる役割は原価管理や予算管理への貢献にあり，製品原価計算を主目的とする出現当初のABCのコスト・ドライバーとでは，明らかにその役割は異なる。勿論，キルガーは，原価管理上有効な関連量を製品原価計算に適用すれば，より正確な製品原価の算定に至るとも主張している。しかし，活動に基づく関連量と生産される製品との間に直接的な関係が見出し難いがために，結局のところ，キルガーは，活動に基づく関連量（コスト・ドライバー）を製品原価計算に適用することに躊躇している面もある。以上，ABCのコスト・ドライバーと弾力的計画原価計算の関連量との異同点を確認して，本章を結ぶことにする。

第3章　ドイツ補償貢献額計算に関する研究

I. はじめに

　ドイツでは，わが国と同様，1950年代から英米流の直接原価計算が次第に注目され始め，全部原価計算から直接原価計算への展開が見られた。また，この展開に続くものとして，特にリーベル（Riebel, P.）の直接費計算および補償貢献額計算（Einzelkosten- und Deckungsbeitragsrechnung；EDR）が挙げられることが多い（小林, 1976, 104頁）。

　そもそも，英米流の直接原価計算に近い限界計画原価計算（Grenzplankostenrechnung；GPK）は，コンサルタント業務に携わっていたプラウト（Plaut, H. G.）の貢献によって，1950年以降急速にドイツの企業実務に普及するようになる（Plaut, 1951, 1952, 1953a, 1953b, 1955）。しかも，学者のキルガー（Kilger, W.）が，プラウトが提唱する限界計画原価計算の理論的基盤を整備した。あくまでも部分原価計算である限界計画原価計算の下では，原価は操業度との関連で比例費と固定費に分解され，そして比例費のみが製品原価となる。しかし，期間原価となる固定費は，単一の塊（ブロック）としてしか取り扱われないことから，その後有用な原価計算方法の構築を目指す研究者達によって，固定費の細分化とその細分化された固定費の段階的回収計算が提案されるようになる。すなわち，アクテ（Agthe, K.），メレロビッツ（Mellerowicz, K.）およびザイヒト（Seicht, G.）らによって提唱された段階的固定費補償計算（stufenweise Fixkostendeckungsrechnung）である（Agthe, 1959；Mellerowicz, 1966；Seicht, 1963）。なかでもアクテやメレロビッツによる段階的固定費補償計算の試みは，固定費を直接費に変える発想の結実でもある（松本・小林, 1962, 200頁）。

それに対して，リーベルは，上記の研究者のように，製品原価計算の計算軸を比例費と固定費への原価分類に求めるのではなく，直接費と間接費への原価分類に製品原価計算の計算軸を求め，彼独自の補償貢献額計算（Deckungsbeitragsrechnung）を構想するに至る。すなわち，間接費の直接費化とその直接費化された間接費の段階的回収計算の構想である（Riebel, 1956, 1959）。リーベルによると，ドイツにおける種々の部分原価計算は，原則として2つの基本類型に属する（Riebel, 1974, S.498）。第一の基本類型は，上記の限界計画原価計算や段階的固定費補償計算が属する「直接原価計算」であり，他方で第二の基本類型は，リーベルが構想する「直接費計算および補償貢献額計算」である。そして，リーベルは，この2つの基本類型を明確に区別した上で，より単純な原価計算システムである「直接原価計算」は，いずれにせよ意思決定を志向する「直接費計算および補償貢献額計算」へと発展していくように思われると原価計算の発展方向を明示している（Riebel, 1985, S.387）。つまり，経営者の意思決定を支援するために，複雑な経営の現実を忠実に写像しようとする点では，「とくにRiebelの部分原価計算がより進んだ発展段階を示している」（小林，1977, 118頁）とする解釈も成立しうる。

なお，上記2つの基本類型の要素を組み合わせることによって混合形態も生じる。リーベルによると，この混合形態には，例えばキルガーの弾力的計画原価計算（Flexible Plankostenrechnung）が該当する。もともと「直接原価計算」の構想に基づいて設計されたキルガーの弾力的計画原価計算は，彼の大著第3版のサブタイトルが『限界計画原価計算および補償貢献額計算（Grenzplankostenrechnung und Deckungsbeitragsrechnung）』に変更されて以降，「直接費計算および補償貢献額計算」の構想に近づいたという（Riebel, 1974, S.498）。

ところで，原価計算実務（Kostenrechnungspraxis；KRP）誌の1986年度第3号にはヴェーバー（Weber, J.）の論文が掲載され，Deckungsbeitragsrechnung（補償貢献額計算）という概念はリーベルのものであるという見解が表明された（Weber, 1986）。そして，このヴェーバー発言が，以後KRP誌上で展開されることになる補償貢献額計算論争の発端となる。また，翌号のKRP誌1986年度第4号には，プラウトとキルガーが提唱する限界計画原価計

算よりもリーベルの補償貢献額計算の方が有用であると説くホルヴァート (Horváth, P.), クライナー (Kleiner, F.) およびマイヤー (Mayer, R.) の論文が公表された (Horváth, Kleiner und Mayer, 1986)。先のヴェーバー発言にしろ, リーベルの優位を説くホルヴァートらの論文内容にしろ, プラウトをはじめとする限界計画原価計算支持者の反感を買ったことは言う迄もない。

そして, このような事態に直面して, KRP誌1986年度第6号には, 編集責任者メンネル (Männel, W.) がヴェーバー発言には同調しないという声明を発表し (Männel, 1986), その後KRP誌1987年度第2号には, メンネルの声明を補足する意味で, 主筆ベッカー (Becker, W.) が公開討論会と称して, (1) プラウト, (2) ホルヴァート, クライナーおよびマイヤー, それに (3) ヴェーバーの意見表明を掲載することになる (Becker, 1987)。そして, さらにKRP誌1988年度第1号には, ホルヴァート, クライナーおよびマイヤー論文への反論として, 限界計画原価計算の有用性を説くプラウト (Plaut, H.G.), ボニン (Bonin, A.) およびヴィカス (Vikas, K.) の論文が公表され (Plaut, Bonin und Vikas, 1988), 一連の補償貢献額計算を巡る論争がひとまず終息することになる。

さて, 本章の目的は, KRP誌上での補償貢献額計算論争を手掛かりとして, ドイツで最も洗練された部分原価計算である限界計画原価計算 (GPK) と直接費計算および補償貢献額計算 (EDR) について比較考察することである。

II. 補償貢献額計算という概念

1. ヴェーバーの偽ブランド発言

KRP誌1986年度第3号の巻頭言において, 当時この専門誌の主筆を務めていたヴェーバーは, 補償貢献額計算という概念について私見を表明した。彼の個人的な見解は, とにかく次のことを暗黙の前提としていた。つまり, 補償貢

献額計算という概念はリーベルのものであり，1950年代にリーベルが完成させた直接費計算および補償貢献額計算の構想のみが，唯一補償貢献額計算と呼ばれるべきである（Weber, 1986, S.79）。

　ヴェーバーによれば，リーベルが補償貢献額計算を提唱してから，かれこれ既に四半世紀以上が経過している。それならば，この間に大学が，伝統的な計算様式や慣習を多少なりとも強く否定するリーベルの原価計算上の思考方法を，有能な学生達に教育する時間は十分にあったはずであるし，また実務の方でも，リーベルの理論的構想を，大学卒業生の力を借りて，ごく普通の人々が実践できる程度にまで分かり易く仕上げる時間も十分にあったはずである。したがって，補償貢献額計算に関する実態調査を行えば，補償貢献額計算が実務の現場で広く利用されている状況が確認されたとしても，それは当然のことであるといえる。よって，1983年にKRP誌上で公表されたキュッパー（Küpper, H-U.）の調査研究では，質問票に回答した企業の約40％が多段階式の補償貢献額計算を利用していたことが報告されているし（Küpper, 1983, S.171），またヴェーバー自身の調査でも，補償貢献額計算の利用割合が50％を越えていたことが明らかにされている（Weber, 1986, S.79）。

　しかしながら，ヴェーバーは，このような補償貢献額計算の高い利用割合を疑問視している。というのも，彼によれば，多くの実務家達は，大抵の場合，リーベルのいう直接費計算および補償貢献額計算ではなく，それを短縮して単に補償貢献額計算と呼んでいるからである。ヴェーバーは，このことからだけでも，補償貢献額計算の高い利用割合に疑念を抱いてしまうという。補償貢献額とは，売上収益から一部の原価を差し引いた残額（粗利益）であるが，この残額（粗利益）を算出する補償貢献額計算は，種々の意思決定問題を解決する上で経営の現場で利用されている。しかし，リーベルの補償貢献額計算が補償貢献額を算出する他の部分原価計算と決定的に異なる点は，算出された補償貢献額の利用にあるのではなく，補償貢献額を算出する前提となる原価の把握にある。つまり，リーベルの補償貢献額計算の特徴は，すべての原価要素を直接費（Einzelkosten）として把握する点にあり，その厳格な原価の把握方法を通じて，恣意的な間接費の配賦計算が回避されている。

さらに，ヴェーバーは，言語表現上の短縮から抱く疑念を追究すれば，多くの企業では，Deckungsbeitragsrechnung（補償貢献額計算）とDeckungsbeitrag（補償貢献額）とを同一視している状況が推測できるとも指摘している。そして，費用をかけて，企業で実践されている原価計算を詳細に分析するならば，この推測の正しさが立証されうるとも述べている。結局，ヴェーバーによれば，リーベルの補償貢献額計算は，実態調査の結果が示しているよりも，実際にはそれほど実務の現場では利用されても受け入れられてもいない。せいぜい中途半端にしか実施されない補償貢献額計算は，経営者の意思決定に役立つどころか，むしろ有害ですらある。例えば，全部原価計算が算出する純損益に基づく経営意思決定が殆ど役に立たないことを―つまり全部原価を回収しない赤字製品を廃止したところで，損失が減少するどころか逆に増大してしまうことを―，これまで経営者は学んできたに違いないが，全く同様のことが誤って理解されている補償貢献額計算にも当てはまる。

　したがって，ヴェーバーは，補償貢献額計算をリーベルとは異なる意味内容で解釈し利用している人達に対して，次のような警鐘を鳴らす。「リーベルの直接費計算および補償貢献額計算を実施する場合には，ただ単に既存の原価計算を接ぎ木するだけでは不十分であり，既存の内部会計制度の考え方を一新し，大胆に構造改革を断行する必要がある。そして，このような制度改革への覚悟ができていない者が，質問票に記入する時であれ，また日常業務に携わる時であれ，断固として偽ブランド（Etikettenschwindel）を作り上げてはならない」(Weber, 1986, S.79)。そして，このヴェーバーの偽ブランド発言が，補償貢献額計算という概念を巡る論争の発端となる。

2. メンネルによる声明

　先述の通り，KRP誌の1986年度第3号では，主筆ヴェーバーが，リーベルの構想のみを補償貢献額計算とみなす私的見解を表明するとともに，リーベルの構想以外の補償貢献額計算を偽ブランドと発言した。そして，このヴェーバー発言が，原価計算研究者の間に少なからぬ波紋を投げ掛けることになる。そ

こで，このような事態に直面して，KRP誌の編集責任者であったメンネルは，KRP誌1986年度第6号において，ヴェーバーの意見表明に対する補足と修正の必要性を主張した（Männel, 1986, S.204）。メンネルによれば，補償貢献額計算という概念をリーベルの補償貢献額計算に限定するような狭義の解釈は，明らかに諸々の批判に耐えうるものではない。彼によれば，あくまでも補償貢献額計算という概念は上位概念であり，それゆえに広義に解釈されるべきものである。またメンネルは，KRP誌の長年にわたる編集責任者として，ヴェーバーの偽ブランド発言から距離を置くことも強調している。

ところで，メンネルの理解によれば，補償貢献額計算という内部会計制度のツールは多種多様であり，しかもその構想上の起源はRiebel以前の過去に遡る。例えば，商業経営は古くから補償差益計算（Deckungsspannensrechnung）を実践していたし，第二次世界大戦前に考案されたアメリカの直接原価計算も貢献差益（contribution margins）を算出していた。またドイツでは，リーベルと並んで，特にプラウトも価値のある仕事を成し遂げている。プラウトの構想は，限界計画原価計算という名称で一般的に知られているが，事実プラウトは，原価管理を主目的とする原価部門別計算から，売上高に比例費を対応させる原価負担者関連の補償貢献額計算へと限界計画原価計算を発展させている。また同じ理由から，キルガーも，彼の大著の最終版を『弾力的計画原価計算および補償貢献額計算（Flexible Plankostenrechnung und Deckungsbeitragsrechnung)』と命名している。キルガーによれば，「今日，限界計画原価計算と補償貢献額計算という概念は，大抵の執筆者によって，同義語として用いられている」という（Kilger, 1981, S.70）。さらに，メレロビッツとその弟子達の貢献も忘れてはならず，彼らが考案した段階的固定費補償計算の構想も，一種の補償貢献額計算とみなすことができる。

結局，以上のような論拠から，メンネルは，あくまでも補償貢献額計算という概念は上位概念として受け入れられるべきものであると主張する。そして，この上位概念としての補償貢献額計算の下に，リーベルをはじめとする様々な補償貢献額計算の構想を包摂させ，しかも各構想を整然と境界づけるべきであると結論づけている（Männel, 1986, S.204）。さらに，メンネルは，補償貢献額

計算をリーベルとは異なる意味内容で解釈したり，例えばプラウトのように，実務への普及を通じて，何度となく自己の補償貢献額計算の有効性を確認している人達に対して，確信をもって偽ブランドなどと発言してはならないと注意を促す。要するに，編集責任者メンネルによるこの声明を通じて，補償貢献額計算という概念の解釈が相対化されたことになる。

Ⅲ．ホルヴァート,クライナーおよびマイヤーによるGPKとEDRの比較考察

1．経営経済学の分析対象としての組立

　従来の経営経済学の文献においては，生産プロセスの最終段階に位置する組立（Montage）は，工業生産の単独の領域としては殆ど考えられて来なかった。しかし，ホルヴァートらは，多品種少量生産への移行を背景として，組立領域では根本的に製造領域とは異なる特徴や課題が顕著であることから，部品製造とともに組立も，工業経営上の単独領域として経営経済学の分析対象とする必要性を主張している。しかも，ホルヴァートらは，組立領域においても，経営管理者の意思決定に関連情報を提供する有用な原価計算システムの必要性を強調している。そして，彼らは，現存する種々の原価計算システムの適性を詳細に調査分析した上で，最も有用な既存の原価計算システムを組立領域に導入しようと試みる。

　ホルヴァートらは，有用な原価計算システムを選出する過程において，まず伝統的な全部原価計算をその選択肢から除外している。というのも，全部原価には意思決定に無関連な原価（すなわち埋没原価）も含まれるので，全部原価計算は原則として関連原価を提供する状況にはないと判断を下したからである。そして，彼らは，部分原価計算システムを，なかでもプラウトとキルガーが提唱する限界計画原価計算（GPK）とリーベルが構想する直接費計算および補償貢献額計算（EDR）を有力な原価計算システムとして選出し，両者が

いかなる原価情報を提供しうるかを具体的な計算例を用いて入念に比較検討している（Horváth, Kleiner und Mayer, 1986, S.134ff.）。

さて，ホルヴァートらの考察は，計算例の全容が概観できるように，自家製造のない純粋な組立経営（Montagebetrieb）から出発する。その組立経営は，9つの組立部門と2つの補助部門（運搬部門と工場管理部門）からなるが，そこでは製品Aと製品Bという類似する2つの製品が生産されている。両製品とも，まず第1組立部門を通過し，その後，製品Aは第2組立部門で，また製品Bは第3組立部門で完成品となるが，製品Aは製品Bよりも材料と加工の品質が抑えられているので，その分製造原価は低くなる。

なお，上記の組立経営の経営決算表（Betriebsabrechnungsbogen；BAB）は，図表3-1に示す通りである。もっともこのBABでは，部門別に全部原価は固定費と変動費に分解され，限界原価計算（部分原価計算）と全部原価計算が並列する形で製品原価計算が行われている。また，図表3-2には，間接費の配賦基準等の資料が示されているが，この図表3-2からは，賃金，給料，福利費，工具器具費および動力費などの原価費目が，部門直接費（部門個別費）として認識されていることがわかる。とりわけ工具器具費と動力費に関して言えば，これらの原価は本質的には製品直接費であるが，しかし把握コストの経済性に配慮して，製品直接費としての把握が断念されている。つまり，工具器具費と動力費は，リーベル が主張する見せかけの間接費（unechte Gemeinkosten）である。他方で，光熱費，維持補修費，作業準備費，設計費，建物賃借料，リース料などの原価費目は，部門間接費（部門共通費）として認識されている。なかでも維持補修費とリース料については，整備契約やリース契約の有無により，よりきめ細かな間接費の配賦計算が実現することになる。

さらに，補助部門費の組立部門への配賦計算は，階梯式配賦法が適用されている。第1順位の工場管理部門費の配賦基準は，職長が管理する部門従業員数であり，第2順位の運搬部門費は，各組立部門に均等に配賦されている。なお，図表3-1のBABでは，各組立部門費を製品へ配賦する際の部門別配賦率は，部門別賃金の百分率で表示されている。

ところで，今，製品Aの価格を29マルク，そして製品Bの価格を47マル

図表 3-1　経営決算表（部門費計算表）

原価部門 原価費目	合計	工場管理部門 全部	工場管理部門 固定	工場管理部門 変動	運搬部門 全部	運搬部門 固定	運搬部門 変動	組立部門1 全部	組立部門1 固定	組立部門1 変動	組立部門2 全部	組立部門2 固定	組立部門2 変動	組立部門3 全部	組立部門3 固定	組立部門3 変動	組立部門4-9 全部	組立部門4-9 固定	組立部門4-9 変動
賃金	42,000				6,000		6,000	6,000		6,000	3,000		3,000	3,000		3,000	24,000		24,000
給料	5,000	5,000	5,000																
福利費	10,811	1,150	1,150		1,380		1,380	1,380		1,380	690		690	690		690	5,520		5,520
動力費	1,630							50		50	200		200	250		250	1,130		1,130
光熱費	1,705	55		55				165		165	165		165	220		220	1,100		1,100
工具器具費	1,150							60		60	120		120	120		120	850		850
維持補修費	3,600	55			65		65	473		473	151		151	631		631	2,281		2,281
設計費	1,200							200		200	100		100	100		100	800		800
作業準備費	1,800							300		300	150		150	150		150	1,200		1,200
建物賃借料	4,340	140	140		500	500		420	420		420	420		560	560		2,800	2,800	
設備減価償却費	21,667							2,500	2,500		1,167	1,167		3,333	3,333		14,167	14,167	
リース料	34,000	6,290			899	899		8,000	8,000		4,000	4,000		22,000	22,000	
		6,345	6,290	55	906	899	8	906	899	8	453	449	4	453	449	4	3,626	3,594	32
					8,851	1,399	7,453	7,437	3,974	3,464	12,599	10,191	2,408	11,490	8,497	2,993	85,375	43,494	41,882
								983	155	828	983	155	828	983	155	828	5,901	933	4,969
									124%	58%		420%	80%		383%	100%			

（出所：Horváth, Kleiner und Mayer, 1986, S.134.）

図表 3-2　経営決算表における原価の帰属および配賦基準

	原価費目	賦課／配賦基準	合計	工場管理	運搬	組立 1	組立 2	組立 3	組立 4-9
部門個別費の賦課	賃金	消費賃金総額		―	6,000	6,000	3,000	3,000	24,000
	給料	消費給料総額		5,000	―	―	―	―	―
	福利費	賃金／給料総額の23%							
	動力費	原価部門の生産量との依存関係		―	―	時間当たり A/B：0.02マルク 500時間当たり A/B：10マルク	時間当たり A：0.13マルク 500時間当たり A：40マルク	時間当たり B：0.17マルク 750時間当たり B：60マルク	―
	工具器具費	原価部門の生産量との依存関係		―	―				―
部門共通費の配賦	光熱費	占有面積	31	1	―	3	3	4	20
	維持補修費								
	・整備契約	生産設備の設置場所	130	―	―	150	―	200	450
	・それ以外	生産設備の購入価額	12	―	3	15	7	20	85
	設計費	製品の数／部門	12	―	―	2	1	1	8
	作業準備費	製品の数／部門		―	―	2	1	1	8
	建物賃借料	占有面積	31	1	―	3	3	4	20
	設備減価償却費	生産設備の購入価額		―	30,000	150,000	70,000	200,000	850,000
	リース料	生産設備の設置場所		―	―	―	8,000	4,000	22,000
補助部門費の配賦	工場管理	原価部門の従業員数	14	―	2	2	1	1	8
	運搬	主要原価部門へ均等配分	9	―	―	1	1	1	6

(出所：Horvath, Kleiner und Mayer, 1986, S. 135.)

第3章　ドイツ補償貢献額計算に関する研究　85

図表3-3　全部原価および限界原価による製品原価計算

	製品A 全部原価	製品A 変動費	製品B 全部原価	製品B 変動費
直接材料費	11.28	11.28	18.83	18.83
間接材料費（15%／8%）	1.69	0.90	2.82	1.51
材料費	12.97	12.18	21.65	20.34
組立部門1の賃金	2.00	2.00	2.00	2.00
＋組立部門1の間接費（124%／58%）	2.48	1.16	2.48	1.16
組立部門2の賃金	2.00	2.00		
＋組立部門2の間接費（420%／80%）	8.40	1.60		
組立部門3の賃金			2.00	2.00
＋組立部門3の間接費（383%／100%）			7.66	2.00
製造原価	27.85	18.94	35.79	27.50
＋間接一般管理費（6%／0%）	1.68		2.63	
＋間接販売費（4%／0%）	1.12		1.75	
＋直接販売費	2.00	2.00	3.00	3.00
総原価	32.65	20.94	43.17	30.50
単位販売価格		29.00　22.00		47.00
単位補償貢献額		8.06　1.06		16.50
総補償貢献額		12,090　1,590		24,750

（出所：Horváth, Kleiner und Mayer, 1986, S.136.）

クと設定し，両製品とも月間1,500単位が生産されると仮定する。また，生産キャパシティは完全に利用されていないが，さしあたり両製品とも1,500単位を超える販売は見込めないものとする。この場合，プラウトとキルガーが提唱する限界計画原価計算によれば，製品原価計算の計算結果は，図表3-3に示す通りとなる。まず，製品Bについては，その価格47マルクは全部原価43.17マルクを回収し，純利益を生み出している。他方で，製品Aの価格29マルクは，32.65マルクの全部原価を回収する状況にはないが，20.94マルクの変動費を回収し，12,090マルクの補償貢献額を生み出している。とはいえ，ホルヴァートらは，このような原価情報を提供する限界計画原価計算に対して，次のような批判的な見解を示す。「限界原価計算は，固定費の除去可能性に関しては，より詳しい情報を何ら提供しない」（Horváth, Kleiner und Mayer, 1986, S.136）。

以下では，ホルヴァートらが選択した2つの意思決定問題，すなわちプログラム選択の問題と追加注文の引受可否の問題を取り上げ，双方の意思決定問題を解決する上で，プラウトとキルガーのGPKとリーベルによるEDRのどちらが有用な原価情報を提供しうるかを比較考察する。

2. GPKとEDRとの比較考察

製品Aの販売単価は現在29マルクであるが，競争の激化により，月間1,500単位の販売を維持しようとすれば，製品Aの販売単価を22マルクに引き下げる必要がある。図表3-3の製品原価計算からは，製品Aの価格を22マルクに引き下げても，単位変動費の20.94マルクは回収可能であり，月次の総補償貢献額1,590マルクが獲得できることがわかる。したがって，限界計画原価計算が提供する原価情報から判断すれば，プラスの補償貢献額が示されている限り，22マルクへの製品価格の引き下げは有利な意思決定となる。

しかし，今，製品Aをプログラムから除外し，生産キャパシティ除去の可否を検討することが求められているとする。ホルヴァートらによれば，このプログラム選択の意思決定のためには，固定費の除去可能性に関する詳細な情報が必要となるが，しかし，限界計画原価計算からは，このような固定費の除去可能性に関する情報は何ら得ることができない。

他方で，リーベルの直接費計算が算出する原価情報は，図表3-4に示す通りである。まず，図表3-4の製品原価計算では，変動費と固定費の代わりに，給付費（Leistungskosten）と経営準備費（Bereitschaftskosten）という対概念が用いられている。ホルヴァートらによれば，限界計画原価計算では，ある一定の期間（通常は1年）内に変化するすべての原価が変動費，そして期間内に変化しない原価が固定費とみなされている。しかし，リーベルが提唱する給付費と経営準備費への原価分類は，限界計画原価計算の場合の固変分解とは異なり，一定の期間を前提としない。いわば給付費とは，時間に左右されない原価概念であり，産出される給付とのかかわりを第一に問う。他方で，対概念である経営準備費はいわゆるキャパシティ・コストであり，この経営準備費の場

図表 3-4　製品 A に対する直接費計算および補償貢献額計算

	現在の状況 販売価格 29 マルク	新しい状況 販売価格 22 マルク
売上高（1,500 単位に対して）	43,500	33,000
－給付費		
材料費（11.28 × 1,500）	16,920	16,920
動力費（1,500 ×（0.02+0.13））	225	225
工具器具費	150	150
特別直接販売費（1,500 × 2）	3,000	3,000
＝補償貢献額 I	23,205	12,705
－2ヶ月以内に除去可能準備費		
賃金＋福利費（組立部門 1 + 2）	7,380	7,380
＝補償貢献額 II	15,825	5,325
－6ヶ月以内に除去可能準備費		
リース料（組立部門 2）	8,000	8,000
＝補償貢献額 III	7,825	－2,675

（出所；Horváth, Kleiner und Mayer, 1986, S.136.）

合，労働契約や賃貸借契約などの個別の契約に基づいて，個々の原価費目の時間的な除去可能性が緻密に把握されることになる。

なお，図表 3-4 の製品原価計算では，材料費，動力費，工具器具費および特別直接販売費が給付費として認識されている。給付費に属するこれらの原価費目は，製品 A に直課可能な，いわば製品直接費であり，極力時間に左右されない原価である。しかし，リーベルによれば，これら給付費は，小ロット生産の場合など，ごく少量の生産量の変化に従って超短期的に変化する原価であるとも説明されている（Riebel, 1967, S.10）。要するに，リーベルが観念する給付費とは，製品直接費＝超短期変動費という等式を成立させる原価概念であるといえる。

また，図表 3-4 の製品原価計算では，賃金と福利費などの労務費は経営準備費（キャパシティ・コスト）として認識されている。しかも，この労務費は，雇用契約の解消や他の職場への配置転換などにより，2ヶ月以内に除去可能であると仮定されている。したがって，製品 A をプログラムから除外する意思決定を行うならば，第 2 組立部門で発生する労務費（賃金＋福利費）と前工

程の第1組立部門で発生する労務費（賃金＋福利費）の計7,380マルクが，2ヶ月後には除去されることになる。さらに，第2組立部門では，リース料も除去することができる。すなわち，第2組立部門に配置されているリース設備は，6ヶ月後にはその契約を解消することができる。

結局，図表3-4の計算結果から明らかなことは，製品Aの販売単価を22マルクへ引き下げた場合，収益よりも原価の方が大きくなり，マイナスの補償貢献額が算出されることである。したがって，リーベルの直接費計算から得られる原価情報を利用すれば，限界計画原価計算の場合とは異なり，22マルクへの販売価格の引き下げは不利な意思決定となる。もし製品Aの価格を22マルクに設定せざるを得ない場合には，製品Aを6ヶ月以内にプログラムから取り除くことを決定した上で，雇用契約やリース契約の解消などの措置を直ちに講じる必要がある。ただし，6ヶ月が経過するまでは，その時点まで除去できない経営準備費を回収するために，製品価格22マルクから得られる収益はコストの回収に貢献する。なお，図表3-4のプラスの補償貢献額を示す計算結果からは，全部原価の32.65マルクは回収しないが，製品Aを29マルクの価格でプログラムに留めていたことは適切な判断であったことが確認できる。

他方で，追加注文の引受可否の意思決定問題に関しては，ホルヴァートらは以下のような説明をしている（Horváth, Kleiner und Mayer, 1986, S.137f.）。今，製品Aを6ヶ月以内にプログラムから取り除くことが決定されている状況下で，20マルクの販売単価でもって製品A 100単位の追加注文を獲得する可能性があると仮定する。勿論，追加注文は既存のキャパシティでの生産が可能であるとする。この場合，図表3-3に示す通り，限界計画原価計算に従えば，製品Aの単位変動費が20.94マルク，そして追加注文の販売単価が20マルクであることから，補償貢献額はマイナスとなる。したがって，限界計画原価計算の計算結果から判断すれば，変動費すら回収しない追加注文は当然拒否されることになる。

しかし，リーベルの直接費計算の場合には，追加注文から得られる収益に追加注文の給付費（製品直接費）のみを対応させる。すなわち，図表3-4からも明らかなように，追加注文の増分収益2,000マルク（20マルク×100単位）

に増分原価 1,353 マルク (13.53 マルク×100 単位) を対応させるので，この追加注文の引受は採択されることになる。要するに，限界計画原価計算とリーベルの直接費計算とでは，全く正反対の意思決定を導き出す原価情報が提供されていることになる。

　以上のような論証から，ホルヴァートらは，限界原価計算は十分にきめ細かな原価情報を提供する状況にはないと主張する。限界計画原価計算の場合，必要な関連原価を算出するためには，どうしても固定費の時間的構造に関する追加的分析が必要となる。したがって，事実キルガーも，限界計画原価計算の改善案として，動態的限界計画原価計算（dynamischen Grenzplankostenrechnung）に関する議論を展開している（Kilger, 1981, S.109ff.）。しかし，ホルヴァートらによれば，キルガーの試みは，確かにその利用可能性を根本的に拡張してはいるが，その実践可能性に関しては，キルガー自身も疑問を抱いているという。

　結局，比較考察の帰結として，ホルヴァート，クライナーおよびマイヤーの論文では，リーベルの直接費計算の優位が次のように結論づけられている。すなわち，「データ・ベース・テクノロジー（Datenbanktechnologie）の新たな展開に直面して，とりわけ関係データ・ベース（relationalen Datenbanken）の登場により，リーベルが主張する提案を，すなわち目的中立的な原価把握を目指す基礎計算の構築に向けての提案を実行に移すことが有効であるように思われる」（Horváth, Kleiner und Mayer, 1986, S.138）。したがって，このような結論から，ホルヴァートらは，目的中立的なデータ・ベース志向の原価把握システムの構築に専念するとともに，リーベルが提唱する直接費計算および補償貢献額計算を組立領域に導入することを推進する（Horváth, Kleiner und Mayer, 1986, S.139）。

Ⅳ．ベッカー主催の公開討論会

KRP 誌 1986 年度第 6 号における編集責任者メンネルの声明を補足する意味

で，ヴェーバーの後任の主筆に抜擢されたベッカーは，KRP誌の1987年度第2号に，公開討論会と称して，(1)プラウトの反論，(2)プラウトに対するホルヴァート，クライナーおよびマイヤーの返答，(3)ヴェーバーの弁明を掲載した(Becker, 1987)。以下では，各論者の主張について順に検討することにする。

1. プラウトの反論

プラウトは，KRP誌1986年度第3号のヴェーバー発言と同誌同年度第4号のホルヴァート，クライナーおよびマイヤーの論文に反論している(Becker, 1987, S.71-73)。まず，ヴェーバー発言では，リーベル以外の補償貢献額計算の方法はすべて誤った解釈であり，リーベルの補償貢献額計算だけが唯一有意義な原価計算システムであるかのように主張されていたが，プラウトはこのようなヴェーバー発言を全面的に否定している。プラウトによると，Deckungsbeitrag（補償貢献額）という概念は，アメリカの直接原価計算の提唱者によって創出された概念である contribution margin（貢献差益）のドイツ語訳である。しかも，プラウトの指摘では，この contribution margin に関するアメリカの刊行物は，ハリス(Harris, J. N.)の論文以来1936年から存在するが，それに対して，リーベルの補償貢献額計算に関する論文が最初に公表されたのは1959年である。なお，ちなみに，このテーマに関するプラウト自身の最初の論文「限界計画原価計算(Die Grenzplankostenrechnung)」が公表されたのは，リーベルに先んずること1953年のことである(Becker, 1987, S.71)。

さらにまた，プラウトの主張では，ドイツ語圏だけでも，何百というキルガーとプラウトの構想に基づく補償貢献額計算が，実際に何の不満もなく利用されている。しかし，プラウトは，過去44年間に及ぶ経営コンサルタントとしての経験の中で，リーベルの補償貢献額計算の構想に基づく決算書には一度も出会ったことがないと断言している。要するに，プラウトは，このような事実を直視すれば，ヴェーバー発言は思い上がり以外の何物でもなく，また Etikettenschwindel（偽ブランド）という表現は，経営経済学の学術論文としては相応しい表現ではないと苦言を呈している。

他方で，プラウトは，リーベルの原価計算システムの優位を説くホルヴァートらの論文に対して，次のような反論を展開している（Becker, 1987, S.71-73）。プラウトの批評によれば，給付費のような新しい概念を作り出すことは，明らかにリーベルとその弟子達の並々ならぬ功名心の現れであり，新しく創出された専門概念は，リーベル理論の理解を手助けするものではなく，これまで明瞭であった事実や概念を曖昧にするのに好適であるという。以下では，ホルヴァート，クライナーおよびマイヤー論文へのプラウトの反論について，①原価概念，②期限性の問題，③原価計算の目的および④使用データの信憑性という4つの観点から具体的に検討する。

① 原価概念

前記図表3-4の通り，ホルヴァートらが提示したリーベルの補償貢献額計算では，材料費，動力費，工具器具費および特別直接販売費が直接費，そして製造賃金や福利費などの労務費が間接費として把握されている。しかし，プラウトの指摘では，ドイツ経営経済学上，伝統的に直接費とみなされてきた原価費目は，製造材料，製造賃金，特別製造直接費および特別販売直接費であり，製造賃金が間接費（つまり経営準備費）であったことはかつて殆どないという。同様に，動力費は直接費ではなく，むしろ間接費として伝統的に認識されてきた。したがって，プラウトは，リーベルの試みのように，伝統的な原価概念の内容を逆立ちさせることに何の意味があるのかと疑問を投げ掛けている。

また，操業度との関連で，原価は固定費と比例費に区別される。プラウトの見解では，後者の比例費は，残念ながら，ますます変動費という不正確な概念として定着してきている。しかし，限界計画原価計算の中心概念である比例費はあくまでも給付比例費であり，ホルヴァートらが指摘するように，単に1年以内に変動する原価を指す概念ではない。しかも，純粋に固定費または純粋に比例費として分類される原価費目は，極めて少数である。プラウトによると，常に比例費として計画されるべき原価費目は，製造材料と出来高給の場合の製造賃金のみであり，他方で，常に固定費とみなされるべき原価費目は，固定資産の利子ぐらいである。一般的に固定費とみなされている減価償却費は，決して固定費ではなく，むしろ暦日依存的な固定費部分と給付依存的な比例費部分

からなる。

② 期限性の問題

経営準備費とは，一時的に休止している経営（つまり操業度ゼロ）が再稼働できるように維持されなければならない原価である。しかし，操業度は，直ちに（例えば約1ヶ月以内に）計画操業度に達するのではなく，むしろ1年をかけて次第に100%の操業度に至る。また，逆に経営を縮小する場合にも，操業度の低下は順次段階的である。したがって，プラウトは，操業度の変化に適応する場合には，期限性（Fristigkeit）の問題が，つまり適応期間に基づく原価の分類が，決定的な役割を演じると主張している。例えば，1ヶ月，3ヶ月，1年という具合に適応期間を長くすれば，言い換えれば期限性度（Fristigkeitgrad）を高めれば，操業変動に適応する比例費部分が増加する。逆に，適応期間を短くすれば，つまり期限性度を低くすれば，比例費部分が減少し，固定費部分が増加する（Kilger, 1976, S.36-37; 1979, S.74; 1983, S.62）。

ところで，プラウトの考察では，操業度の変化に対して経営が適応するときに，原価曲線がいかなる経過を示すかに考察の主眼が置かれている。すなわち，期限性の問題が原価経過との関連において論じられている。しかし，周知の通り，リーベルは期限性の問題を原価経過との関連で論じるのではなく，短期または長期の支出に関連づけて議論を展開している。しかし，プラウトによれば，支出と原価とは別物であり，したがって両者は一致しない。確かに支出の期限性は，事業再編の場合など，流動性の確保という観点から，短期的に一度だけ重要となる。しかし，その有用性はこのような例外的な場合に限られ，経常的な内部会計制度を設計する上では何ら役には立たない。

他方で，短期的に原価経過を考察すれば，例えば1時間の場合には，すべての原価は固定費となる。というのも，1時間というごく限られた時間内では，経営は操業度の変化に適応することができないからである。1時間であれば，直接工でさえ，迅速に配置転換はできない。また，長期的に原価経過を考察すれば，例えば5年の場合には，すべての原価は比例費となる。しかし，これ程長く休止している経営は，売却の対象となり，最終的には解散を迫られる。したがって，プラウトは，以上のような極端な限界考察は，内部会計制度を経常

的に実施する上では，余り役に立たないと結論づけている。
　③　原価計算の目的
　プラウトの記憶によれば，かつてリーベルとの討論において，リーベルは次のような意見を示していたという。まず，鉄道経営の旅客輸送の場合には，その限界原価は「乗車券の原価，つまり材料費のボール紙代のみ」である。次に，流行遅れとなり売れなくなった靴を第三世界の国に輸出する場合には，その靴の限界原価は「包装代，貨物運送料および通行料」から構成される。
　プラウトの見解では，原価計算の主要目的である原価管理と利益管理を経常的に達成すべき内部会計制度は，上記のような極端な事例に基づくべきではないという。しかも，ここにリーベルの原価計算システムが企業実務に普及しない原因があるとも指摘している。この点については，例えばキルガーは次のように述べている。「リーベルによって主張された同一性原則ないし発生原因原則の狭義の解釈は，多くの給付依存原価が製品単位に割り当てられないという帰結をもたらす。しかし，これら給付依存原価は，紛れもなく企業における最も重要な製品原価の構成要素である。したがって，製品単位原価計算の言明能力には疑問が生じる」(Kilger, 1981, S.18)。
　プラウトの結論によれば，リーベルの原価計算システムは確かに理論的な思考体系としては魅力的であるけれども，実務では利用できない。正確な限界原価情報と固定費情報の双方を利用可能な形で提供できる内部会計制度のみが，原価計算の主要目的である原価管理目的と利益管理目的の両者を達成することができる。そして，このような内部会計制度は，分析的原価計画に基づく限界計画原価計算に他ならない。
　④　使用データの信憑性
　プラウトは，ホルヴァートらの論文の計算例には同意できないと主張している。というのも，リーベルの直接費計算および補償貢献額計算の優位を実証した計算例は，信憑性を欠くデータに基づくものであるからである。プラウトの主張によれば，同じデータを使用したとしても，ホルヴァートらの論文とは正反対の計算結果を導き出すことも可能であるという。

2. プラウトに対するホルヴァート，クライナーおよびマイヤーの返答

　ホルヴァート，クライナーおよびマイヤーの返答によれば，彼らは数多くの実務プロジェクトに参画し，限界計画原価計算の個別企業への導入や包括的コントローリング構想への限界計画原価計算の組み入れに従事してきたし，また今なおその従事を継続しているが，しかし，彼らは，それ以上に，研究プロジェクトの枠内におけるデータ・ベース支援型の直接費計算の構築に専念しているという (Becker, 1987, S.74-75)。ホルヴァートらが，プラウトの限界計画原価計算よりも，リーベルの直接費計算に優先的に取り組む理由は，次の諸点にある。①今日導入されている既存の原価計算システムは，経営管理者からの要求の多くを依然として未解決のままにしている。②新しい生産技術の導入（工場の自動化）を通じて，原価発生原因や原価構造に変化が生じ，旧来の原価計算上の仮定の多くが時代遅れとなっている。③関係データ・ベースの登場により，リーベルの直接費計算の構想を実践可能なツールへと発展させる可能性が，初めて高まりを見せている。

　ところで，ホルヴァートらの研究目的は，企業実務上の諸問題の解決にある。彼らによれば，その解決のためには，新しい道を進む勇気を持たねばならず，かつてプラウトも，限界計画原価計算を提唱した当初は，新しい思考や概念を用いて第一歩を踏み出したはずであるという。しかも，その際に伝統的な全部原価計算支持者の概念でもって，自らの限界計画原価計算の構想を説明できたであろうかと問い掛けている。つまり，ホルヴァートらの返答では，限界計画原価計算を擁護するプラウトに対して，原価計画および原価把握における新しい道を受け入れるべきであると説得している。

　先述の通り，プラウトの反論では，部門別の原価管理と製品別の利益管理が，原価計算の主要目的として特に強調されていた。ホルヴァートらによれば，プラウトもさらなる原価計算目的として経営意思決定目的に言及してはいるが，しかし，プラウトはこの第3の原価計算目的を余り重視していないという。とはいえ，ホルヴァートらにとって最も重要な原価計算目的は，この経営意思決定目的である。結局，ホルヴァートらの理解によれば，プラウトの限界

計画原価計算は，部門別の経済性管理のための適切なツールではあるけれども，しかし，経営者の意思決定への有用性という観点から判断すれば，原価計算システムとしての限界が顕著となる。

しかしながら，今や生産現場が自動化するにつれて，市場からの要求に柔軟に応えることが企業経営には求められている。例えば，生産プログラムの構成，製品の品種数，新製品の導入や既存製品の存廃，構成部品の自製ないし外注，個別注文の採否など，経営管理者にはそのつど適切な意思決定が求められている。したがって，原価計算への要求も，以前とは大きく変貌している。原価計算は，経営管理者を支援するために，種々の意思決定問題に迅速に関連原価を提供しうる弾力的なツールでなければならない。要するに，このような経営意思決定への有用性という観点から言えば，「プラウトの批判の大部分には虚しさを憶える」というのが，ホルヴァートらの本音である（Becker, 1987, S.74）。

さて，周知の如く，関連原価とは，ある特定の意思決定（代替案）との関連において変化する原価である。では，プラウトの限界計画原価計算から得られる変動費は，常に関連原価であろうか。ホルヴァートらは自問自答した末に，否という解答を導き出している。その理由は，以下の通りである。

① 一般的には，1年以内に，しかも操業度に関連して変化する原価が変動費と定義されている。しかし，この変動費が特定の意思決定との関連において変化するかどうかは，何の裏付けも確証もない。むしろ，意思決定に関連する原価は，別の原価ブロックや別の期間原価に関係しているように思われる。

② 変動費には間接費も含まれる。変動間接費は，確かに経営全体から見れば，操業度の変動とともに変化するかもしれないが，しかし，特定の意思決定との関連性を問えば，それは必ずしも意思決定に比例する形では変化しない。

③ 多くの意思決定は，結果的に経営手段（機械設備）との関連性をもつ。したがって，固定費は関連原価となり，その変動可能性に関する情報が必要となる。しかし，このような固定費情報は，限界計画原価計算からは得

られない。

　さらに，ホルヴァートらによれば，上記のような限界計画原価計算に内在する問題点は，工場の自動化とともに一層先鋭化する。巨額の設備投資は，固定費の増大をもたらす。また，それとともに，従業員には監視ないし管理作業への従事が求められ，賃金は固定間接費となる。ホルヴァートらの指摘では，キルガーはこの問題点を受け入れ，動態的限界計画原価計算と称する意思決定志向的な原価計算を構想した。キルガーの動態的限界計画原価計算では，特に人件費の操業変動への適応が念頭に置かれ，通常の1年のみならず，3ヶ月とか1ヶ月という短期の適応期間にも関連づけて，異なる複数の製品比例費が相ともに算出され利用されている。しかし，ホルヴァート，クライナーおよびマイヤーは，このキルガーの動態的限界計画原価計算よりも，関係データ・ベースに統合されたリーベルの直接費計算に歩むべき新たな道を見出したといえる。

　なお，ホルヴァートらによれば，自らの論文における計算例は，自明のこととして簡略化されているという。しかし，彼らの知るところでは，この計算例は，同じ出所の数値データに基づいて，プラウトのGPKとリーベルのEDRの計算結果を対置させている。したがって，この比較計算の事例は，補償貢献額計算を構想する上での両者の根本的な違いを明らかにするとともに，ヴェーバー発言の誤解の解消にも資する。

3. ヴェーバーの弁明

　KRP誌1987年度第2号での公開討論会では，前主筆のヴェーバーにも，再度意見表明の機会が与えられた。ヴェーバーの弁明は，以下の通りである (Becker, 1987, S.75)。

① 読者の興味を刺激するために，原価計算とコントローリングに関するホットなテーマを簡潔かつ分かり易く示すことが，常に巻頭言の目的であると考えてきた。そして，このような意図から，KRP誌1986年度第3号の巻頭言も執筆した。

② 粗利益を算定することそれ自体は，原価理論上，リーベルによって初めて議論されたわけではない。このことは，KRP誌1986年度第3号の巻頭言おいても，シュナイダー（Schneider, D.）の歴史的例証に言及しながら，補償貢献額計算は古代ローマ帝国に由来する経済性計算であることを指摘している。しかし，特別な原価計算システムとしての補償貢献額計算は，疑う余地無くリーベルに由来する概念である。

③ 原価概念上の問題は，補償貢献額計算という概念をリーベルの構想のみに限定するのか，それとも直接原価計算，すなわち固定費補償計算や限界計画原価計算にも適用するのかどうかにある。後者の場合には，勿論，理論と実務の双方において広範に普及している部分原価計算という概念が要らなくなる。

④ 概念の内容に関する諸問題は，種々の部分原価計算システムが算出する補償貢献額がいかに多種多様であるかによって基本的に規定される。算出される補償貢献額が相互に著しく乖離している場合には，補償貢献額という概念は，解釈の困難や誤った解釈へと導く。

⑤ 理論上最も先進的な2つの原価計算システム，すなわちリーベルの直接費計算とプラウトおよびキルガーによる限界計画原価計算を相互に比較する場合，多少の差異はあれ，算出される補償貢献額やその正確性に関しては，それ程大きな相違は確認できない。双方の原価計算システムが提供する粗利益情報は，経営管理者の短期意思決定のためには信頼できるデータである。しかし，データの信頼性という点では，固定費補償計算と直接原価計算は一歩譲歩しなければならない。というのも，双方の原価計算の基礎にある原価分類には欠陥があるからである。

⑥ 分析的原価計画を実施せずに，既存の全部原価計算制度に基づいて純利益と補償貢献額を算定している企業においては，原価計算の正確性にかなりの問題が生じている。この場合には，利用されている補償貢献額は，理論上保証された概念内容を必ずしも満たしてはいない。すなわち，KRP誌1986年度第3号の巻頭言でむしろ強調し過ぎたかも知れないが，偽ブランドが運用されている。しかし，このことをもって，偽ブランドを意識

的に本物らしく見せかけた罪で原価計算担当者を咎めたいのではなく、むしろ不明確な補償貢献額の算出に附随する経営上の危険を指摘したかったに過ぎない。

⑦ 確かにヴェーバー自身は、原価計算上の専門概念の内容を定める権利を有してはいない。しかし、彼は、理論的にも実務的にも、補償貢献額計算という概念の統一的な意見形成に向けての努力を切望している。目下のところ、この概念の下に統括されている原価計算システムは余りにも多すぎる。

V. プラウト、ボニンおよびヴィカスによるGPKとEDRの比較考察

KRP誌の1988年度第1号には、KRP誌1986年度第4号のホルヴァート、クライナーおよびマイヤー論文への反論として、限界計画原価計算の有用性を説くプラウト、ボニンおよびヴィカスの論文が掲載された。先のホルヴァートらの論文では、組立領域に導入すべき最良の原価計算システムの探究が行われていたが、まずプラウトらは、様々な部分原価計算システムの適性を一般的に判定するためには、ホルヴァートらによって選定された組立領域というのは余り適切な研究対象ではないと批判している。というのも、この組立領域では、製造領域ほどには、資本集約性も間接費の増大化も進展していないし、また操業度を反映する関連量の選択は問題視されないし、それに方法選択の問題も希にしか生じないからである。

しかし、それにもかかわらず、プラウトらによれば、巧妙に練り上げられたホルヴァートらの計算例からは、普遍妥当な疑問が湧き出てくるという。例えば、以下のような疑問である (Plaut, Bonin und Vikas, 1988, S.9f.)。

① 何故に、原価要素は、例外なく完全な固定費あるいは完全な変動費と定められているのか。このような原価分類が目的適合的ではないことは、承知しているはずである。

② 何故に、限界原価による製品原価計算を説明する際に、完全に時代遅れ

であるにもかかわらず，労務費基準の製造間接費の配賦方法が適用されているのか。この製造間接費の配賦問題は，限界計画原価計算の場合，適切な関連量の選択を通じてとっくの昔に解決されている。
③　如何にして，意思決定の時点で，製造賃金が2ヶ月以内に除去可能であることが基礎計算から導き出されうるのか。この2ヶ月という期間は，従業員を他の職場へ配置転換するには長すぎるし，ドイツ連邦共和国における通常の解雇通告を前提とすれば，それは短すぎる。
④　如何にして，この種のきめ細かな実際原価の把握が確保されうるのか。しかも，原価管理目的と利益管理目的を果たす上で，何処で計画原価ないしゾル原価が記録されうるのか。実務で有効と認められている限界計画原価計算では，すべての実際原価は原価費目別，原価部門別および原価負担者別に記帳され把握されている。また，比例費部分と固定費部分への原価分類は，計画の状況に応じて，計算システムの内部で処理されている。

　なお，以上の疑問のうち，プラウトらが特に強調しているのは上記④の疑問であり，意思決定を志向する原価計算システムである限りにおいては，実際原価の把握に留まるのではなく，計画的な要因も必要とすることが，批判的に確認されている。
　他方で，プラウトらの論文では，特に機械加工における方法選択の問題が取り上げられ，実務上有効に機能している限界計画原価計算の一例が示されている（Plaut, Bonin und Vikas, 1988, S.11f.）。まず，この計算例では，2つの原価部門が設定されている。1つの原価部門には，1台のNC（数値制御）旋盤が配置され，もう1つの原価部門には，7台の汎用旋盤が配置されている。汎用旋盤の場合には，そのつど1人の作業員によって操作されるが，NC旋盤の場合には，作業員は別の原価部門の旋盤と掛け持ちで操作する。ただし，両原価部門とも未利用の生産キャパシティが存在するので，この方法選択の問題を解決するためには，原価面のみに注意を払いさえすればよい。
　さて，原価部門別の原価計画は，図表3-5に示す通りである。仕掛品の加工には，NC旋盤の場合には2.7時間，そして汎用旋盤の場合には4.5時間が

図表 3-5　旋盤に対する原価計画

原価部門	NC旋盤			汎用旋盤		
関連量 関連量の数量	機械時間 550 時間			機械時間 1,300 時間		
	計画原価			計画原価		
原価費目	全部原価	比例費	固定費	全部原価	比例費	固定費
製造賃金	4,304	4,304		16,104	16,104	
段取賃金						
間接賃金	450	400	50	600	550	50
福利厚生費	3,566	3,528	38	12,529	12,491	38
工具器具費	3.860	3.860		2,555	2,555	
H.- u. B.- 材料	270	250	20	440	400	40
維持補修費	2,619	2,329	290	1,835	1,500	335
仕損費	600	600		700	700	
利子費用	9,591	4,204	5,387	4,917	1,100	3,817
空間費	500		500	950		950
動力費	1,020	1,020		780	780	
管理費および運送費	11,500	7,500	4,000	10,460	6,460	4,000
原価総額	38,280	27,995	10,285	51,870	42,640	9,230
原価率	69.60	50.90	18.70	39.90	32.80	7.10

(出所；Plaut, Bonin und Vikas, 1988, S.12.)

必要となる。ただし，仕掛品は大量に加工されるので，段取時間とNC機用のプログラム作成時間は無視することができる。そして，この方法選択の問題を解決するために，全部原価および限界原価を計算すれば，以下のような計算結果となる。

全部原価　NC旋盤　2.7 時間× 69.60 = 187.92 マルク
　　　　　汎用旋盤　4.5 時間× 39.90 = 179.55 マルク
限界原価　NC旋盤　2.7 時間× 50.90 = 137.43 マルク
　　　　　汎用旋盤　4.5 時間× 32.80 = 147.60 マルク

以上の通り，全部原価から判断すれば，汎用旋盤はNC旋盤よりも加工コストが低いことがわかる。しかし，プラウトらは，この計算結果は誤った意思決

定へと導くと主張している。というのも，この全部原価には，意思決定に関連しない過去原価（すなわち埋没原価）が含まれているからである。例えば，固定資産の利子，減価償却費の固定費部分，空間費，賃金・給料の固定費部分などである。しかし，限界原価から判断すれば，コストの低いＮＣ旋盤の利用が勧告されることになる。

それに対して，リーベルの直接費計算を用いて，この方法選択の問題の解決を図れば，下記のような計算結果が得られる。

直接費　ＮＣ旋盤　2.7時間× 7.83 ＝ 21.14マルク

汎用旋盤　4.5時間× 12.39 ＝ 55.76マルク

リーベルの直接費計算の場合には，関連原価となるのは製造賃金のみである（ただし出来高給を前提とする）。限界計画原価計算とは異なり，リーベルの直接費計算の下では，製造賃金以外の比例的関連原価は製品原価の構成要素とはならない。また，ＮＣ旋盤の従業員の場合，複数の旋盤を掛け持ちで操作するので，その製造賃金は少額となる（4,304 ÷ 550時間＝ 7.83マルク／時間）。しかし，それに対して，汎用旋盤の従業員の場合には，製造賃金は相対的に高額となる（16,104 ÷ 1,300時間＝ 12.39マルク／時間）。

確かに，リーベルの直接費計算を用いても，ＮＣ旋盤を優先的に使用すべきであることが勧告される結果となる。しかし，プラウト，ボニンおよびヴィカスは，この計算結果を無意味であるという。つまり，限界計画原価計算の計算過程からは，汎用旋盤はＮＣ旋盤よりも 7.4％多くの原価を発生させていることが判明するが，しかし，直接費計算を用いれば，双方の旋盤が発生させる原価の乖離は 163.8％にまで拡大することになるからである。

Ⅵ．おわりに

本章では，KRP誌上で展開された補償貢献額計算論争を素材として，ドイ

ツで有力な2つの部分原価計算，すなわち限界計画原価計算（GPK）と直接費計算および補償貢献額計算（EDR）について比較考察を行った。まず，論争の出発点となったヴェーバー発言では，補償貢献額計算という概念はリーベルに由来する概念であり，リーベルとは異なる意味内容で解釈されている補償貢献額計算に対しては，偽ブランドという表現でもって警鐘が打ち鳴らされた。しかし，KRP誌の編集責任者メンネルは，補償貢献額計算をリーベルの構想のみに限定するような狭義の解釈では，諸々の批判に耐えられないという理由から，直ちにヴェーバー発言に補足と修正の必要性を迫ることになった。

また，組立領域に導入すべき最良の原価計算を追求していたホルヴァート，クライナーおよびマイヤーは，GPKとEDRの優劣を詳細に分析した上で，リーベルのEDRの優位を計算例でもって論証した。しかし，この論証に対する反論として，プラウト，ボニンおよびヴィカスは，部分原価計算の適性を判定するためには，組立領域は余り適切な対象ではないと批判した上で，製造領域における方法選択の問題を取り上げ，GPKの有用性を主張している。

さて，以上のようなドイツ補償貢献額計算論争では，その論点は主として次の2点にあったといえる。すなわち，①補償貢献額計算という概念を狭義に解釈するのか，それとも広義に解釈するのか，②情報提供能力の観点から考えた場合，GPKに対するEDRの優位が主張できるのか，である。

まず，①の概念の解釈に関しては，例えば夷谷（1988）は次のように述べている。「直接費計算を補償貢献額計算の上に置くのでなく，補償貢献額計算をメンネルのように部分原価計算の諸システムの上位概念と位置づけるべきであろう」（夷谷，1988，66頁）。要するに，夷谷教授の見解は，狭義の解釈を否定するメンネルと同意見であり，一般妥当な解釈であると思われる。しかし，リーベルの所説を入念に研究した筆者としては，やはりリーベルの補償貢献額計算は，他とは異なる独自性を備えていることを強く主張せざるを得ない。次に，②のGPKとEDRの優劣に関しては，ここでは明確な意見を差し控えたい。ただし，双方のドイツ原価計算とも，他国に先駆けて高度に発展した世界屈指の原価計算システムであることは言う迄もない。

第4章 シーメンス社のプロセス志向原価計算

I. はじめに

　ドイツでは，支出・費用・原価・収入・収益・給付という6つの概念を厳密に区別することによって，費用収益計算を本質とする営業簿記（Geschäftsbuchhaltung）と原価給付計算を本質とする原価計算（Kostenrechnung）とが明確に区別されている。しかも，ドイツの原価計算は，図表4-1からもわかるように，経営決算（Betriebsabrechnung）と給付単位計算（Kalkulation）とを含む広い概念である（Nowak, 1961, S.13；岡本，1980, 23頁）。前者の経営決算は，期間計算であり，いわば期間別の製品原価計算を目的としている。経営決算の場合，費目別計算・部門別計算・製品別計算という一連の計算手続を通

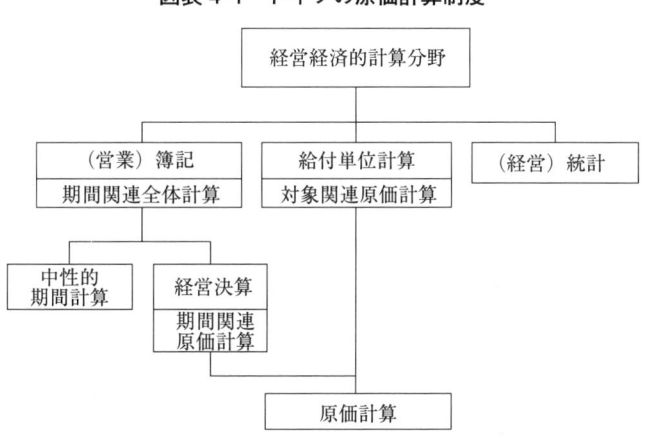

図表4-1　ドイツの原価計算制度

```
                経営経済的計算分野
         ┌──────────┼──────────┐
    （営業）簿記        給付単位計算        （経営）統計
   期間関連全体計算     対象関連原価計算
    ┌─────┴─────┐
  中性的           経営決算
 期間計算         期間関連
                  原価計算
                     │
                  原価計算
```

（出所；Nowak, 1961, S.13）

じて，原価計算期間における製品原価が計算される。とにかく期間別に原価を集計することから，経営決算は期間関連原価計算（zeitraumbezogene Kostenrechnung）とも呼ばれている。それに対して，後者の給付単位計算は，文字通りに単位計算であり，製品1単位当たりの総原価の計算を意味する。給付単位計算は，期間に原価を集計するのではなく，あくまでも給付単位という対象に原価を集計することから，対象関連原価計算（objektbezogene Kostenrechnung）とも呼ばれている。

　ところで，経営決算は，勘定形式で行うことも，計算表形式で行うこともできる。勘定形式による経営決算が，経営簿記（Betriebsbuchhaltung）であり，他方で，計算表形式による経営決算の場合には，ドイツ原価計算の特徴でもある経営決算表（Betriebsabrechnungsbogen；BAB）が利用される。なお，BABは，元々は原価部門別計算に導入され，部門費配賦表として利用されていたが，しかし，次第に部門費配賦表上で製品別計算や経営損益計算までも行われるようになり，BABは単なる部門費の配賦表ではなく，1つの完結した原価計算へと発展することになる（岡本・板垣訳, 1959, 208頁）。しかも，勘定形式よりも計算表形式の方が融通性と機動性に優れるがゆえに，次第にBABはその適用領域を拡大し，経営簿記の領域にも進展することになる（安平, 1977, 148頁）。経営決算という名称は，経営簿記に対しても用いられてはいるが，経営内部の価値の流れを複式簿記の形ではなく，BABによって追求する場合に，特にこの経営決算という名称が使用されている（Nowak, 1961, S.12）。なお，企業の内部活動を記録計算する経営簿記と外部活動を記録計算の対象とする営業簿記とを統合したものが，いわゆる工業簿記である。

　また，図表4-1からもわかるように，給付単位計算は，必ずしも簿記の形で実施される必要性はなく，むしろ簿記とは別の計算領域を形成する。なお，ドイツ原価計算の発展過程から言えば，既に存在していた給付単位計算に，期間別の製品原価を計算する経営決算が後から加わったというのが史的事実である。すなわち，「その後固定設備の増大にともなって間接費が増加し，また外部報告のための損益計算目的が重要となったので，単なる製品原価ではなく，特定の会計期間に発生した製品原価が問題となった」のである（岡本・板垣訳,

1959, 198頁）。

　さて，経営決算と給付単位計算からなるドイツの原価計算制度は，企業の生産・原価構造が変化するにつれて，次第にその適合性を喪失し始める。シーメンス（Siemenns）社では，この適合性の喪失問題が，いち早く1970年代に認識され，その解決策としてプロセス志向原価計算（Prozeßorientierte Kostenrechnung）が考案された。シーメンス社の場合には，新しい原価計算を創出するにあたり，諸々の着想を自社工場で実験し，その実践可能性を常時直接的に検証することができた。シーメンス社の財務担当経営者であるツィーグラー（Ziegler, H.）によれば，実験工場との協働作業の結果は，会社内部の文書や刊行物に記録されているという（Ziegler, 1992, S.308）。例えば，1978年4月の「某工場におけるプロセス志向原価計算」，1981年3月の「プロセス志向原価計算の実施」，さらには1985年1月の「KWSにおけるプロセス志向原価計算」などの社内報告書である。

　とはいえ，プロセス志向原価計算は，シーメンス社では制度としての原価計算とは認められてはいなかった。したがって，勿論，社内の原価計算規則や原価計算指針を通じて，その導入が義務づけられていたわけでもない。そのため，プロセス志向原価計算を社内に浸透させるためには，あくまでも成功例を積み上げて，その有用性を社内の人々に認めてもらう以外には方法がなかったといえる。本章では，プロセス志向原価計算の経験について記述したツィーグラーの論文やケラー（Keller, W.）とタイチャート（Teichert, K.）の共同論文を素材としながら，シーメンス社が先駆的に取り組み始めたプロセス志向原価計算について考察する。とりわけ，ABC（Activity-Based Costing）が登場する以前の1970年代に，ABCと類似の原価計算の発想がドイツのシーメンス社において開花していたことは，極めて興味深いことであると考えている。

Ⅱ．プロセス志向原価計算の構想

　かねてより慣習として広く実務で用いられていたドイツの原価計算は，政府

機関が公布した計算規則を通じて，1930年代末に制度となる。ツィーグラーによれば，シーメンス社の原価計算指針も，公布された「簿記指針原則」(1937年)，「原価計算総則」(1939年)，「工業原価計算の一般原則」(1942年)，さらには「鉄鋼業および金属加工業の原価計算指針」(1942年)の内容とほぼ一致しているという(Ziegler, 1992, S.305)。しかしながら，1970年代に入ると，シーメンス社では，制度としての原価計算が，原価構造の変化に直面して十分に機能しないことが認識され始める。特に多品種少量生産を行うシーメンス社の工場では，次のような問題点が顕著となる(Ziegler, 1992, S.304)。

(1) 一回費（Einmalkosten）の増大。製品開発，市場開拓，製造計画および製造準備などの活動の増加に伴って，その発生が1回限りの原価（すなわち一回費）が急増してきている。この急増する一回費を正確に製品に配賦計算しないと，製品のライフサイクルが短くなっている状況下では，設定した販売価格でもって製品の総原価を回収しきれないリスクが高まる。

(2) 事務領域の効率化。生産性向上の可能性が，製造領域から事務領域に移行してきている。

(3) 適切な間接費の配賦基準の探求。量産段階前に発生する一回費にせよ，また事務領域で発生する部門費にせよ，急増する間接費は生産量には依存していない。それなのに，旧態依然として，材料費や製造賃金や製造時間などの生産量関連の配賦基準に基づいて間接費の製品への配賦計算が行われている。

以上のことから，シーメンス社は，1975年に作業部会を立ち上げ，上記の問題点の解決に取り組み始める。そして，その取り組みの帰結として，プロセス志向原価計算の構想が創出される。ツィーグラーによれば，作業部会の第1回目会合の議事録には，次のように記されているという。すなわち，「あらゆる混同を避け，調査テーマの斬新かつ本質的な要因を強調するために，プロセス志向原価計算という概念が選択された」(Ziegler, 1992, S.304)。

ところで，設置された当初から，作業部会が追求してきた目的は次の2つである。すなわち，①事務領域の効率化を図るために，製品を直接製作しない一

連の作業過程―これをプロセス（Prozeß）という―の原価をプロセス原価として表示すること，②一回費のように生産量や製造時間に依存しない原価や製造指図書，注文書および納品書などに依存する原価を発生原因に即して製品に配賦すること，の2つである。なお，前者①の目的の達成は経営決算の課題であり，また後者②の目的の達成は給付単位計算の課題であるとされている。そして，これら2つの課題を解決するために，シーメンス社では，製造領域で培ってきた経験を製造領域以外の事務領域に転用することが重んじられた。

　結局，新しく創出されたプロセス志向原価計算の構想においては，次の4つの手順が明確化されることになる。すなわち，(1) プロセスの確定，(2) プロセス原価の算定，(3) プロセス量の選択，(4) プロセス原価率の算定，である。なお，この(1)から(4)の手順を図示すれば，図表4-2に示す通りとなり，この図表4-2からは，伝統的原価計算とは異なるプロセス志向原価計算の基本原理を理解することができる。つまり，その基本原理とは，部門横断的な一連の作業過程すなわちプロセスの認識を通じて，事務領域で発生する原価が部門横断的に把握されることである。なお，以下では，ツィーグラーの説明に即しながら，(1)から(4)の手順について概説することにする（Ziegler, 1992,

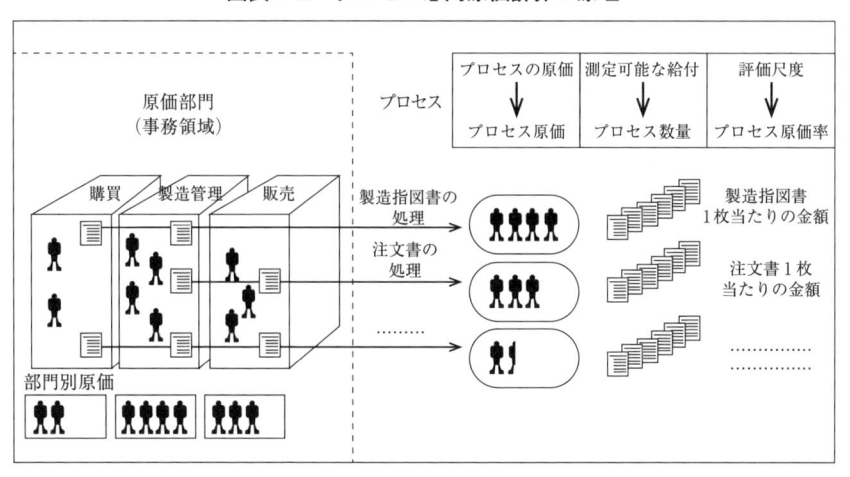

図表4-2　プロセス志向原価計算の原理

（出所；Ziegler, 1992, S.307.）

S.305ff.)。

(1) プロセスの確定

大抵の工業経営と同様に，シーメンス社の企業組織も，例えばプレス部門，メッキ部門，製造計画部門，購買部門および簿記部門というように職能部門別に編成され，各部門には原則として1人の責任者がいた。しかも，この職能部門別組織を前提として，原価は部門別に集計および計画されていた。

しかしながら，当時ドイツのサービス産業においては，部門責任を部門横断的なプロセス責任に置き換える企業も存在していた。また，ツィーグラーによれば，シーメンス社でも組織を改編し，部門横断的なプロセス原価を直接把握することは可能であった。しかし，シーメンス社は，既存の部門別組織を完全にプロセス別組織に改編する勇気に欠けていた。そのため，シーメンス社のプロセス志向原価計算の構想は，あくまでも従来の職能部門別組織を前提とした上で，いかに部門横断的な原価の把握を実現するかに終始することになる。

なお，部門横断的な原価把握を実現するための第一手順はプロセスの確定であり，その手順とは，製造活動に隣接する購買，製造管理，販売などの多種多様な活動を，漏れも重複も無く部門横断的なプロセスにまとめ上げる措置である。シーメンス社の作業部会によれば，整然と連続する活動を対象とする場合には，プロセスの確定は容易であったが，しかし複雑にフィードバックする活動を対象とする場合には，プロセスの確定は困難を極めたことが報告されている。

(2) プロセス原価の算定

プロセスが確定されると，その次の手順として，確定されたプロセスに原価が跡付けられることになる。この原価の跡付けに関しては，1つの原価部門で1つのプロセスのみが把握されている場合には，何の困難も生じなかったという。しかし，そのようなことは製造現場以外ではむしろ例外であったという。つまり，事務領域では，例えば「顧客注文書の処理」のように，受注から納品書の作成にまで至る一連の作業過程（すなわちプロセス）は，複数の原価部門を横断し，しかも各原価部門はそのプロセスに何度となくかかわりを持っていた。したがって，プロセスに原価を跡付け，プロセス原価を算出するために

は，部門別に集計された原価を部門が関与したプロセス別に規則正しく編成し直す必要があった。

　また，シーメンス社の作業部会によれば，考察の対象とする事務領域では，発生する原価の大半が人件費や従業員関連費であった。したがって，大抵の場合，確定されたプロセスへ該当する従業員を割り振るだけで，プロセス原価を算定することができたという。しかも，その従業員の割り振りは，部門長への面談を通じて比較的簡単に，また十分正確に行うことが可能であった。しかし，例えば「スタッフ部門の指揮」のような活動を担う従業員の場合には，どのプロセスにも割り振りの効かない従業員であることから，プロセス原価の算定上困難を極めたことが報告されている。しかしながら，このような割り振りの効かない従業員についても，最終的には用役の授受を反映する形で，とりあえずプロセスに関連づけられていたという。

(3)　プロセス量の選択

　プロセス原価の算定が終了すると，その次の手順はプロセス量（Prozeßgrößen）の選択である。プロセス量とは，作業の給付量（アウトプット量）を測定可能とする適切な尺度であり，例えば製造指図書や顧客注文書の処理件数などがプロセス量となる。また，プロセス量の具体的な数量（処理された枚数や回数）のことをプロセス数量（Prozeßmengen）と呼んでいる。シーメンス社の作業部会によれば，コンピュータ処理が社内に行き届いている場合には，プロセス量とその数量は，社内で既に把握されていることが多かったという。したがって，これら把握済みの物量情報を原価計算上利用すれば，プロセス志向原価計算の履行上のコストは大幅に削減可能となった。

(4)　プロセス原価率の算定

　プロセス原価とプロセス数量が把握できれば，前者を後者で割り算して，プロセス原価率が算定されることになる。このプロセス原価率という指標からは，いかに経済合理的にプロセスが処理されているかを推定することができる。そのため，プロセス原価率は，まず事務領域の効率化（生産性の向上）を図るためのツールとして利用されていたという。

　それに対して，正確な製品原価を計算するためには，プロセス原価率を個々

の製品と結び付ける必要がある。この場合，その結び付け方によって，次の3つの形態の給付単位計算が生じる（Ziegler, 1992, S.307f.）。すなわち，①プロセス別給付単位計算（Prozeßspezifische Kalkulation），②プロセス志向個別原価計算（Prozeßorientierte Zuschlagskalkulation），③結合されたプロセス志向給付単位計算（Kombinierte prozeßorientierte Kalkulation）である。

　まず，プロセス原価率と個別製品とを巧妙に結び付けることに成功すれば，すべての間接費は製品の準直接費（Quasi-Einzelkosten）となる。いわば，この間接費の直接費化を実現する製品原価計算が，プロセス別給付単位計算である。とはいえ，このプロセス別給付単位計算は，あくまでも理論上のモデル・ケースであり，実務へ適用する以前に既に失敗していると指摘されている。というのも，経営指揮，経営取得および経営組織のようなプロセスの原価は，ある特定の製品の製造とは殆ど関係なく発生するので，したがって，このようなプロセスの原価と個別製品との間には，測定可能な依存関係が見出され難いからである。

　それに対して，プロセス原価率と製品とを最も単純な形で結び付ける方法が，プロセス志向個別原価計算である。このプロセス志向個別原価計算の場合には，まず経営決算の枠組みのなかで，プロセス原価がプロセス数量を通じて，個別の製品ではなく，製品グループに跡付けられる。そして，この製品グループ別に集計された原価が，金額ベースの配賦計算（すなわち価額法）により個々の製品へと配賦される。

　しかしながら，シーメンス社の作業部会は，実務への適用上，プロセス別給付単位計算とプロセス志向個別原価計算との混合形態を推奨している。すなわち，結合されたプロセス志向給付単位計算である。この混合形態である給付単位計算の場合には，重要なプロセスに対しては厳密にプロセス原価率を適用して正確な製品原価計算が行われる。しかし，重要性の乏しいプロセスに対しては簡便法による製品原価計算，すなわち上述のプロセス志向個別原価計算が実施され，最終的に製品グループ別に集計された原価は，価額法により個々の製品に配賦されることになる。なお，ツィーグラーによれば，伝統的な個別原価計算とプロセス別給付単位計算とを比較分析した結果，両者が算出する製品単

位原価の差額のうちその50％以上が，1つのプロセスのみに起因していることと，また3つのプロセスを設定すれば，両者の差額の90％以上に説明が付くことが報告されている（Ziegler, 1992, S.308）。

Ⅲ．プロセス志向原価計算の導入実験

1．電気機器工場の事例

　レーゲンスブルクの電気機器工場では，電話機上方の配線開閉器から大型電気設備に至るまで製品の多様化が著しく進展していた。そのため，同工場では，以前から部門横断的なプロセスの分析を行い，既にプロセス原価を記載したハンドブックが存在していた。そして，このような状況下で，プロセス志向原価計算が実験的に導入されることになる（Ziegler, 1992, S.308ff.）。

　同工場への導入実験では，プロセス原価情報は従来とは異なる意思決定情報を経営管理者に提供することになったという。また，プロセス原価情報により，従業員の原価意識も向上したことが報告されている。なかでも，この実験工場の場合には，事務領域の効率化を目的とするプロセス原価率の利用が，迅速に工場全体に広まり，事務領域の効率化を推進するためのツールとしては，プロセス志向原価計算は確かな成果を収めていたという。しかし，①事務領域の効率化と②正確な給付単位計算の双方の目的を同時に実現する完結したプロセス志向原価計算を定着させることは，極めて限定的にしか成功しなかったという。結局のところ，同実験工場では，既存の原価計算システムを完全にプロセス志向原価計算に置き換えたのではなく，導入されたプロセス志向原価計算は既存の原価計算システムを補完していたにすぎない。

　ところで，レーゲンスブルクの実験工場では，25の部門横断的なプロセス—厳密には主要プロセス（Hauptprozeß）という—が認識されていた。そして，これら25のプロセスに対して，「プロセス原価部門（Prozeßkostenstellen）」

が新しく開設されていた。実験工場の経営簿記の勘定体系は，図表4-3に示す通りであり，あくまでも費目別計算・部門別計算・製品別計算という一連の伝統的な計算手続は堅持されていたといえる。ただし，同工場の場合，部門横断的なプロセスは原価部門概念の範疇で捉えられていて，補助原価部門→主要原価部門→プロセス原価部門という順序で行われる原価部門別計算が確立されていた。また，部門別計算を経て，最終的にすべての原価が集計される原価計算対象（すなわち原価負担者）は，個別の製品ではなく，製品グループであった。

なお，プロセス原価の算出過程は，プロセス原価部門で作成されるプロセス原価表（Prozeßkostenblätter）において明らかにされる。例えば図表4-4は，「間接材料費（注文書関連）」というプロセス原価部門で作成されたプロセス原価表であるが，この原価表には，プロセス原価，プロセス数量（購入注文書の枚数）およびプロセス原価率（注文書の1枚当たりの原価）が明記されている。しかも，このプロセス原価表には，主要プロセスを構成する部分プロセス

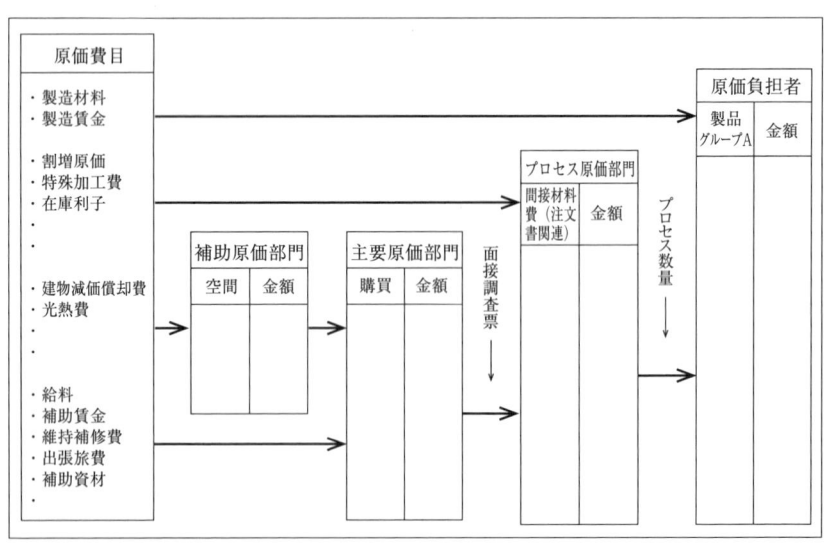

図表4-3　プロセス志向原価計算の勘定体系

(出所；Ziegler, 1992, S.310.)

図表 4-4　プロセス原価表

主要プロセス　904	
プロセス原価部門：間接材料費（注文書関連）	
プロセス原価	1,214,000 マルク
プロセス数量（購入注文書の枚数）	19,375 枚
プロセス原価率（注文書1枚当たりの原価）	62.70 マルク
主要プロセス 904 は，4つの異なる主要原価部門で実行される4つの部分プロセスから構成されている。	
原価部門 820　部品／材料の処理	230,000 マルク
原価部門 821　製品および商品の処理	152,000 マルク
原価部門 830　購入請求書の受付および発注	776,000 マルク
原価部門 841　郵便部門，注文書の発送	56,000 マルク

（出所：Ziegler, 1992, S.310.）

（Teilprozeß）―すなわち主要原価部門で実行される作業過程―も，記載されている。

　他方で，同実験工場では，正確な給付単位計算を行うために，プロセス志向個別原価計算が採用されていたという。このプロセス志向個別原価計算は，既述の通り，最も単純な形態の給付単位計算であるが，同工場では，この単純な形態の給付単位計算を使用したとしても，算出される製品単位原価の正確さには何ら問題がなかったという。ただし，必要時には何時でも，シーメンス社の作業部会が推奨する結合されたプロセス志向給付単位計算を導入することができた。というのも，同工場では，価額法を用いて百分率表示されている間接費配賦率の全部またはその一部を常時プロセス原価率に置き換えることができたからである。なお，伝統的個別原価計算では，間接材料費の平均配賦額は材料購入価額の 11.4％であったが，プロセス志向個別原価計算を採用したところ，間接材料費の配賦額に一定の幅が生じたという。すなわち，その最小値は材料購入価額の 8.3％であり，その最大値は 26.5％であったことが報告されている（Ziegler, 1992, S.311）。

2. 電動モーター工場の事例

また別の事例として，異質の注文構成と多品種少量生産を特徴とする電動モーター工場へのプロセス志向原価計算の導入事例がある（Ziegler, 1992, S.311ff.）。同工場が従来から採用していた個別原価計算では，製品グループ別や作業場別に原価がきめ細かく分類・集計されていたが，工場の従業員達は，使用する個別原価計算を通じて算出される製品原価の正確さに疑念を抱いていたという。つまり，次のような疑念である。①製品単位数の少ない注文の場合には，過小の製品単位原価が算出されている。②逆に製品単位数の多い注文の場合には，過大な製品単位原価が算出されている。③製品単位数が少なく，在庫を持たない部品の比率が高い製品への注文の場合には，極めて過小の製品単位原価が算出されている。④このような歪んだ製品原価情報により，不利な注文構成（セールズ・ミックス）が導かれている。

したがって，同工場は，主要製品群の注文構成を1年間詳細に調査したという。そして，その調査結果として，1注文当たりの製品単位数の分布が明らかにされている。すなわち，図表4-5に示す分布図である。また，調査した1年間に約21,000種類の異なる電動モーターが製造されていたが，このような多品種の電動モーターを製造するために，265,000単位の在庫を持たない部品

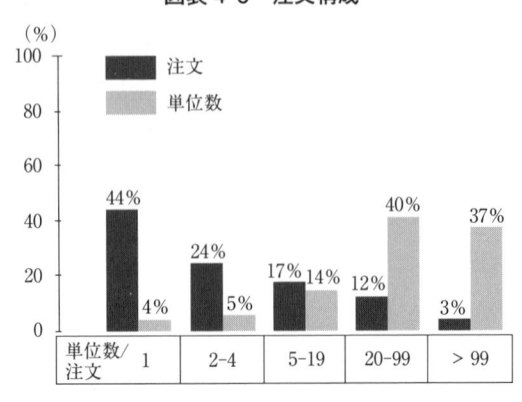

図表4-5　注文構成

単位数/注文	1	2-4	5-19	20-99	>99
注文	44%	24%	17%	12%	3%
単位数	4%	5%	14%	40%	37%

（出所；Ziegler, 1992, S.311.）

への需要が生まれていたことも判明している。

　結局，同実験工場では，以上のような調査結果から，次のことが確認されている。①従来から使用している個別原価計算を通じて，開発設計，処理決定，製造準備，在庫を持たない部品製造などの活動が発生させる原価は，生産量に依存する形で製品に配賦されている。しかし，このような活動の原価は，生産量に依存するのではなく，むしろ注文別や部品別の作業過程（すなわちプロセス）に依存して発生している。②生産量に関連する配賦基準を用いれば，10分の1の生産量の注文には約10分の1の原価が配賦され，1000分の1の生産量の注文には約1000分の1の原価しか配賦されない。しかし，実際のところ，

図表 4-6　PROKASTA の構造

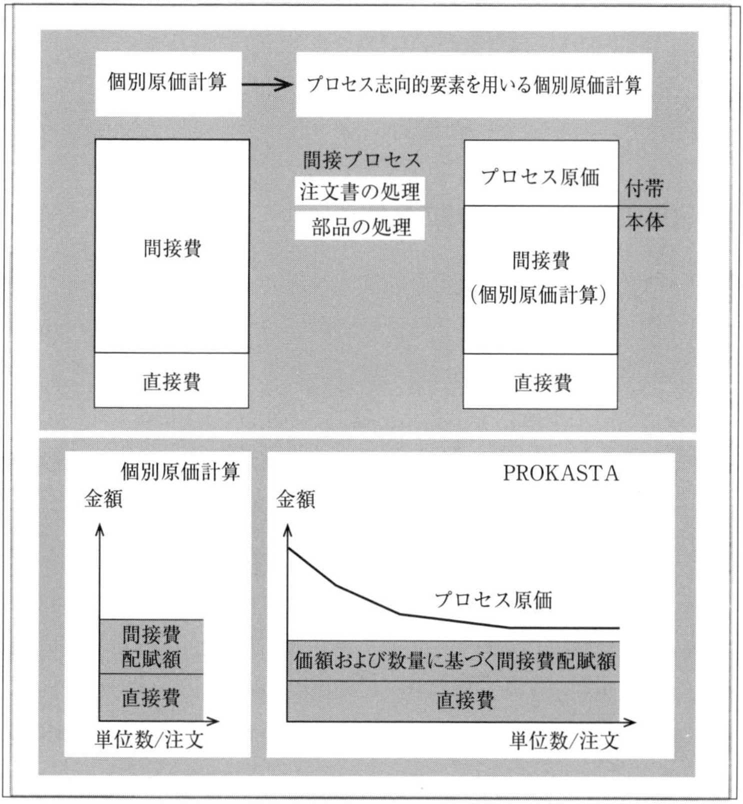

（出所；Ziegler, 1992, S.313.）

どちらの注文を処理するにしても，殆ど同じ大きさの原価が発生している。

したがって，以上のような確認から，同工場では，正確な製品原価計算の確立を目指してプロセス志向原価計算が導入されたことになる。特に同工場の場合，正確な間接費の配賦計算を行うために，「注文書の処理」と「在庫を持たない部品の処理」という2つの部門横断的なプロセスが設けられ，プロセス別給付単位計算が実践されることになった。ただし，これら2つのプロセスに跡付け不能な間接費は，従来通りの個別原価計算を適用して配賦計算が行われた。そして，このような計算手続から，図表4-6に示すようなプロセス志向給付単位計算システム（Prozeßorientiertes Kalkulationssystem für Staffelkosten；PROKASTA）が誕生したという。なお，PROKASTAを利用すれば，注文総数の44％を占める1単位注文については73％の原価上昇となる一方で，製品単位数が99単位を越える注文については，その原価は7％減少したことが報告されている（Ziegler, 1992, S.313）。

3. 冷蔵庫および冷凍庫工場の事例

もう1つのプロセス志向原価計算の導入事例は，ボシュ・シーメンス什器有限会社の冷蔵庫および冷凍庫工場での実験プロジェクトである（Keller und Teichert, 1991, S.231ff.）。同実験工場の場合にも，やはり多品種少量生産がその特徴であり，凡そ千種類に及ぶ製品が製造されていた。しかも，その製品は，極めて複雑な製品であった。そのため，同工場での課題は，製品の多様性や複雑性に起因して発生する間接費を発生原因に即して的確に把握することであり，そのための手段としてプロセス志向原価計算が導入された。

ところで，同工場の場合，製品への間接費の配賦額は，これまで材料費や製造賃金という直接費の百分率でもって算出されてきた。いわば，製品原価計算上，直接費のみが注視され，間接費への配慮が欠けていた。しかしながら，正確な製品原価計算を成立させるためには，やはり間接費への配慮が不可欠となる。したがって，同工場でも，間接費の緻密な分析に努め，その帰結として「部品の設計」，「部品の検査」，「部品の調達」および「注文の処理」というプ

ロセスを対象とするプロセス志向原価計算が創出された。なお，この創出されたプロセス志向原価計算は，次のような手順に従う。
 (1) 個々の製品（冷蔵庫ないし冷凍庫）に対して，他の製品と区別が付くような特徴や部品を見つけ出すこと。
 (2) 製品の製造に関与している原価部門において目的適合的なプロセスを確定すること。
 (3) その確定されたプロセスを原価でもって評価すること。

 また，プロセス志向原価計算の導入にあたり，部門長への聞き取り調査が行われたが，その調査の過程において，一回費 (einmaligen Kosten) と経常費 (laufenden Kosten) とを区別する必要性が確認されている (Keller und Teichert, 1991, S.232)。一回費とは，初回（第一番目）の製品の製造に対して発生する原価であり，いわば量産段階前に発生する原価である。それに対して，経常費とは，量産されている既存の製品が1年間に発生させる原価である。なお，一回費の場合には，新しい製品特性，新しい工具および新しい部品の数などが，また経常費の場合には，ロット数，製品固有の在庫量および量産品の維持などが，原価作用因 (Kosteneinflußfaktor) として認識されている。そして，これらの原価作用因を活用すれば，各製品が消費する間接資源量を反映する形で，発生原因に即した間接費の配賦計算が実施できるという。

 なお，ケラーとタイチャートの説明によれば，製品単位原価の大きさは，製品の複雑性と生産される製品単位数に依存する。つまり，製品単位原価の大きさは，製品の複雑性と生産単位数を独立変数とする関数でもって表現されうる。図表4-7には，プロセス志向原価計算が算出する単位原価と伝統的原価計算が算出する単位原価の差額が，上記2つの独立変数の関数として描写されている。そして，この関数から次のことが確認されている (Keller und Teichert, 1991, S.234)。すなわち，①製品の複雑性が高まれば高まるほど，プロセス志向原価計算と伝統的原価計算が算出する製品単位原価の差額が拡大する。②製品単位数が少ない場合ならびに反対に多い場合には，双方の原価計算が算出する製品単位原価の差額は大きくなる。③伝統的原価計算を適用する場合には，少量品の単位原価は過小に評価され，また逆に量産品の単位原価は過

図表 4-7　給付単位計算の製品単位原価への影響

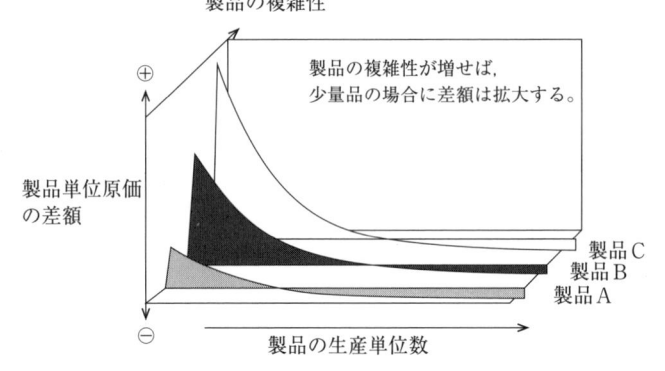

製品の複雑性が増せば，少量品の場合に差額は拡大する。

製品C
製品B
製品A

（出所：Keller und Teichert, 1991, S.234.）

大に評価される。

Ⅳ．おわりに

　本章では，プロセス志向原価計算の経験について記述したツィーグラーの論文やケラーとタイチャートの共同論文を手掛かりに，1970年代にシーメンス社が開発したプロセス志向原価計算について考察してきた。シーメンス社が実験的に導入したプロセス志向原価計算は，確かに部分的には成功を収めていたといえるが，しかし，伝統的原価計算が全面的にプロセス志向原価計算に置き換えられていたわけではなかった。ツィーグラーは，完全な置換に至らなかった阻害要因として，①シーメンス社の組織および②プロセス志向原価計算の複雑性を挙げている（Ziegler, 1992, S.315ff.）。

　まず，第一の阻害要因であるシーメンス社の組織であるが，1990年度のシーメンス社の決算書では，約230社の関連会社が連結されていた。そして，これらの関連会社（とりわけシーメンス社と約160社の海外の関連会社）との間には，独立企業間取引を前提として，交渉により振替価格が設定されていた。また，シーメンス社内においても，プロフィット・センターとして管理さ

れている各事業部間の取引は，振替価格でもって決済が行われていた。しかし，このような振替価格による決済の場合には，供給側の関連会社や事業部では間接費として認識されていた原価費目が，受入側の関連会社や事業部では材料費すなわち直接費として認識されてしまうことになる。したがって，受入側の主たる原価費目は直接材料費となり，間接費の割合は見かけ上相対的に少なくなっていたといえる。しかし，実際には1962年から1990年までの間に，シーメンス社では，スタッフ的活動の割合が33％から57％へと上昇する一方で，現場のライン活動の割合は67％から43％へと減少していた。そして，このような活動の推移を反映する形で，人件費に関しても，原価構成上直接労務費（製造賃金）から間接労務費（事務領域で発生する人件費）への移行が顕著に見られた。しかし，ツィーグラーによれば，振替決済がもたらす間接費から直接費への転化現象が，間接労務費増大化の事実を覆い隠してしまい，間接労務費の処理に主眼を置くプロセス志向原価計算の必要性が気付かれずにいたことが指摘されている。

　また，第二の阻害要因は，複雑なプロセス志向原価計算それ自体にある。プロセス志向原価計算の場合，費目別に発生する原価を直接特定のプロセスへ跡付けることが，本来の課題である。しかし，シーメンス社では，このようなプロセスへの直接的な原価の跡付けは行われなかった。その代わりとして，原価部門からプロセスへ，そしてプロセスから原価負担者へという計算手続が選択された。しかし，このような原価部門を経由する計算手続では，その実施上の費用がかかりすぎてしまうという欠点をもつ。とはいえ，原価を直接プロセスへ跡付けるためには，漏れも重複もなく企業内の活動をプロセスにまとめ上げる作業が必要となる。しかし，このような作業は決して容易に行えるものではなかった。また，プロセス志向原価計算の場合，製品単位原価を計算するためには，多種多様なコスト・ドライバー（すなわちプロセス量）が駆使される。しかし，このような給付単位計算は複雑で，しかも困難を極めた。したがって，実務では，伝統的な部門別の個別原価計算とプロセス原価率を用いる給付単位計算との混合形態が採択されていた。しかも，大抵の場合，このような混合形態でも，実務上十分に正確な製品原価情報が得られたので，なかなか完全

な形でのプロセス志向原価計算の実施には至らなかったといえる。

　なお，既に述べたように，シーメンス社では，プロセス志向原価計算は原価計算制度としては認められてはいなかった。また，そのことが主因かどうかは別として，プロセス志向原価計算が全社的に普及していたわけでもない。しかし，ツィーグラーは，直接労務費から間接労務費への原価構造上の変化を直視すれば，たとえプロセス志向価計算の実務への浸透が遅々として進まなくても，その必要性には何ら変わりがないと主張している。1980年代半ばにアメリカでABCが出現することになるが，それより以前に類似の原価計算方法がドイツのシーメンス社で開発されていたことを，ここでは最後に強調しておきたい。

第 5 章　活動基準原価計算（ABC）

I．はじめに

　クーパー（Cooper, R.）とキャプラン（Kaplan, R. S.）は，アメリカの一部の革新的な企業実務のなかで，その実態調査を通じて活動基準原価計算（Activity-Based Costing；ABC）という新しい形態の原価計算技法を発見した（小林，1992；小林，1993；岡本，1994；櫻井，1995）。彼らがABCに初めて出会った頃（1980年代の中頃）は，企業経営者はABCを製造間接費の配賦方法の精緻化を通じ，より正確な製品原価を算定するための技法であると見ていた（Cooper and Kaplan, 1991a, p.130; Kaplan, 1992, p.59）。そのため，クーパーとキャプランの初期の諸論文では，ABCの利用目的として製品原価計算目的が特に強調されている。しかも，彼らによれば，算定される製品原価は全部原価で測定されるべきであると主張されている。とりわけ1988年のクーパーとキャプランの論文では，実務の会計担当者達は固定費を無視することに抵抗し，全部原価情報を彼らの原価計算システムにおいて報告し続けているという事実から，変動費をもって製品原価とする見解すなわち直接原価計算は否定され，全部原価計算の優位が指摘されている（Cooper and Kaplan, 1987; Cooper and Kaplan, 1988a）。また，当初彼らが考えていた製品原価の範囲は非常に広いもので，製造原価（製造間接費）ばかりでなく，販売費や一般管理費をも製品に配賦することが念頭に置かれていた（Cooper and Kaplan, 1988b, pp.96-97）。
　しかしながら，暫くするとクーパーとキャプランの当初の主張に変更が見られるようになってきた。すなわちそれは，全部原価算定から貢献差益法への転換である。彼らは，ABCを提唱し始めた当初は，すべての製造間接費を製品

単位に配賦し，より正確な製品の全部単位原価を計算することを意図していたようである。しかし，実態調査を通じて，工場で発生する原価に階層性があること（つまりABCの階層構造）を発見した後には，すべての製造間接費を製品単位に配賦して製品の全部原価を計算することに批判的な態度を示し始める。1991年の彼らの論文においては，「費用を製品単位に配賦することは，経営管理者が誤解しやすいシグナルを送ることになる」ので（Cooper and Kaplan, 1991a, p.132），「すべての費用を製品単位に配賦することを控えなければならない」と明記されている（Cooper and Kaplan, 1991a, p.130）。そして，1992年の論文でキャプランは，クーパーが一旦ABCの階層構造を明確にしてしまえば，「ABCは実際のところ貢献差益法であり，より正確な完全配賦の単位原価を算定する試みではなかったことを理解した」と主張するに至る（Kaplan, 1992, p.59）。要するに，もとよりABCは配賦の手続ではなく，貢献差益法であったというのである。

ところで，当初筆者は，クーパーとキャプランの思考の変遷を辿れば，直接原価計算→全部原価計算→貢献差益法の順序で推移したことになると考えていた。その当時は，投資回収計算の意味を自分なりに考えた上で，ABCを全部原価計算の発展形態として捉えていた。しかし，クーパーとキャプランの見解を十分に吟味した結果，今ではABCは直接原価計算→貢献差益法という思考の変遷のなかで出現してきた原価計算技法であると理解している。結局，図表5-2や5-4からわかるように，クーパーもキャプランも，固定費と変動費への原価分類（固変分解）を捨て去ることができなかった。彼らが構想するABCは，直接原価計算の前提である固変分解に立脚した形で，固定費（いわゆるキャパシティ・コスト）の段階的回収計算を展開したものであるといえる。したがって，その限りでは，筆者はABCを全部原価計算の発展過程として把握するのではなく，むしろ直接原価計算の発展過程として位置づけることが妥当であると考えている。

このように，ABCをキャパシティ・コストの会計の延長線上の議論として捉えるならば，ドイツ原価計算の発展の系譜―全部原価計算→部分原価計算（直接原価計算）→補償貢献額計算（貢献差益法）―とも軌を一にする。確か

にABCには，原価作用因（cost driver, Kosteneinflußgrößen）という概念に象徴される如く，古のドイツ原価計算論を焼き直ししたような議論も多く見られる。しかし，ここでは，ABCと類似の発想が古くからあっただとか，ドイツにあっただとか言うつもりは全くない。そうではなくて，些か飛躍的に空想してみて，アメリカ経済再生の切り札として登場してきたABCも，結局形式としては貢献差益法に行き着いたことの歴史的必然性に思いを巡らしてみたい。社会の土台である経済構造（下部構造）が上部構造としての会計を規定すると考えるのか，それとも上部構造が経済的下部構造によって規定されるのではなく，「宗教意識や支配の構造はそれぞれの固有法則性をもち，それらが経済に対して逆に決定的な影響を及ぼすこともありうると考える」のか（世良訳, 1962, 665頁），それとも経済と文化・社会とを二分化しない立場をとるのかは不問に付すとして，資本主義経済社会が不断に存続する限り，それを反映する会計技法も永劫回帰する。

　本章の目的は，貢献差益法という形式への帰着（収斂）の必然性を確認する一材料として，クーパーとキャプランが提唱する貢献差益計算としてのABCを考察することである。

II. 初期ABCの構造

　クーパーとキャプランの実態調査によれば，観察したすべての企業の原価計算システムは，製造間接費を製品に配賦するのに，2段階の配賦手続（two-stage allocation procedure）を使用していた（Cooper, 1987a, pp.152-156; Cooper, 1987b, pp.39-41; Cooper and Kaplan, 1988a, p.21）。まず第一段階では，製造間接費はコスト・センター（cost center）―コスト・プール（cost pool）とも呼ばれている―に集計される。そして，続く第二段階においては，コスト・センターに集計された原価は製品（詳述すれば製品単位）に配賦される。

　クーパーとキャプランは，多くの企業の第一段階の配賦手続に関しては，非常によくできていると指摘している。しかし，彼らが問題視したのは，第二段

階の配賦手続である（Cooper and Kaplan, 1988b, pp.97-98）。彼らによると，この第二段階の配賦手続は余りにも単純すぎるのである。第二段階の配賦基準として使用されていたのは，直接作業時間，直接労務費，機械時間あるいは材料費といった操業度に関連する配賦基準（volume-related allocation bases）であった。彼らは，第二段階の配賦手続で操業度に関連する配賦基準のみを使用する伝統的な原価計算システムのことを，操業度基準原価計算システム（volume-based cost system）と呼んでいる（Cooper, 1988, p.48 and 54）。

　クーパーによると，上記のような操業度関連の配賦基準を用いれば，生産量に厳密に比例した形で原価が製品に配賦されてしまうことになる（Cooper, 1990, p.5）。確かにすべての製造間接費が，操業度に関連し，生産量に比例して発生するのであれば，これらの配賦基準を使用したところで何ら問題はない。しかし，今日増大している製造間接費は，例えば支援部門（support department）で発生する原価というのは，生産量ではなくて，生産される製品の種類（すなわち生産工程の複雑さ）によって変化する（Cooper, 1987b, p.42; Cooper and Kaplan, 1988a, p.23）。つまり，それは操業度に関連しない原価である。

　したがって，言うまでもなく，操業度に関連しない原価（生産量に比例しない原価）に対して，操業度関連の配賦基準を用いて配賦計算を行うのであれば，当然計算システムに規定された形で算定される製品原価に歪みが生ずることになる。結局，伝統的原価計算システム（操業度基準原価計算システム）の下では，正確な製品原価は算定されないことになる。それ故に，クーパーとキャプランは，操業度に無関連で，生産量とともに変化しない原価，すなわち支援部門費のような製造間接費に対しては，操業度に関連しない配賦基準（つまり操業度以外の配賦基準）を用いて原価を製品に割り当て，より正確な製品原価の算定を試みるのである。これが，彼らの主張する初期ABCの骨子である。

　図表5-1に示す通り，ABCは，伝統的な原価計算システム（操業度基準原価計算システム）と同様に，2段階の計算手続を経て製造間接費を製品に割り当てる。まず第一段階では，資源を消費する活動が原価の発生原因であるという仮定の下で，間接資源の原価がこれら資源を消費する活動に割り当てられる。したがって，ABCでは，活動がコスト・プールとなる。なお，重要なビ

図表 5-1　ABC の 2 段階の計算手続

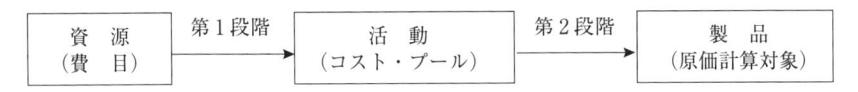

```
┌─────────┐  第1段階  ┌─────────┐  第2段階  ┌─────────┐
│  資　源  │ ────→   │  活　動  │ ────→   │  製　品  │
│ （費 目）│          │(コスト・プール)│          │(原価計算対象)│
└─────────┘          └─────────┘          └─────────┘
```

ジネス・プロセスを構成する活動（コスト・プール）の集まりを活動センターという。そして続く第二段階では，製品が活動を要求するという仮定の下で，第一段階で活動に集計された原価——すなわち活動原価（activity cost）——が製品に割り当てられる。この場合，製品が要求する活動の量に応じて，活動原価が製品に割り当てられることになる。

　結局，ABC では，活動が原価計算過程の焦点である（Cooper, 1988, p.45）。まず初めに資源から活動へ，そして次に活動から特定の製品へというように，活動を軸とする 2 段階の手続を踏んで製造間接費が製品に割り当てられて行く。とりわけ後者の第二段階の計算手続に関して言えば，製品が要求（利用）する活動量に応じて，別言すれば製品による資源の消費量に応じて，活動から製品へと原価が割り当てられることになる。すなわち，ABC の第二段階で用いられる配賦基準というのは，製品に対して実行された活動の尺度，もしくは製品による資源の消費量を反映する尺度である（Cooper, 1987a, p.152; Cooper, 1987b, p.41; Cooper, 1988, p.53）。より具体的には，例えば段取回数，段取時間，運搬回数および運搬距離などのように，実行された活動を数量化することによって表現される。なお，クーパーは，この ABC の第二段階で用いられる配賦基準のことを原価作用因（cost driver）と呼んでいる（Cooper, 1988, p.46）。

　さて，具体的な事例として，ジョン・ディア（John Deere）社が採用している ABC の計算構造を図表 5-2 に示しておく。同社の従来の原価計算システムでは，製造間接費を製品に配賦するのに 3 つの操業度関連の原価作用因が使用されていた。すなわち直接作業時間，機械時間および材料費の 3 つである。しかし，入札競争での度重なる失敗と，しかも落札したその大半が少量品であったことから，次第に製品原価の歪みが顕著になり始める。そこで同社の経営者は，新しい原価計算システムとして ABC を導入した。元来の 3 つの操業度関連の原価作用因に加えて，4 つの操業度に関連しない原価作用因が新たに採用

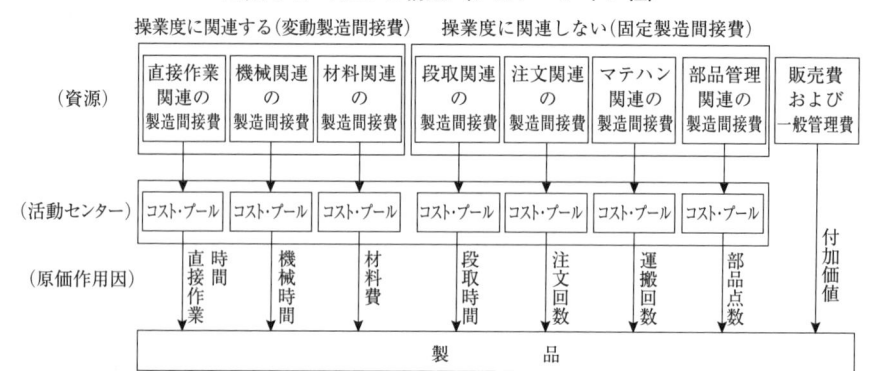

図表5-2 ABCの構造（ジョン・ディア社）

（資源）	操業度に関連する（変動製造間接費）			操業度に関連しない（固定製造間接費）				
	直接作業関連の製造間接費	機械関連の製造間接費	材料関連の製造間接費	段取関連の製造間接費	注文関連の製造間接費	マテハン関連の製造間接費	部品管理関連の製造間接費	販売費および一般管理費
（活動センター）	コスト・プール	コスト・プール	コスト・プール	コスト・プール	コスト・プール	コスト・プール	コスト・プール	
（原価作用因）	直接作業	時間機械時間	材料費	段取時間	注文回数	運搬回数	部品点数	付加価値
	製　　品							

（出所；Cooper, 1989, p.45.）

された。それらは，段取時間，注文回数，部品点数および運搬回数の4つである。なお，販売費および一般管理費は，付加価値に基づいて製品に配賦された。

　要するに，ジョン・ディア社では，より正確な製品原価を計算するために，使用される原価作用因（第二段階の配賦基準）の種類を拡張したことになる。変動製造間接費（操業度に関連する原価）は，従来通り直接作業時間，機械時間および材料費のような操業度に関連する原価作用因を用いて製品に割り当てられる。クーパーとキャプランは，操業度に関連し，短期的な生産量の変化に正比例して増減する原価のことを，いわゆる伝統的に変動費として分類されてきた原価のことを，短期変動費（short-term variable cost）と概念規定している。それに対して，固定製造間接費（操業度に関連しない原価）は，操業度以外の原価作用因―つまり実行された活動の尺度―を用いて製品に割り当てられることになる。クーパーとキャプランは，長期的な期間を視野に入れれば，殆どすべての製品原価は変動費になるという主張の下で（Cooper and Kaplan, 1988a, p.27），伝統的に固定費と見なされてきた原価を，活動を媒介とすることによって変動費―彼らの概念では長期変動費（long-term variable cost）―として認識しようと試みる。長期変動費は短期的には何ら変化しない原価であるが，活動の尺度に応じて長期的には不連続で段階的に変化する原価である。

なお，クーパーとキャプランの固定費に関する説明では，固定費とはどんな活動の尺度によっても（一定期間の間）変化しない原価であるとされている。固定費は原価作用因を認識することが不可能であるという点で，変動費とは異なる。したがって，固定費は製品に割当（assign）ないし跡付け（trace）することはできず，製品に配賦（allocate）しなければならない。

結局，ABCでは2種類の異なる原価作用因が用いられることになる（Cooper, 1989, p.38）。1つは，短期変動費（操業度に関連する原価）に対して用いられる操業度関連の原価作用因であり，もう1つは，長期変動費（操業度に関連しない原価）に対して用いられる操業度に無関連な原価作用因である。そして，これら2種類の原価作用因を駆使して，すべてではないとしても殆どの製造間接費が（変動製造間接費も固定製造間接費も）製品に割り当てられることになる。しかも，クーパーとキャプランが観念する若干の固定費――つまり原価作用因を認識することが不可能な原価――も，恣意性を伴いつつも結局は製品に配賦されることになる。さらに，図表5-2のジョン・ディア社の事例では，彼らが概念規定する固定費は明記されていないが，それに準ずると考えられる販売費および一般管理費は付加価値を配賦基準として製品に配賦されている。

以上のように，クーパーとキャプランの主張する初期のABCでは，固定費を無視する直接原価計算は否定され，固定費の製品への恣意的配賦をできるだけ回避するような全部原価計算が支持されたことになる。しかし，彼らのABCは，あくまでも直接原価計算と同じ変動費と固定費への原価分類（固変分解）に立脚して構想されていることを，ここでは確認しておきたい。

Ⅲ．ABCの階層構造

1. ABC全部原価計算

1990年の論文でクーパーは，企業の製造工程で実行される諸活動には階層

性があるとして，活動を次の4つの範疇に分類することを提案している（Cooper, 1990, pp.5-6）。それらは，①単位レベルの活動，②バッチレベルの活動，③製品レベルの活動，④施設レベルの活動の4つである。そして，ABCでは原価がその発生原因である活動に割り当てられることから，この活動の階層構造に照応する形で，工場で発生する原価に階層性があることが明確にされている。なお，クーパーらは，これまで伝統的原価計算システムのことを操業度基準原価計算システムと呼んでいたが，このABCの階層構造の発見に伴い，操業度基準原価計算システムを単位基準原価計算システム（unit-based cost system）と呼び替えている。

　活動の階層区分に関するクーパーの説明では，①の単位レベルの活動とは，製品1単位が生産される度に実行される活動である。②のバッチレベルの活動とは，1バッチが生産される度に実行される活動である。③の製品レベルの活動とは，異なる種類（1種類）の製品の生産を支援する必要性に応じて実行される活動である。最後に，④の施設レベルの活動とは，工場の全製造工程を単に維持する活動である。

　クーパーの主張では，ABCはこの活動の階層区分を利用することによって，上記の①から③までのレベルの活動の原価—すなわち単位レベルの原価，バッチレベルの原価および製品レベルの原価—は，直接製品に帰属させることができる。しかし，その場合には，あくまでも原価を製品に帰属させるために用いられる原価作用因のレベルと，原価を発生させる活動のレベルとを対応させることが原則であり（Cooper, 1990, p.13），したがって完全ABCを履行する場合には（Cooper, 1990, p.8; Cooper and Kaplan, 1991b, p.274），異なる3種類の原価作用因を使用することになる。すなわちそれらは，単位レベルの原価作用因，バッチレベルの原価作用因および製品レベルの原価作用因である。

　それに対して，④の施設レベルの活動に集計される原価（すなわち施設レベルの原価）は，複数の製品に対して共通的に発生する原価（共通費）であり，よって製品には割当ないし跡付けすることはできず，単に恣意的に配賦されるにすぎない。したがってクーパーは，この施設レベルの原価に関しては，次の2つの処理方法を示している（Cooper, 1990, p.4; Cooper and Kaplan, 1991b, p.272)。それらは，製品には配賦せずに期間原価として処理するか，あるいは恣意的な方法で製品に配賦するかのどちらかである。

ところで，クーパーは，現場で調査したすべてのABCでは，あらゆる間接費が―製造間接費ばかりでなく，場合によっては販売費や一般管理費も―製品に配賦され，製品の全部単位原価（full unit costs）が報告されていたという。図表5-3には，ABC全部原価計算の一例として，ジョン・ディア社のABCの階層構造を示している。この図表5-3は，図表5-2がABCの階層構造の発見に伴い修正されたもので，一方で操業度に関連する原価（短期変動費），いわゆる伝統的な原価分類での変動費が単位レベルの原価に呼び換えられ，他方で操業度に関連しない原価，いわゆる伝統的な原価分類での固定費が，バッチレベルの原価と製品レベルの原価（ともに長期変動費），ならびに施設レベルの原価（クーパーとキャプランが観念する固定費）に階層的に細分されている。なお，製品の全部単位原価は，次の①から③の計算手続によって算定される。

① バッチレベルの原価をバッチ内の製品単位数で割る。
② 製品レベルの原価と施設レベルの原価を生産された製品単位数で割る。
③ 上記①および②の計算結果に単位レベルの原価を加える。

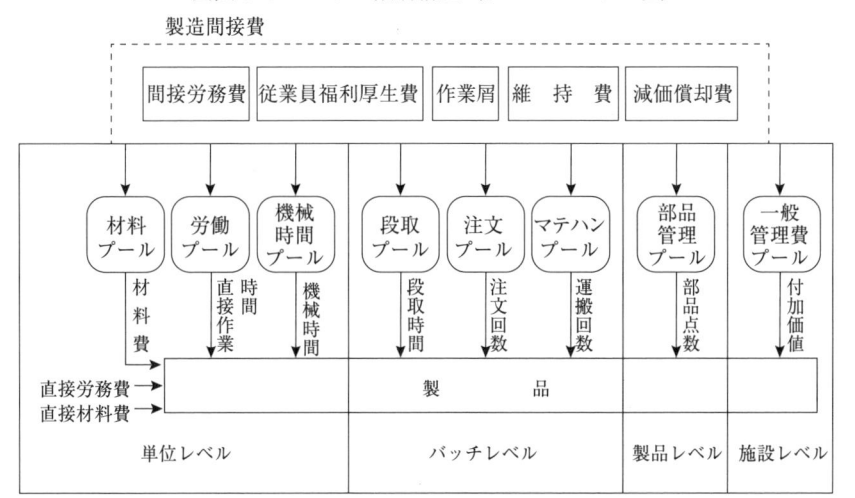

図表5-3　ABCの階層構造（ジョン・ディア社）

(出所：Cooper, 1990, p.7.)

クーパーは，このようにして算定されるABCの全部単位原価は，伝統的原価計算システム（単位基準原価計算システム）によって算定される全部単位原価とは，数字的には同額にはならないという。図表5-4に示す通り，伝統的全部原価計算（単位基準原価計算システム）では，まず固定費が製品の単位レベルに配賦され，そして単位変動費に単位固定費を加算して，製品の全部原価が計算されることになる。しかしながら，固定費（バッチレベル，製品レベルおよび施設レベルの活動の原価）は，単位レベルで見れば共通費であるので，固定費の製品単位への配賦にはどうしても恣意性が付き纏うことになり，正確な製品原価の算定には難がある。したがって，この点については，伝統的全部原価計算は計算システムに規定された形で報告される製品の単位原価に歪みを持ち込むとして，以前からしばしば批判されてきた。

それに対して，ABCでは，恣意的配賦を極力回避するために，活動の階層区分を利用する異なる複数の割当手続が採用されている。あくまでもABCがこのような異なる手続を使用する利点は，固定費と思われていた多くの原価が，実際はバッチレベルや製品レベルの活動とともに変化するという事実を認識することによって，伝統的全部原価計算（単位基準原価計算システム）による製品原価の歪みを縮小させる点にある。

けれども，ABCの単位原価は，やはり原価の可変性の程度（degree of variability）を問題とした場合には不適当であるとクーパーは指摘している（Cooper, 1990, p.10）。前述のように，実務上のABC全部原価計算では，バッ

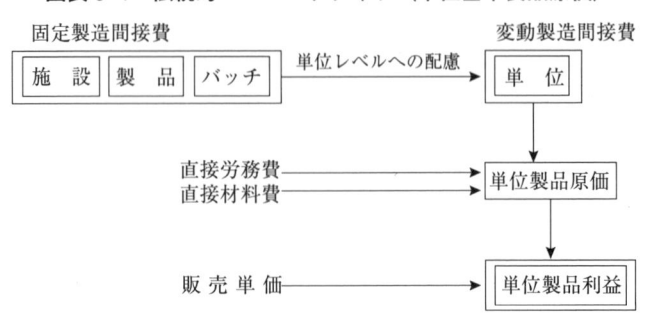

図表5-4 伝統的パースペクティブ（単位基準製品原価）

（出所：Cooper, 1990, p.10.）

チレベル，製品レベルおよび施設レベルの原価が製品単位に配賦されているが—すなわち生産された製品単位数で除されているが—，しかし厳密に言えば，それらの原価は生産される製品単位数の一次関数ではない。それ故に，それらの原価を製品単位に配賦する場合には，どうしてもそのコスト・ビヘイビアが歪められた形で製品の単位原価に反映されることになる。例えばバッチ関連の原価は，あくまでもバッチ数の関数であり，絶対に生産単位数との間には直線（一次関数）のグラフを描くことはできない。

とはいえクーパーは，バッチレベルと製品レベルの原価に関しては，製品単位は別として，製品に関連する総原価には変化がないので，それらの原価を製品単位に配賦したところで何ら数字的には歪みは生じないと断言している（Cooper, 1990, p.10）。ABCの視点からすれば，施設レベルの原価の製品単位への配賦のみが恣意的である。したがって，ABCにおいては，施設レベルの原価は理論的には製品に割り当てられるべきではない。

要するに，ABCでは，製品原価の算定とそれに伴う製品別収益性計算は，図表5-5のような図式で行われる。明らかに先にクーパーは，バッチレベルと製品レベルの原価を製品単位に配賦することに肯定的な見解を示しているが，ABCが製品の単位原価を報告する場合には，製品原価を単位レベル，バッチレベルおよび製品レベルごとに区別して報告する必要性も示唆している。

図表5-5 活動基準パースペクティブ（製品別収益性計算）

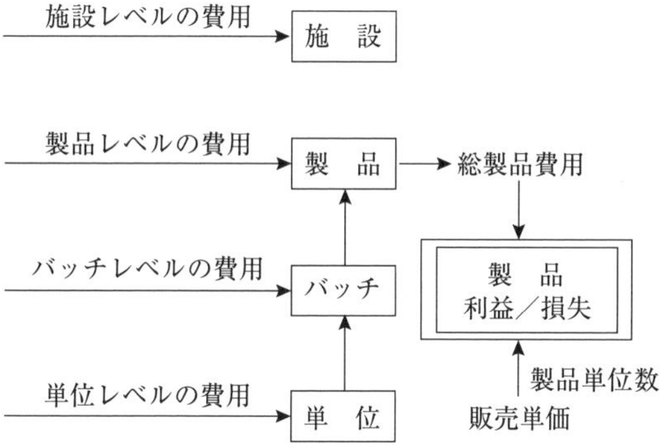

(出所：Cooper, 1990, p.12．)

各原価作用因によって割り当てられた原価を混合することなく，分離して報告することによって，費目ごとにコスト・ビヘイビアが異なることを明確に認識することが可能となる。

以上のことから，クーパーが追求したことは，原価計算にとっての操業度の基本的重要性を否定し，複数の原価作用因に対する原価のビヘイビアを的確に把握することであったといえる。彼は，製品原価に影響を及ぼす多様な原価作用因を考慮に入れて，コスト・ビヘイビアをできるだけ忠実に原価計算システムに写像しようとしている。ABCの製品原価計算は，つまり固定費の帰属ないし配賦計算は，コスト・ビヘイビアの理論（原価理論）を媒介として成立している。要するに，ABCとは，原価理論と原価計算との交渉の産物である。

2. ABC 貢献差益法

クーパーの共同研究者であるキャプランは，1989年のアメリカ会計学会の年次集会において，伝統的貢献差益法と比較しながらABCの特徴とその有用性を主張した。キャプランが観念する伝統的貢献差益法は，あくまでも固変分解に立脚する直接原価計算と表裏一体の関係にある。したがって，直接原価計算への批判と同様の批判が，伝統的貢献差益法にも向けられている。伝統的貢献差益法の下では，直接原価計算の様式に対応する形で，製品価格から短期変動費—典型的なものとしては材料費，労務費および変動製造間接費の見積額—が差し引かれて，目的適合的な貢献差益が算定される。しかし，固定費に関して言えば，それは製品原価に算入されることはなく，当期の期間原価として一括処理されうるにすぎない。キャプランによれば，伝統的貢献差益法の下では，今日増大し続けている固定費は，製品意思決定—新製品の導入，製品の価格設定および既存製品の廃止—に対する関連原価とは見なされず，無視されている。しかし，それでは，製品意思決定の最も重要な局面を見逃してしまうことになる (Cooper and Kaplan, 1987, pp.224-225; Cooper and Kaplan, 1988a, p.27)。

しかしながら，今回キャプランらに指摘される以前から，従来の原価計算論

においても，固定費に注意が払われてきたことは周知の事実である。ことに1950年代以降の「キャパシティ・コストの会計」や「セグメント別利益計算」では，塊としての固定費が細分化され，固定費の段階的回収計算と貢献差益の算定（貢献差益法）とが一体となって展開されてきた。こうした貢献差益法（固定費の段階的回収計算）の発展の軌跡を考慮すれば，「彼らの貢献差益法観は，直接原価計算的貢献思考に根ざしており，しかも非常に狭く解釈していると言わねばならない」（志村, 1991, 69頁）。

　さて，上述のようにキャプランは，確かに伝統的な直接原価計算や貢献差益法を批判してはいるが，しかしこうした伝統的計算技法を全面的に否定しているわけでもない。限られた利用目的，つまり短期的意思決定に対しては，上記の伝統的計算技法の有用性を確固として認めている（Robinson, ed., 1990, p.4）。例えば，伝統的貢献差益法に関しては，主として短期の原価予測や原価最適化のためには役に立つと明言している。とはいえ，製品の組合せ，価格設定，自製か購入かなどの製品関連の意思決定の大半が長期的な性格をもつために，短期的意思決定を志向する，いわば固定費を無視する伝統的貢献差益法は誤った経営意思決定へと導くというのがキャプランらの確信である（Robinson, ed., 1990, p.5）。あくまでも彼らが提唱するABCとは，固定製造間接費の塊を洞察して，すべてではないとしてもその大半が，実際には変動費化できることを明示する試みである。

　キャプランによると，新しい貢献差益法はABCから得られるという。また，その新しい方法は，前述のジョン・ディア社で使用されていたともいう。キャプランは，製品関連の原価を測定するために，図表5-6のようなABCの階層モデル（階層構造）を提示している。彼によれば，クーパーと同様，製品原価を構成するのは，製品に直接跡付けることが可能な①単位レベルの活動，②バッチレベルの活動，③製品維持活動という3つのレベルの活動の費用（原価）である。そして，キャプランは，このABCの階層モデルを利用することによって，各活動のレベルごとに複数の貢献差益の算定を試みる。すなわち，新しい貢献差益分析の手法がABCから展開されている。

　キャプランの説明では，①単位レベルの活動の原価は，歴史的に短期変動費

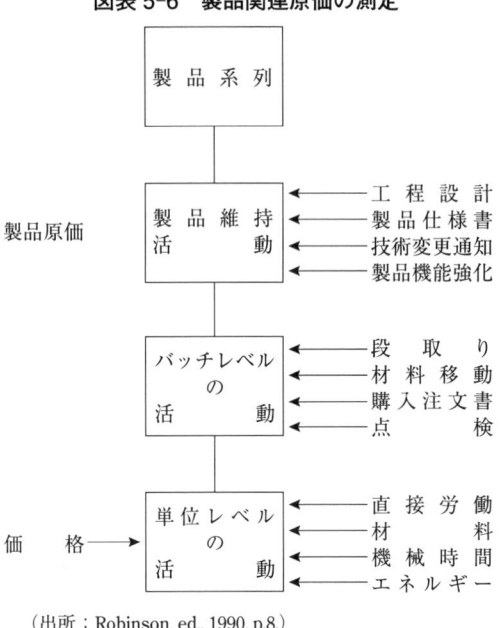

図表 5-6　製品関連原価の測定

```
                    ┌─────────┐
                    │ 製 品 系 列 │
                    └────┬────┘
                         │
                    ┌────┴────┐ ←──── 工 程 設 計
         製品原価    │ 製 品 維 持 │ ←──── 製 品 仕 様 書
                    │ 活     動 │ ←──── 技 術 変 更 通 知
                    └────┬────┘ ←──── 製 品 機 能 強 化
                         │
                    ┌────┴────┐ ←──── 段　取　り
                    │バッチレベル│ ←──── 材 料 移 動
                    │  の 活 動 │ ←──── 購 入 注 文 書
                    └────┬────┘ ←──── 点　　検
                         │
                    ┌────┴────┐ ←──── 直 接 労 働
         価　格 →   │ 単位レベル│ ←──── 材　　料
                    │ の 活 動 │ ←──── 機 械 時 間
                    └─────────┘ ←──── エ ネ ル ギ ー
```

（出所；Robinson, ed., 1990, p.8.）

と呼ばれてきたもの——直接労務費，材料費および動力費——に一致する。しかし彼は，機械加工時間に比例して消費される資源の費用，例えばキャパシティ・コスト（機械の減価償却費）や機械維持費や工場消耗品費も単位レベルの活動の原価に含めている（Robinson, ed., 1990, p.6）。生産準備のために費やされるこれらの原価は，固定費の性質を有しているが，機械時間を原価作用因として使用することによって単位レベルに割り当てられることになる。つまり，固定費が変動費化される。単位レベルの活動の場合には，もし企業が生産量（製品単位数）を10%増産するとすれば，10%より多くの資源（作業時間や機械時間や材料や動力）が消費されることになる。したがって，単位レベルの活動の原価は，生産される製品単位数に比例して消費される資源の費用を測定する。

　けれども，間接資源の多くは，製品単位数に比例しては消費されない。それらは，上記の②や③のような製品関連の活動によって消費される。②バッチレベルの活動の例としては，機械の段取り，材料の移動，購入注文書の作成および部品の点検が列挙されている。バッチレベルの活動の実行回数，別言すれば

バッチ関連の活動による資源の消費量は，生産されるバッチ数の関数であり，バッチ内の製品単位数との間には何ら比例関係は存立し得ない。要するに，段取費や発注費のようなバッチレベルの活動の費用は，生産されるバッチ数に従って変化するが（変動費化されるが），しかしバッチ内の全製品単位に対しては共通費ないし固定費である（Robinson, ed., 1990, p.6; Cooper, 1990, p.6; Cooper and Kaplan, 1991b, p.271）。

③製品維持活動の例としては，工程の設計，製品仕様書（例えば材料明細表や作業手順表）の維持，技術変更通知の履行，製品機能の強化などがある。このような活動は，製品系列に1種類の製品を追加したり，あるいは製品系列内で1種類の製品を維持することと関係がある。製品レベルの活動はそれぞれ特定の製品に跡付けることができる。すなわち，製品維持活動の費用を個別製品に関連づけるのに，配賦の手続は全く必要とはされない。結局，製品維持活動の費用は，製品系列内で生産される製品の種類数に従って変動（増減）するが，しかしバッチ数や製品単位数に関しては固定費である（すなわち無関係である）。

ところで，ABCの初期の採用者達は，製品に関連するすべての費用を（もちろんバッチ費用も製品維持費用も），製品の単位原価を算出するために製品単位に配賦していた（Cooper and Kaplan, 1991b, pp.273-274）。さらに，製品レベルの上位にある活動によって惹起される費用—後述する施設維持活動の費用—も，単位レベルにまで引き下ろして配賦していた。キャプランによれば，価格（収益）は単位レベルの作用因であるので，企業経営者は，単位利益が計算され得るように，すべての費用を単位レベルに（すなわち価格が存在するところまで）押し下げて配賦することを要望する（Robinson, ed., 1990, pp.4 and 7）。しかし，キャプランらは，このような全部配賦の単位原価数値を獲得することは，直観的に不可能であると理解したと明言している。バッチレベルあるいは製品維持レベルの費用は単位レベルに引き下げて配賦され得るかの問いに対して，勿論，これらの費用を生産量で割り算しさえすれば可能であると答えてはいる。しかし，バッチレベルや製品維持レベルの費用は，厳密に言えば，生産される製品単位数の一次関数ではないので，これらの費用を生産量で除するこ

とは，明らかに恣意性を伴う配賦計算となるし，製品の原価構造の可変性（コスト・ビヘイビア）に関しても誤った印象を与えることになる。

図表5-6に示す通り，ABC貢献差益法では，費用は垂直方向下向きに配賦されるのではなく，下から上へ，単位レベルから製品レベルへ集計される（Robinson, ed., 1990, p.7; Cooper and Kaplan, 1991b, p.273）。そして，この上向きの費用集計に従って，貢献差益の算定と原価の段階的回収計算が行われる。まず，収益（価格×生産・販売量）から単位レベルの費用を差し引いて，単位レベルの貢献差益が計算される。そして，この単位レベルの貢献差益から，バッチレベルの費用と製品維持費用とを順次段階的に控除（回収）して，製品レベルの貢献差益が算定される。このような製品レベルの貢献差益は，製品系列内の各製品品種ごとに計算されうるが，キャプランによれば，この製品レベルの貢献差益を獲得するのに，恣意性を伴う配賦は全く必要とはされない。

さらに，図表5-7に示すABCの階層モデルでは，製品維持活動より上位の位置に，④製品系列の活動（product-line activities）と⑤工場レベルの活動（plant-level activities）とが認識されている。これら④と⑤の活動は，既述のクーパーの施設レベルの活動に対応するもので，一括して施設維持活動（facility-

図表5-7　総製造原価の測定

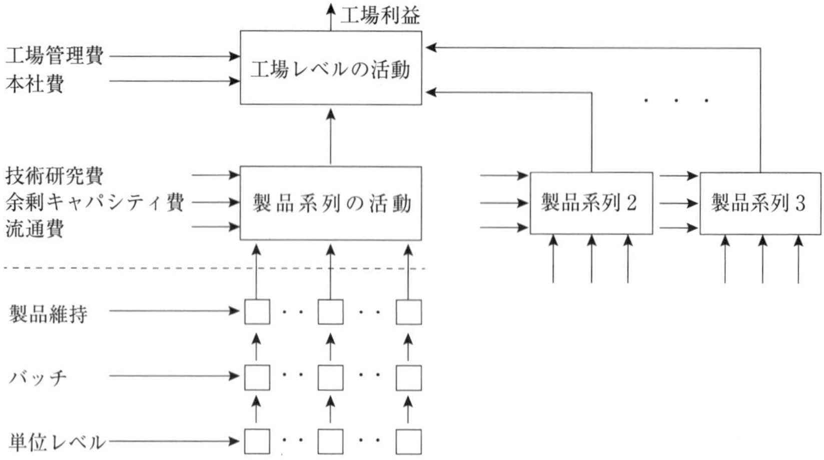

(出所；Robinson, ed., 1990, p.12.)

sustaining activities）とも呼ばれている（Robinson, ed., 1990, p.5; Cooper and Kaplan, 1991a, p.133; Cooper and Kaplan, 1991b, p.271）。キャプランの主張では，これら④と⑤の活動の費用は，製品に直接跡づけることができないので，製品原価の測定からは除外されることになる。しかし，それらは完全に無視されているのではない。ABC貢献差益法では，すべての製品関連の費用を回収した後の貢献差益から，まず製品系列の活動によって発生する費用—技術研究費，広告宣伝費，流通費，さらに余剰キャパシティの費用—を回収して，製品系列レベルの貢献差益が算定される。そして，この製品系列レベルの貢献差益から，工場レベルの活動の費用—工場管理費や本社費—を回収して，最終的に工場利益（plant profits）が算出されることになる。また別の見方として，製品関連の費用を補償・回収後に，顧客レベルや販売経路レベルの貢献差益を計算することも可能である。ただし，正確な製品別ないし製品系列別収益性計算のためには，何が費用を発生（変化）させる原因であるのか，しかも組織のどのレベルで発生（変化）するのかを見つけ出す必要性がある。しかし，費用は発生するレベルより下位のレベルには配賦される必要もないし，また配賦されるべきではない（Robinson, ed., 1990, p.13）。ABCとは，費用を発生させる原因—つまり原価作用因—を突き止め，それに費用を帰属させる努力であるともいえる。

　以上の考察から，キャプランが構想するABCとは，固定費を製品単位に配賦することなく，固定費を段階的に回収計算する原価計算システムであるといえる。彼は，固定費の会計処理にあたり，固定費をバッチレベルの活動の原価，製品維持活動の原価および施設維持活動の原価に3分類している。そして，とりわけ機械の減価償却費のようなキャパシティ・コストが単位レベルの活動の原価に含まれていることに注意すれば，この固定費の3分類は，概ね伝統的な原価計算でいうキャパシティ・コストをその発生源泉ごとに区分して識別したことに他ならない。したがって，ABCをキャパシティ・コストの会計の延長線上の議論として捕捉するならば，ABCが，「製品単位数の変動に係る活動のほかに，大きく3ないし4つの異なるレベルの業務活動を識別し，それぞれのレベルの業務活動をさらに細分して識別しようとした点は，キャパシ

ティ・コストの分類とその段階的な回収計算をさらに精緻化することを可能にしたといっても過言ではない」(門田, 1997, 11-12頁)。

なお，門田安弘教授は，ABCと貢献差益法（キャパシティ・コストの会計）とを絶妙に接合して，そのスキームを図に示している（図表5-8参照）。そして，教授は，「この図から，まずABCが貢献利益法におけるコスト分類と基本的に類似の発想のもとに構築されていることがわかるであろう」と指摘した上で（門田, 1997, 11頁），「さらに貢献利益法による段階的なキャパシティ・コ

図表 5-8 「ABC 貢献利益法」のスキーム

活動基準原価計算からみた活動とコストの分類	貢献利益法による段階的固定費回収計算						
		合計	製品系列Ⅰ			製品系列Ⅱ	
			合計	製品A	製品B	合計	製品C	製品D

活動基準原価計算からみた活動とコストの分類			合計	製品系列Ⅰ 合計	製品A	製品B	製品系列Ⅱ 合計	製品C	製品D
①製品単位数レベルの活動，つまり生産量の決定によるコスト（直接材料費，直接労働費，変動製造間接費等）	→	売上高	5,000	3,200	1,700	1,500	1,800	1,100	700
		△変動費	3,200	2,200	1,300	900	1,000	650	350
		製品別の貢献利益	1,800	1,000	400	600	800	450	350
②バッチレベルの活動によるコスト（段取り替え費,発注費,マテハン費等）	→	△製品別の随意固定費	450	300	170	130	150	80	70
③製品種類レベルの活動によるコスト（新製品の開発設計費,工程設計費等）		製品別の管理可能利益	1,350	700	230	470	650	370	280
④製品系列の研究活動費・マーケティング活動によるコスト（研究費,宣伝費,流通費,輸送費）	→	△製品系列の随意固定費	450	300			150		
		製品系列の管理可能利益	900	400			500		
⑤製品系列の過去に投下された設備関連コスト	→	△製品系列の拘束固定費	200	100			100		
		製品系列の貢献利益	700	300			400		
⑥工場レベルまたは本社レベルの活動によるコスト（工場管理，データ処理，人事管理等のコスト）	→	△共通固定費	450						
		営業利益	250						

注：①＝変動費
　　②〜⑥＝キャパシティ・コスト
　　②＋③＋④＝マネジド・キャパシティ・コスト
　　④＝ポリシー・キャパシティ・コスト
　　⑤＋⑥＝コミッテッド・キャパシティ・コスト

（出所：門田, 1997, 11頁。）

スト回収計算は，中長期の利益計画にも用いられていることからも明らかなように，貢献利益法は決して短期的な意志決定のみに限定される原価計算システムではなく，中長期の経営の基本構造を変更するような意志決定にも役立つのである。さらにまた，製品種類や製品系列の存廃に関する戦略的決定などにも役に立つ」と論述している（門田,1997,11頁）。また，ホーングレン（Horngren, C.T.）も，戦略的および長期的意味合いで貢献差益法を評価すべきであると同様の見解を示している（Robinson, ed., 1990, p.21）。

要するに，貢献差益法という形式を論じれば，あれかこれか，短期か長期かの二者択一の議論ではなく，あれもこれもそれも，つまり短期も長期も，さらに中期をも無限抱擁する雑居性の議論である。しかし，「利益計算」が基軸を成し，その雑然たる同居（雑居的無秩序性）に1つの計算システムとしての統一的秩序性を付与する（丸山,1961,1-66頁）。

Ⅳ. おわりに

Kalkulationに関する久保田音二郎教授の解釈では，Kalkulationとは，給付単位別に企業の経営活動のすべてを把握する計算であった（久保田,1959；久保田,1965；平林,1992,28-40頁）。したがって，①給付に要した原価，②その収益および③給付損益，つまり原価と収益との差額計算までもその計算領域にしていた。「本来的には，かような計算的性格をもっていたのが，原価計算の母体たる給付単位の計算であった」（久保田,1965,33頁）。ところが，工業会計組織が確立するに至って，給付単位計算の収益つまりプラス分の把握は，売上勘定ならびに製造・製品勘定で代用するようになり，給付単位の計算に残された領域はもっぱら原価つまりマイナス分の計算になってしまった。そしてこの理由から，Kalkulationという用語よりも，Kostenrechnungという用語の方が一般化して，今日に及んでいる。したがって，久保田教授は，現今の原価計算とは本来的な計算性格を歪められていると指摘している。

教授のように，本来の計算的性格を原価，収益，利益の一連の関係を計算す

ることに求めるならば，原価計算の一形態である直接原価計算が，原価にとどまらず，収益ならびに損益をも取り扱ったところで，企業内部の計算としては，「それは何も計算領域の越境ではなく，むしろ本来の計算的性格からいって，当然のことである」(久保田, 1965, 35頁)。さらに久保田教授は，投下資本の固定化の観点から，直接原価計算論の必然的傾向について次のように論述している。「現代直接原価計算として論ぜられているものは，ひとり米英の原価計算論にみられるだけでなく，夙にシュマーレンバッハ原価計算論としても，これと類似するものを取扱っていたのが指摘できる。この意味において，直接原価計算論は一般に資本主義経済社会の発展に伴って，これを反映した一つの必然的傾向にあるものともいえる所以である」(久保田, 1980, 178頁)。

ところで，キャプランの指摘では，企業経営者は，単位利益が計算され得るように，すべての費用を単位レベルに（すなわち価格が存在するところまで）引き下げて配賦することを要望する。すなわち，企業経営者は，利益＝収益－費用というシンプルな計算式を単位レベルで意識する。しかし，キャプランらは，このような全部配賦の単位原価を獲得することは，直観的に不可能であることがわかったという。そして，ABCの階層構造に従い，貢献差益法としてのABCを提唱する。彼らが構想するABCとは，直接原価計算の前提である固変分解に立脚した形で，固定費（いわゆるキャパシティ・コスト）の段階的回収計算を展開したものであるといえる。貢献差益法としてのABCにおいて，あくまでも彼らが第一義としたことは，「組織の収益創出活動と費用発生活動とをよりよく直結させるシステムを設計すること」であり (Kaplan, 1990, p.14)，setting profit priorities，つまり利益の視点から優先順位を付すことに，経営者に奉仕する会計としてのABCの使命と存在意義を見出していたように思われる。

本章は，貢献差益法という形式への帰着（収斂）の必然性を確認する目的で，クーパーとキャプランが提唱する貢献差益計算としてのABCについて考察してきた。最後に，前述の久保田教授の言説を次のように言い換えて結びとしたい。「現代活動基準原価計算（ABC貢献差益計算）として論ぜられているものは，ひとり米英の原価計算論にみられるだけでなく，夙にドイツ原価計算

論（補償貢献額計算論）としても，これと類似するものを取扱っていたのが指摘できる。この意味において，直接原価計算と同じ概念に立脚する貢献差益計算論は，一般に資本主義経済社会の発展に伴って，これを反映した一つの必然的傾向にあるものともいえる所以である」。

第6章　ドイツのプロセス原価計算

I．はじめに

　ホルヴァート（Horváth, P.）とマイヤー（Mayer, R.）の認識では，工場の自動化や多品種少量生産への移行を背景として，今日の企業の原価構造には大きな変化が見られる。つまり，本来の生産領域（製造領域）以外での活動の増加，言い換えれば間接領域（例えば，研究開発，調達，ロジスティックス，作業準備などの製造支援領域，販売領域ならびに管理領域）における準備的，計画設定的，管理的，監視的および調整的活動の増加が，間接費（Gemeinkosten）の割合を著しく増大させている。しかしながら，ホルヴァートらによれば，ドイツの伝統的な原価計算技法は，全部原価計算であれ，また部分原価計算であれ，もともと製造領域に適用するために開発されてきたものであり，今日重要性を増している間接領域に対しては適合性を喪失している。したがって，ホルヴァートとマイヤーは，間接費の増大に伴う原価構造の変化に対応する1つの解決策として，プロセス原価計算（Prozeßkostenrechnung）を提唱した（Horváth und Mayer, 1989）。プロセス原価計算というのは，本来の生産領域（製造領域）ではなく，あくまでも間接領域に的を絞り，そこで発生する間接費の計画，統制および配賦計算のための技法である。

　プロセス原価計算を支える基本原理は，必ずしもホルヴァートとマイヤーの独創によるものではない。彼らは，クーパー（Cooper, R.）やキャプラン（Kaplan, R.S.）らが提唱するアメリカのABC（Activity-Based Costing）から多大な影響を受け，このABCの発想をドイツの企業実務に導入しようと試みた。しかし，彼らは，ABCをそっくりそのまま模倣したのではなく，ABCをドイ

ツの会計環境に適合するような形に修正した（尾畑, 1992；長谷川, 1994）。ホルヴァートらによれば，ABC とプロセス原価計算は同一の基本理念に立脚するが，全く異なる原価計算技法であると主張されている（Horváth/Kieninger/Mayer/Schimank, 1993, S.611）。

なお，ホルヴァートやマイヤーらによって提案されているような一貫性は備えていなかったけれども，ドイツでは，ABC が登場する以前から，プロセスを志向する原価計算が創出されていたことも事実である。例えば，シーメンス（Siemenns）社は，1975 年に作業部会を立ち上げ，プロセス志向原価計算の構築に取り組んでいたし，またシュラーフホルスト（Schlafhorst）社でも，1980 年代初頭に，社内の研究チームがプロセス原価計算システムを開発していた（Mayer, 1990c; Horváth und Mayer, 1993）。したがって，その意味では，プロセス原価計算というのは，完全に新しい原価計算技法ではなかったといえる。

さて，本章の目的は，アメリカで展開されている ABC と比較しながら，ドイツのプロセス原価計算を考察することである（尾畑, 1998）。まず第一に，ホルヴァートとマイヤーの諸論文を素材として，ABC とプロセス原価計算との異同点を明確に把握する。そして次に，明確化された両計算技法の異同点を踏まえて，プロセス原価計算の計算構造の特徴を明らかにする。要するに，ABC の革新性――つまり製造間接費を伝統的な意味での製造部門あるいは補助部門に集計しないこと――を摂取した上で，部門別計算を重視するドイツ原価計算の伝統をも継受するプロセス原価計算の計算構造が，原価部門で認識される部分プロセス（Teilprozeß）と部門横断的な主要プロセス（Hauptprozeß）からなる重層構造であったことを確認する。そしてさらに，ターニー（Turney, P.B.B.）らが提唱する第二世代の ABC（second-generation ABC）を取り上げ，ミクロ活動（micro activity）とマクロ活動（macro activity）を利用するこの第二世代 ABC の計算構造が，部分プロセスと主要プロセスからなるプロセス原価計算の計算構造と類似していることを指摘する。

Ⅱ．ABCとプロセス原価計算との異同点

　ABCでは，製造間接費を伝統的な意味での製造部門あるいは補助部門に集計しない。伝統的原価計算では，製造間接費は必ず一旦は製造部門か補助部門に集計していたが，その暗黙の前提を打ち破った点に，ABCの革新的な意味がある（櫻井，1995，50頁）。ドイツのプロセス原価計算の提唱者がアメリカのABCから第一に学んだことは，このABCの革新的意義である。ホルヴァートらは，ABCの革新性を部門横断的な事象であるプロセス（厳密には主要プロセス）という概念に集約させる形で摂取し，プロセス原価計算という独自の形態にまで発展させた。そして，その結果，プロセス原価計算と従来のドイツ原価計算との決定的な違いが，部門超越的ないし部門横断的に原価が把握される点に現れることになる。しかしながら，ホルヴァートらは，ABCのドイツへの導入に際し，ドイツの会計環境の実状を考慮した上でABCに修正を施した。そのため，クーパーとキャプランが主張する初期のABCとプロセス原価計算との間には，当然差異が見られる。以下では，両者の相違点として，①原価計算の適用領域，②原価部門別計算の重要性，③原価計算の利用目的という3つの観点から検討を加える。

　まず，図表6-1から明らかなように，ホルヴァートとマイヤーの理解では，アメリカのABCの適用領域は間接領域にも及んでいたが，あくまでもその焦点は製造領域で発生する製造間接費の処理に置かれていた。しかし，アメリカと異なりドイツでは，特に製造領域においては，ABCのような原価計算を新たに導入する必要性は余りなかった。ドイツの製造業には，限界計画原価計算および補償貢献額計算（Grenzplankosten- und Deckungsbeitragsrechnung）―以下，限界計画原価計算という―をはじめとする非常に精緻化された原価計算方法が普及し，製造領域に関する限り，内部経営給付の振替計算（すなわち補助部門費の配賦計算）の問題も含め十分に満足の行く形で機能していた。したがって，プロセス原価計算の提唱者は，既存の原価計算方法を（とりわけ限界計画原価計算を）補完する意味で，プロセス原価計算の投入領域をあくまでも間

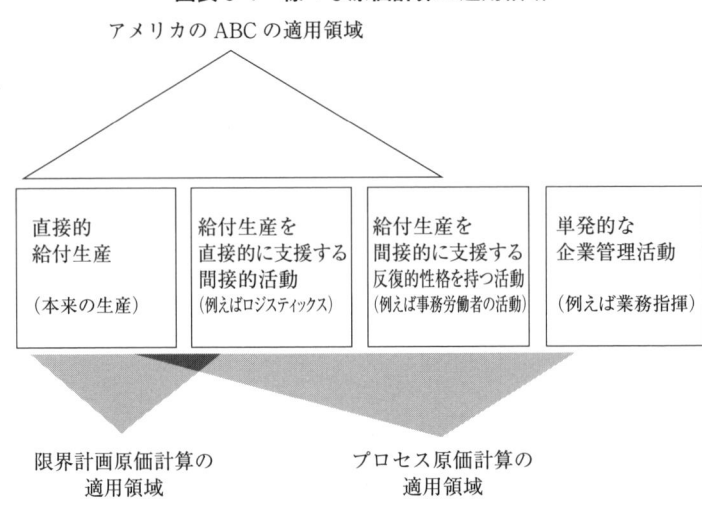

図表 6-1　様々な原価計算の適用領域

アメリカの ABC の適用領域

| 直接的給付生産（本来の生産） | 給付生産を直接的に支援する間接的活動（例えばロジスティックス） | 給付生産を間接的に支援する反復的性格を持つ活動（例えば事務労働者の活動） | 単発的な企業管理活動（例えば業務指揮） |

限界計画原価計算の適用領域　　　プロセス原価計算の適用領域

（出所：Horváth und Mayer, 1993, S.16.）

接領域に特化させた。なお，プロセス原価計算が投入される間接領域というのは，その80％近くを人件費が占めている領域であり，事務労働者（ホワイトカラー）が提供する活動ないし労働が考察の中心となる。しかも，プロセス原価計算が分析の主対象とする事務労働者の活動は，例えば購買部門で言えば，発注，納入商品の点検，クレーム付けのような意思決定の余地が限られ反復的な性格を持つ活動であり，企業管理活動（例えば業務指揮）のように，意思決定の自由度が大きく，単発的で革新的かつ創造的な活動ではない（図表6-1参照）。

　次に，第二の相違点として，部門別計算の重要性について言及する。アメリカとドイツとでは，設定されている原価部門の数が大きく異なる。アメリカと比較した場合，ドイツでは，非常に数多くの原価部門がきめ細かく設定されている。しかも，ドイツで最も影響力をもつ限界計画原価計算が，責任領域の能率管理を目的として主として発展してきたがために，ドイツでは，原価部門が製品原価計算ばかりでなく，原価計画および原価統制の中心に位置づけられ，原価部門別計算を重視する伝統が形成された。プロセス原価計算も，この伝統

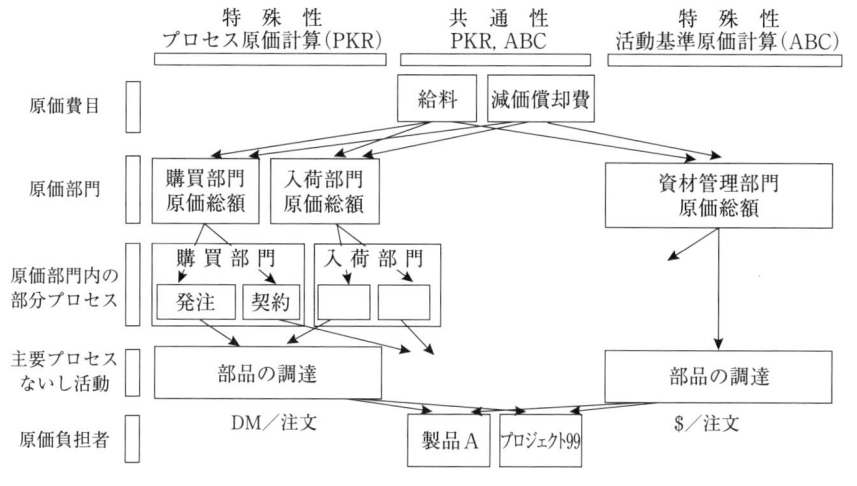

図表6-2 ABCとプロセス原価計算の計算構造

	特殊性 プロセス原価計算（PKR）	共通性 PKR, ABC	特殊性 活動基準原価計算（ABC）
原価費目		給料　減価償却費	
原価部門	購買部門 原価総額　入荷部門 原価総額		資材管理部門 原価総額
原価部門内の 部分プロセス	購買部門　入荷部門 発注　契約		
主要プロセス ないし活動	部品の調達		部品の調達
原価負担者	DM／注文	製品A　プロジェクト99	＄／注文

（出所：Gaiser, 1998, S.72.）

を継承する形で，部門別計算を基礎としている。そして，その結果，プロセス原価計算の計算構造は，摂取したABCの革新性と部門別計算を基礎とするドイツ固有の伝統とが結び付いて，原価部門で認識される部分プロセスと部門間の境界を越える主要プロセスからなる重層構造として成立している。なお，ガイザー（Gaiser, B.）によれば，初期ABCとプロセス原価計算との計算構造上の違いが，図表6-2のように整理されている。

さらに，第三の相違点は，原価計算の利用目的である。クーパーとキャプランの初期の諸論文では，ABCの利用目的として製品原価計算目的が特に強調され，しかも算定される製品原価は全部原価で測定されるべきであると主張されていた。さらに，彼らは，標準原価よりも実際原価を優先させた。しかしながら，製品原価計算目的に終始していた初期ABCとは異なり，ドイツのプロセス原価計算は，提唱された当初（1980年代末）から，①製品原価計算，②プロセスの継続的改善および③間接費の予算編成の3つをその利用目的としていた（Horváth und Mayer, 1989；Mayer, 1990c）。確かにホルヴァートらは，初期ABCに倣い，当初プロセス原価計算は全部原価計算であると主張していた。しかし，限界計画原価計算派との論争（Mayer und Glaser, 1991；Reichmann und Fröhling, 1991）を1つの契機として，彼らは，プロセス原価計算と補償貢献額計算（貢献差益法）との有機的統合を模索し始める。また，限界計画原価計算からも強く影響を受けているプロセス原価計算は，原価計画と原価統制の手法としても展開されており，実際原価計算（実績計算）としてではなく，むしろ計画原価計算（予測計算）として構想されている。要するに，初期 ABC と比較した場合，プロセス原価計算の方が原価管理的な色彩が強かったと言える。後の ABC から ABCM（Activity-Based Cost Management）ないし ABM（Activity-Based Management）への議論の展開を考える時，この点にホルヴァートとマイヤーの先見性の一端が窺える。

Ⅲ．プロセス原価計算の計算構造

プロセス原価計算が適用される間接領域というのは，図表 6-3 からも明らかなように，部門費の 80％ 近くを人件費（給料と福利厚生費）が占めている領域であり，この人件費は伝統的に固定間接費（fixe Gemeinkosten）として分類され一括的に処理されてきた（Mayer, 1990b, S.275）。マイヤーらが提唱するプロセス原価計算は，長期的な期間を視野に入れれば，殆どすべての原価は変

図表 6-3　部門予算表（製造計画）

原価部門　5501 製造計画			1991 年度 責任者　マイヤー		
原価費目	数量	価格	比例費	固定費	総額
給　　料	11 人	60,000		660,000	660,000
福利厚生費				200,000	200,000
事務用消耗品費			50,000		50,000
電話代			30,000		30,000
情報処理費			50,000	50,000	100,000
計算上の空間費	400 ㎡	100		40,000	40,000
計算上の減価償却費				20,000	20,000
合計額			130,000	970,000	1,100,000

（出所；Mayer, 1991, S.91.）

動するという仮定の下で (Mayer, 1990a, S.75), 伝統的に固定費とみなされてきた人件費を, プロセス (ABC でいう活動) を媒介とすることによって, 実際にはその大半が比例費化（変動費化）できることを明示する試みである。プロセス原価計算の提唱者は，人件費という固定間接費を比例費化するために，給付量誘発的プロセスの原価と給付量中立的プロセスの原価という独自の原価分類を提案している。

プロセス原価計算の場合，事務労働者（ホワイトカラー）が行う活動（仕事）の分析を通じてプロセスを認識することと，その認識されたプロセスに原価を帰属させてプロセス原価を算定することが最も重要な課題である。マイヤーは，プロセスの認識とプロセス原価の算定のためには，以下の手続を踏むことが肝要であるとコンサルタント業務を通じて実証されたと主張している。

(1)　主要プロセスとコスト・ドライバーに関する仮説の形成
(2)　原価部門での活動分析ならびに部分プロセスと基準量の析出
(3)　キャパシティー帰属と原価帰属
(4)　最終的主要プロセスへの凝集，原価率の算定

しかしながら，マイヤーの主張する上記4つの手続を，(1) 活動分析を通じての部分プロセスの認識, (2) 基準量の選択, (3) 部分プロセス原価の算定, (4) 主要プロセス原価の算定, という4つの基本的ステップに置き換えて，以下では説明を加えて行くことにする。これら (1), (2), (3) のステップは，各々の原価部門内（例えば製造計画部門や品質保証部門といった間接原価部門内）で実施される一連の計算手続であり，プロセス原価部門計算 (Prozeßkostenstellenrechnung) とも呼ばれている。この部門計算の役割は，原価部門関連的な間接費の計画と統制にあり，また (4) のステップの前提でもある。

次に，(4) のステップは，部門横断的な間接費の計画と統制ならびに戦略的と称する製品原価計算を目的とする計算手続である。この計算目的を達成するために，各々の原価部門で認識されたすべての部分プロセスが，少数の主要プロセスへと凝集されることになる（図表6-4参照）。なお，原価の流れを追跡すれば，各部門で算定された部分プロセス原価は，一旦部門間の境界を越える主

要プロセスに集計され、そしてこの主要プロセスを経由して最終的に原価負担者（製品や顧客）へと跡付けられる。したがって、この場合、部門横断的な原価責任を負うプロセス・オーナーの存在も問題となる。とりわけ、この（4）のステップが、限界計画原価計算を含め従来のドイツの原価計算技法とは大きく異なる点である。以下では、プロセスの認識とプロセス原価の算定に関する上記4つの基本的ステップを順に説明することによって、プロセス原価計算の計算構造上の特徴を明らかにする。

(1) 活動分析を通じての部分プロセスの認識

　部門別計算を基礎とするプロセス原価計算は、個々の原価部門で実行されるすべての活動（Tätigkeiten）ないし仕事（Aufgaben）を分析することから出発する。そして、この分析（活動分析ともプロセス分析とも呼ばれている）を通じて、原価部門内における同質の活動（仕事）は1つに束ねられ、その結果、数個の部分プロセスが認識されることになる。すなわち、部分プロセスとは、原価部門内部における同質の活動の束（集合体）である（Mayer, 1998, S.8）。

　この活動分析の方法としては、原価部門長との面談が最善の方法として勧告されている。また、この部門長との面談の前には、主要プロセスとコスト・ドライバーに関して既に仮説を形成しておくことが必要であるとも指摘されている。というのも、主要プロセスに関して予めイメージを持っておかないと、部門長との対話において的確な質問をすることもできないし、原価部門の仕事量をどのような方法で構造化する（束ねる）べきか、またその仕事量をどのような方法で部分プロセスに分割すべきか、その拠り所を失ってしまうからである。なお、部分プロセスと主要プロセスとの関係は図表6-4に示す通りであり、個々の原価部門で認識されたすべての部分プロセス（厳密には給付量誘発的部分プロセス）は、部門横断的な事象である少数の主要プロセスに凝集されることになる。

　さて、活動分析の結果は、部門関連的な活動表（Tätigkeitsliste）ないしプロセス表（Prozeßliste）に具体的に表すことができる。例えば、製造計画部門を例とする図表6-5の活動表では、製造計画部門の仕事量が3つの部分プロセ

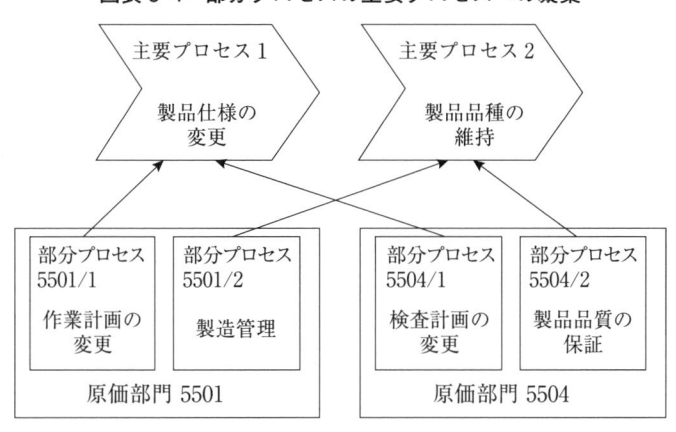

図表 6-4 部分プロセスの主要プロセスへの凝集

```
   主要プロセス1              主要プロセス2
    製品仕様の                  製品品種の
      変更                        維持

┌─────────────┬─────────────┐  ┌─────────────┬─────────────┐
│ 部分プロセス │ 部分プロセス │  │ 部分プロセス │ 部分プロセス │
│  5501/1    │  5501/2    │  │  5504/1    │  5504/2    │
│  作業計画の │  製造管理  │  │  検査計画の │  製品品質の │
│   変更     │            │  │   変更     │   保証     │
├─────────────┴─────────────┤  ├─────────────┴─────────────┤
│     原価部門 5501          │  │     原価部門 5504          │
└───────────────────────────┘  └───────────────────────────┘
```

(出所；Mayer, 1991, S.93.)

図表 6-5 原価部門（製造計画）の部分プロセス

原価部門　5501				製造計画				
部分プロセス		基準量		原価帰属計算	プロセス原価			プロセス原価率	
	名　称	種類（数）	数量	基準	lmi	lmn	合計	lmi	合計
1	作業計画の変更	製品仕様の変更回数	200	4MJ	400,000	40,000	440,000	2,000	2,200
2	製造管理	製品の品種数	100	6MJ	600,000	60,000	660,000	6,000	6,600
3	部門指揮			1MJ	100,000				
				11MJ			1,100,000		

(出所；Mayer, 1991, S.88.)

スに分割されている。すなわち，作業計画の変更，製造管理，部門指揮の3つの部分プロセスである。

(2) 基準量の選択

各原価部門のすべての部分プロセスが明確にされたならば，これらの部分プロセスが，原価部門において提供されうる給付量に依存して数量変動的に態様するのか，それとも給付量とは関係なく数量固定的に発生するのかが，調査されることになる。マイヤーらは独自の概念を構築し，給付量（原価部門が提供するサービス量）と活動量（従業員の投入量）との間に比例関係が成立する前

者を給付量誘発的 (leistungsmengeninduzierte；lmi) プロセスと規定し，給付量と活動量との間に何ら比例関係が成立しない後者を給付量中立的 (leistungsmengenneutrale；lmn) プロセスと規定している。例えば，前述の製造計画部門で言えば，意思決定の余地が限られ反復的に実施される部分プロセスが，つまり作業計画の変更と製造管理の両部分プロセスが給付量誘発的プロセスに属する。反復的な性格を持つ活動（部分プロセス）の場合には，多少とも同質の仕事の成果が導かれることから，給付量（仕事の成果）の測定は活動量（仕事量）の測定によって代用可能となる。それに対して，給付量中立的プロセスに該当するのは，反復的な性格を有しない従業員の管理や部門内の情報伝達のような活動であり，このような活動は部門指揮という部分プロセスの下で一括表示されている。

そして，マイヤーらによれば，すべての給付量誘発的プロセスに対しては，プロセスを定量化する手段として適切な基準量 (Maßgrößen) を見つけ出さなければならない。この基準量というのは，製造領域中心に展開されてきた限界計画原価計算の関連量 (Bezugsgrößen) 思考を間接領域に転用したもので，主として原価計画の基礎として活用される (Horváth und Mayer, 1989, S.217)。基準量は，活動量（仕事量）を数量的に把握する尺度であり，具体的には部分プロセスの実行回数で表現される。しかし，給付量と活動量との間に直接的関係が見出せない，言い換えれば反復的な性格を持たない給付量中立的プロセスに関しては，基準量の確定は困難である。

さて，図表6-5の活動表では，給付量誘発的プロセスに該当する作業計画の変更と製造管理の両部分プロセスに関して，基準量がその数量―これをプロセス数量 (Prozeßmengen) とも呼ぶ―とともに表示されている。前者の作業計画の変更という部分プロセスの場合，製品仕様の変更回数が基準量として選択され，一定の計画期間（1年）におけるプロセス数量は200回である。また，後者の製造管理では，管理対象である製品の品種数が基準量であり，その数量は100である。他方で，部門指揮のような給付量中立的プロセスに関しては，勿論，基準量は認識されていない。例えばカユーター (Kajüter, P.) の指摘に従えば，部門指揮のように自由裁量の余地が比較的大きい処理決定的

(dispositive) な活動は，厳密にはプロセス原価計算の適用領域外ではあるが，原価部門における活動分析の際には完璧を期するために活動表に記載される（Kajüter, 1997, S.220）。

(3) 部分プロセス原価の算定

個々の部分プロセスに対してプロセス数量が決定された後には，部分プロセス原価が計画されることになる。マイヤーらは，部分プロセスに対する原価計画の方法として，①分析的原価計画と②前年度部門費ないし原価部門予算の配分という2つの方法を提案している。①の方法は，限界計画原価計算の原価計画の手法を援用したもので，尾畑論文によれば，この分析法はＩＥ法に相当すると主張されている（尾畑, 1992）。しかし，この①の方法は分析費用が非常に高く付くことから，実務では大抵②の方法から出発するという。②の方法では，部門費は，人年（Mannjahren；MJ）で表現される人的キャパシティーの利用度に応じて各部分プロセスへ配分される。一般的には，部門費は従業員数（MJ）によって部分プロセスに配分されるが，部分プロセスが特定の個人や集団に帰属できない場合には，MJで表現される人件費を配賦基準とすることもできる。①と②のどちらの方法を採用するにせよ，人件費が間接領域における支配的な原価費目であり，そして情報処理費や事務用消耗品費等のその他のすべての原価費目が人件費に比例して各部分プロセスへ配分されるという前提が，プロセス原価計算の基礎を成している。

さて，図表6-5では，上記の②の方法が採用されている。通常の原価計算は，図表6-3のような費目別に分類された部門予算表の作成に貢献する。そして，この部門予算額（1,100,000マルク）が人的キャパシティーの利用度を示すMJに応じて各部分プロセスへ配分される。この配分額は部分プロセス原価の総額を示す。また，給付量誘発的プロセスに関しては，1回の実施当たりの部分プロセス原価も算定される。この1回の実施当たりの部分プロセス原価はプロセス原価率（Prozeßkostensätzen）とも呼ばれ，部分プロセス原価の総額をプロセス数量で除することによって求められる。要するに，給付量誘発的プロセスの原価においては，基準量とその数量であるプロセス数量（具体的にはプロ

セスの実行回数）の認識を通じて，固定費（人件費）の比例費化が実現する。

　他方で，対概念である給付量中立的プロセスの原価は，基準量を認識することが不可能な，いわばマイヤーらが観念する固定費であり，終始一貫して給付量誘発的プロセスの原価とは区別され続けるという。しかし，製品原価計算などの利用目的のためには，給付量中立的プロセスの原価を給付量誘発的プロセスへ配分することも重要となる。その場合，給付量中立的プロセスの原価（図表6-5では100,000マルク）は給付量誘発的プロセスの原価額に応じて比例的に配分される。したがって，給付量中立的プロセスからの配賦額を含む部分プロセス原価（lmi+lmn）が，総額とプロセス原価率（1回の実施当たり）の両者において算定されることになる。

(4) 主要プロセス原価の算定

　マイヤーは，アメリカのABCの中心概念であるコスト・ドライバー（cost driver）に依拠して，間接領域における原価発生の主要作用因のことを，換言すれば主要プロセスを定量化する尺度（具体的には主要プロセスの実行回数）のことをコスト・ドライバー（Kostentreiber）と呼んでいる。彼によれば，少数の主要作用因が間接費発生の大部分を決定づけていることは経験上明白であり，大抵の場合，間接費の80％は7個から10個のコスト・ドライバーによって影響を及ぼされているという（Mayer und Glaser, 1991, S.297）。マイヤーの考えでは，間接領域を計画可能とするためには，どうしても数多くの作用因を少数のしかも重要な作用因に還元しなければならない。例えば，限界計画原価計算の場合には500にも及ぶ関連量が，プロセス原価計算では7個から10個のコスト・ドライバーに還元される。プロセス原価計算の場合には，この還元は，図表6-4に示すように，各原価部門の部分プロセス（厳密には給付量誘発的部分プロセス）を部門間を横断する主要プロセスへ凝集させることを通じて達成される。そして，この凝集過程を通じて，主要プロセス原価が算定される。主要プロセス原価の算定表は，図表6-6に示す通りであり，この表では部門別の原価がプロセス別に再構成されている。そして，この再構成された原価情報は，部門横断的な間接費管理と戦略的と称する製品原価計算に利用され

図表 6-6　主要プロセス原価の算定表

主要プロセス	コスト・ドライバー	数	プロセス原価	プロセス原価率	原価額(%)
1. 製品仕様の変更	製品仕様の変更回数	200	690,000	3,450	33
2. 製品品種の維持	製品の品種数	100	1,410,000	14,100	67

(出所：Mayer, 1991, S.93.)

る。プロセス原価計算の提唱者によれば，プロセス原価情報をとりわけ戦略的な製品原価計算に利用する場合には，次のことが明らかになるという。すなわち，量産品や大量購入部品は少額の間接費を発生させるにすぎないが，それに対して少量品や少量購入部品は多額の間接費を発生させている（Mayer, 1990, S.311）。

なお，グラーザー（Glaser, H.）は，基準量とコスト・ドライバーを同一視する見解を示しているが（Glaser, 1992），マイヤーらはこの見解を否定している（Horváth et al., 1993）。すなわち，基準量とコスト・ドライバーは同一であり得るが，必ずしも同一である必要はない（Mayer, 1998）。

Ⅳ．第二世代 ABC の計算構造

図表 6-2 からも明らかなように，一般的な理解では，製品原価計算を主目的とする初期の ABC は，原価部門別計算を基礎としていない。初期 ABC の 2 段階の原価割当モデルでは，活動は漠然と定義されているにすぎず，コスト・プールとしての活動は実際には全工場的な視点から部門横断的に設定されている（Turney and Stratton, 1992, p.50）。それに対して，第二世代 ABC を提唱するターニーらの新しい試みは，活動管理と業績改善の支援という観点から，初期 ABC がその革新性故に失念してしまった部門別計算の重要性を復活させる作業であったといえる。いわば，それは，ABC を製品原価計算と業績改善を支援する真の原価管理システムへと進化させることであった。ターニーらによれば，この進化した ABC（第二世代 ABC）は，十文字にクロスする 2 次元モデルであり，2 つの主要な視点を持つ（Raffish and Turney, 1991；Turney, 1992）。

第一の視点は，原価割当視点（cost assignment view）であり，これはABCクロスの垂直部分である。第二は，プロセス視点（process view）であり，2次元ABCモデルの水平部分である。

さらに，ターニーらの主張では，2次元ABCモデルを構築する鍵は，ミクロ活動とマクロ活動という異なる2種類の活動を利用することであるという。ミクロ活動とは，仕事の個別単位を反映する詳細活動であり，ABCのプロセス視点の部分である。ミクロ活動は，改善努力の中心であり，活動の改善を支援することが意図されている。そのため，ミクロ活動には，詳細な原価情報と活動の特性を示す様々な非財務的情報—これを属性（attributes）と呼ぶ—が付着されている。属性には，原価作用因，業績尺度，品質，付加価値活動か非付加価値活動か，コスト・ビヘイビアなどの情報が含まれている。しかし，ミクロ活動は，製品原価の計算に用いられることはない。ミクロ活動の原価は，製品ではなく，マクロ活動に跡付けられる。

他方で，マクロ活動とは，幾つかの関連するミクロ活動が凝集された要約活動であり，ABCの原価割当視点の部分である。マクロ活動の主要目的は，正確な製品原価の報告を助成することに求められている。製品原価を算定するためには，3つの規則—すなわち，①活動の階層レベルが同一であること，②同じ活動ドライバーを用いること，③共通の目的ないし機能を持っていること—のすべてに合致することを条件として，複数のミクロ活動の原価が1つのマクロ活動に跡付けられる。そして，このマクロ活動に束ねられた原価が，1つの活動ドライバー（activity driver）を用いて製品に割り当てられることになる。しかし，このようにマクロ活動を経由して算定される製品原価は，あくまでも要約された情報である限り，個々の活動の改善に対して指針を与えることはない。

さて，図表6-7は，ミクロ活動とマクロ活動を利用するABCモデルの一例である。この事例では，製造部門であれ補助部門（支援部門）であれ，まず各原価部門内において複数のミクロ活動が認識されている。そして，このミクロ活動に，元帳上の勘定から原価が割り当てられる。しかし，この場合，他の原価部門が負担すべき原価については，当該原価部門内におけるミクロ活動に割

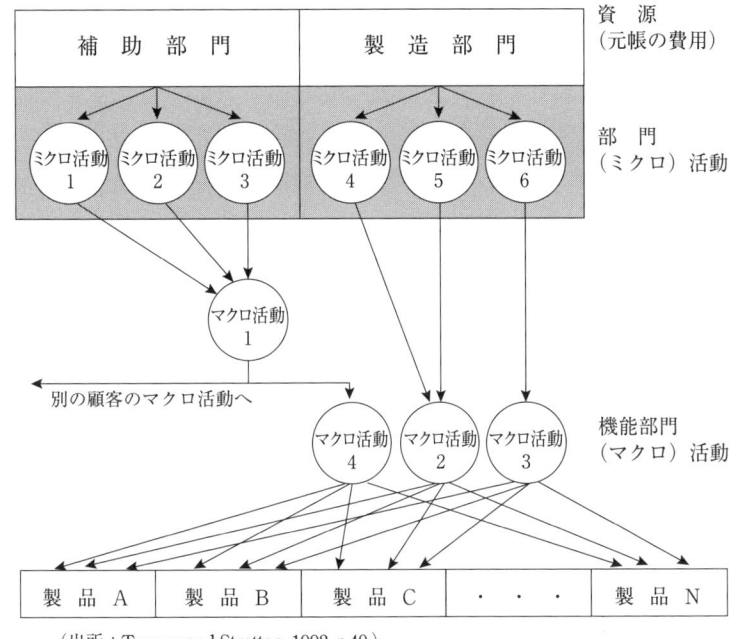

図表 6-7　ミクロ活動とマクロ活動を利用する ABC モデル

(出所；Turney and Stratton, 1992, p.49.)

り当てることは固く禁じられている。ターニーらによれば，ミクロ活動の構造は，組織の責任構造に符合し，権限委譲に基づく現場の日常的な（日次レベルでの）原価改善努力を支援する。ターニーが指摘する情報エンパワーメント（information empowerment）の概念に依拠すれば，現場の改善者自らが ABC 情報を掌握する時に，業績改善の推進力は増大する（Turney, 1991, p.138）。

さらに，図表 6-7 では，各原価部門内で認識されたミクロ活動は，前述の 3 つの規則に従って部門別のマクロ活動に束ねられている。マクロ活動の主たる役割は，支援部門費（すなわち hidden cost）の割当計算を含む製品原価の計算であるが，ターニーらによれば，マクロ活動は改善機会の認識や改善順位の設定のための起点でもある。すなわち，ミクロ活動とマクロ活動との有機的連携の下では，ABC の原価割当視点の部分であるマクロ活動に，多少なりとも業績改善目的に資するような機能拡大がなされている（三好, 1997）。なお，図表 6-7 では，マクロ活動は職能部門別に設定されているが，活動センター（activity center）という概念の下では，部門横断的な観点からプロセス別にマクロ活動を束ねることもできる。この場合のABCの計算構造は，ドイツのプロセス原価計算の重層的計算構造と類似する。また，ミクロ活動を部門横断的なプロセス別に編成することも可能であるという。

V. おわりに

　本章では，アメリカのABCと比較しながら，ドイツのプロセス原価計算について考察してきた。最後に，筆者の主張を整理する意味で，①プロセス原価計算の本質および②重層的計算構造の意義の2点について述べておきたい。
　まず，プロセス原価計算の本質は，事務労働者（ホワイトカラー）の労働力の対価である人件費の処理計算にあるといえる。プロセス原価計算が適用される間接領域というのは，原価費目で言えばその80％近くを人件費が占めている領域であり，プロセス原価計算とは，この固定費化する人件費を洞察し，実際にはその大半が比例費化（変動費化）できることを明示する試みであるといえる。さらに，事務労働者の活動に着目するプロセス原価計算は，事務労働者（ホワイトカラー）の生産性の向上にも寄与する。生産性分析のためには，プロセス原価率の利用が提案されている。すなわち，下式のように，生産性はプロセス原価率の逆数として測定される（Coenenberg und Fischer, 1991, S.29）。しかも，プロセス原価計算の管理的機能を特に強調するプロセス原価管理（Prozeßkostenmanagement）の議論では，品質や時間という非財務的要因も原価との関連で考慮する必要性が指摘されている。

$$\text{プロセス原価率} = \frac{\text{プロセス原価}}{\text{プロセス数量}} = \frac{\text{インプット}}{\text{アウトプット}} = \frac{1}{\text{生産性}}$$

　また，プロセス原価計算の計算構造上の特徴は，部分プロセスと主要プロセスからなる重層構造に求められる。そして，この重層構造の利用は，部門横断的な原価管理（人件費という固定間接費の管理）と戦略的な製品原価計算を可能とする。とりわけ，主要プロセスと部分プロセスとの連動を想定する重層的

計算構造の下では，しかもグラーザーが指摘するように主要プロセスのコスト・ドライバーと部分プロセスの基準量とが同一である場合には，主要プロセスの視点からの部門横断的な計画設定が，間接作業部門の現場統制に直結することになる。つまり，経営合理化策として，主要プロセス数量の削減（例えば製品仕様変更回数の半減）を意思決定する場合には，この主要プロセス数量の変化が各原価部門内の部分プロセスにも反映され，部門責任者に対して削減すべき部分プロセス数量とその原価，および不必要となる人的キャパシティーとその無効費用（ABCでいう未利用キャパシティーの原価）が的確に指示され，現場での改善努力を支援する。

なお，初期 ABC と比較考察した当初は，この重層的な計算性格は，特殊ドイツ的なものであると考えていた。しかし，原価割当視点とプロセス視点とを備える第二世代 ABC においても類似の重層的計算構造を確認することができた。とりあえず本章では，間接費の有効な処理計算を行う場合，この重層構造が持つ重要性について指摘しておきたい。

第7章　経営環境の変化と『原価計算基準』

I. はじめに

　ABC（Activity-Based Costing）では，製造間接費は伝統的な意味での製造部門や補助部門には集計しない。伝統的原価計算では，製造間接費を必ず一旦は製造部門か補助部門に集計していたが，その暗黙の前提を打ち破った点にABCの革新的な意味がある（櫻井, 1998, 48頁）。ドイツのプロセス原価計算の提唱者であるホルヴァート（Horváth, P.）とマイヤー（Mayer, R.）が，アメリカのABCから第一に学んだことは，このABCの革新的意義である。彼らは，ABCの革新性を部門横断的な事象であるプロセス（厳密には主要プロセス）という概念に集約させる形で摂取し，プロセス原価計算（Prozeßkostenrechnung）という独自の形態の原価計算方法を完成させた（Horváth und Mayer, 1989）。そして，その帰結として，プロセス原価計算と従来のドイツの原価計算との決定的な違いが，部門横断的に原価が把握される点に現れることになる。しかしながら，ホルヴァートらは，ABCのドイツへの導入に際し，部門別計算を重視するドイツ原価計算の伝統を踏まえ，費目別計算・部門別計算・製品別計算という伝統的な原価計算の制度的ルールを固守した。いわば，彼らは，プロセスの部門横断性と伝統的な部門別計算とを対立させるのではなく，むしろ両者を巧妙に調和させた。そのため，プロセス原価計算の計算構造は，摂取したABCの革新性と部門別計算を基礎とするドイツ固有の伝統とが結び付いて，原価部門で認識される部分プロセス（Teilprozeß）と部門横断的な主要プロセス（Hauptprozeß）からなる重層構造として成立している。

　なお，製品原価計算を主目的とする初期（1980年代中頃）のABCと比較考

察した当初は，この重層的な計算性格は，特殊ドイツ的なものであると考えていた。しかし，進化した第二世代 ABC (second-generation ABC) においても，ミクロ活動 (micro activity) とマクロ活動 (macro activity) からなる類似の重層的計算構造を確認することができた。第二世代 ABC を提唱するターニー (Turney, P.B.B.) らの新しい試みは，原価管理や責任会計への役立ちという観点から，初期 ABC がその革新性故に失念してしまった部門別計算の重要性を再認識する試みであったといえる (Turney and Stratton, 1992)。

さて，本章の目的は，近年の経営環境の変化に伴って出現してきた ABC やドイツのプロセス原価計算に関連させて，1962 年（昭和 37 年）に制定されたわが国の『原価計算基準』（大蔵省企業会計審議会，以下では『基準』ともいう）を再検討することである。『基準』に関する先学者の研究も参考にしながら（安達，1976；伊藤，1978；岡本，1981；小林，1997；廣本，1997；諸井，2002），具体的には『基準』2，4，7 および 18 の再検討を試みる。

なお，本章の進め方としては，まず第一に，ABC という新しい視点に立脚した場合に再検討が求められる計算規定として，『基準』2，4，7 および 18 を指摘する。そして次に，ABC とプロセス原価計算とを比較しながら（尾畑，1998），特に両者の相違点に着目した上で，ドイツのプロセス原価計算の提唱者から学ぶべきことを明確にする。要するに，『基準』4，7 および 18 との関連で，プロセス原価計算では費目別計算・部門別計算・製品別計算という従来からの計算手続が堅持されていることと，販売費および一般管理費が部門別計算を行った上で製品原価に算入されていることである。さらに，ターニーらが提唱する第二世代 ABC を取り上げ，第二世代 ABC においても部門別計算の重要性が認識されていることと，初期 ABC とは異なる補助部門費の配賦方法が提案されていることを指摘する。また，ABC の登場に先行する形で，ドイツのシーメンス (Siemens) 社が 1970 年代に取り組み始めたプロセス志向原価計算 (Prozeßorientierte Kostenrechnung) についても取り上げる。そして，シーメンス社のプロセス志向原価計算が，複式簿記の勘定体系と有機的に結びつきうる計算体系であったことを確認する (Ziegler, 1992)。そして最後に，ABC の革新的な発想をどのような形で『基準』のなかに取り入れるべきなのか，そ

の方策を模索する。

Ⅱ.『原価計算基準』の再検討

　わが国の現行の『原価計算基準』は，約12年間の審議を経て1962年（昭和37年）11月に公表された。第二次世界大戦後のいわばアメリカ型財務会計制度の形成と密接に関連しながら，現行の『基準』は『企業会計原則』の一環として設定されている。そのため，『基準』では，財務諸表に関連する原価計算に主眼が置かれ，財務会計的基準としての性格が極めて強いことは周知の通りである。しかしながら，『基準』は，『企業会計原則』の要求する真実の原価を算定するための財務会計的基準であるだけではなく，原価管理や予算統制等に必要な原価資料を提供するための管理会計的基準でもある。とりわけ，財務会計的側面と管理会計的側面は『基準』において対等であると考える諸井教授の見解は，傾聴に値する。「『基準』はたんなる『企業会計原則』の下位ルールではなく，『企業会計原則』に欠落した管理会計原則を事情の許すかぎり取り入れた，独自の実践規範といわなければならない」（諸井, 1999, 1頁）。

　『基準』において原価計算とは，制度としての原価計算をいう。『基準』は，制度としての原価計算，つまり原価計算制度を次のように規定している。「原価計算制度は，財務諸表の作成，原価管理，予算統制等の異なる目的が，重点の相違はあるが相ともに達成されるべき一定の計算秩序である。かかるものとしての原価計算制度は，財務会計機構のらち外において随時断片的に行なわれる原価の統計的，技術的計算ないし調査ではなくて，財務会計機構と有機的に結びつき常時継続的に行なわれる計算体系である。原価計算制度は，この意味で原価会計にほかならない」（『基準』2）。すなわち，この規定に従えば，原価計算制度であるための要件は，①財務諸表の作成，原価管理，予算統制という目的に役立つこと，②これらの諸目的が1つの原価計算制度において相ともに達成されるべきであること，③財務会計機構と有機的に結びつき常時継続的に行なわれる計算体系であること，の3点であると考えられる。ABCも，特殊

原価調査ではなく，原価計算制度として認められるためには，これら3つの要件を満たさなければならない。

『基準』によれば，原価は，財務諸表上収益との対応関係に基づいて，製品原価と期間原価とに区別される。「製品原価と期間原価との範囲の区別は相対的であるが，通常，売上品および棚卸資産の価額を構成する全部の製造原価を製品原価とし，販売費および一般管理費は，これを期間原価とする」（『基準』4 (2)）。この規定はいわば財務会計制度上の要請であり，規定上，原則として販売費および一般管理費は製品原価の構成要素とはならない。無論，『基準』は，その4 (3)において，販売費および一般管理費を製品原価として計算することがあることに触れてはいるが，言及するに止まり，その製品原価への算入方法については何の記載もしてはいない。しかしながら，ABCにしろ，ドイツのプロセス原価計算にしろ，近年の新しい原価計算方法においては，販売費および一般管理費をも製品に跡付ける必要性が明確に認識されている。番場教授が既に1977年の論文において，「販売費及び一般管理費等を含めた生産品のプロダクト・コストの算定方法を「原価計算基準」で明確にすることの必要性が指摘できる」（番場, 1977, 7頁）と意見しているが，今日の間接費増大化の現象を念頭に置けば，販売費および一般管理費を製品原価として処理する場合の算定基準を『基準』が明確にしてもよい時機に来ているように思われる。

さらに，『基準』は，原価の数値はその信憑性が確保されるものでなければならないと明記した上で，必ずしも原価を取得価格をもって計算することを意味しないが，原価計算は原則として実際原価を計算すると規定している（『基準』6 (1)）。そして，『基準』7には，実際原価の計算手続が次のような文言で記されている。「製造原価は，原則として，その実際発生額を，まず費目別に計算し，次いで原価部門別に計算し，最後に製品別に集計する。販売費および一般管理費は，原則として，一定期間における実際発生額を費目別に計算する」。ここで明示されている費目別計算・部門別計算・製品別計算という一連の計算手続は，ドイツの原価計算基礎案（Grundplan der Selbstkostenrechnung）をモデルとした商工省財務管理委員会の『製造原価計算準則』（1937年）以来継承されてきた計算手続であり，かつて中西 (1958)が「近代的」と称

し，また津曲（1981）が「先進的」と評価した制度上の計算ルールである。しかし，部門ではなく活動をコスト・プールとする近年の ABC の出現が，部門別計算の存在意義に動揺を与え，費目別計算・部門別計算・製品別計算という伝統的な計算手続の適用に疑問を投じていることは明らかである。

　なお，今日，ABC の計算構造上の特徴から補助部門費の製造部門への配賦が問題となっているが，最後にこの点について論及しておく。『基準』は，補助部門費の配賦について次のように規定している。「補助部門費は，直接配賦法，階梯式配賦法，相互配賦法等にしたがい，適当な配賦基準によって，これを各製造部門に配賦し，製造部門費を計算する。一部の補助部門費は，必要ある場合には，これを製造部門に配賦しないで直接に製品に配賦することができる」（『基準』18（2））。特に後段の規定との関連で，青木教授が，補助部門の性格に応じて部門費の配賦方法が異なることを主張したのが『陸軍軍需品工場事業場原価計算要綱』（1939 年）であると指摘している（青木，1958）。陸軍方式では，補助部門費の一部，すなわち補助経営部門費は直接に製造部門に配賦され，残りの補助部門費，すなわち工場管理部門費は二分類された上で指図書に配賦される。また，中西寅雄教授が起草責任者であったという『製造工業原価計算要綱』では，陸軍方式は第二法として位置づけられ，次のような規定となっている。すなわち，「直接配賦法の第一法は原則として総ての補助部門費を製造部門に直接に配賦する方法とする。直接配賦法の第二法は，補助経営部門費を原則として，直接に製造部門に配賦し工場管理部門費を直接に製品に配賦する方法とする」。なお，この『製造工業原価計算要綱』には，「一般管理及販売間接費は，必要ある場合には，原価部門を設けて部門費計算を行い，次に売上品又は製品に配賦することができる」という記載があることも，ここでは付記しておく。

　以下では，上述の論点を踏まえながら，『基準』の再検討に関する議論をさらに深めて行くことにする。

Ⅲ. ABCとプロセス原価計算

1. ドイツのプロセス原価計算

　ホルヴァートとマイヤーは，アメリカのABCから多大な影響を受け，このABCの革新的な発想をドイツの企業実務に導入しようと試みた。しかし，彼らは，ABCをそのまま模倣したのではなく，あくまでもドイツの会計環境に配慮しながら，巧みにABCの発想を摂取することに努めた。したがって，クーパー（Cooper, R.）とキャプラン（Kaplan, R. S.）が主張する初期のABCとドイツのプロセス原価計算との間には，当然に相違が生じている。なお，前章では，両者の相違点を3つの観点から論述したが，『基準』の再検討を目的とする本章では，①原価部門別計算の重要性，②原価計算上の集計単位，③原価計算の適用領域および④原価計算の利用目的，という4つの観点から両者の相違点に検討を加えることにする。

　まず，第一の相違点は，原価部門別計算の重要性である。ドイツのプロセス原価計算では，部門別計算の重要性が認識され，費目別計算・部門別計算・製品別計算という伝統的な計算手続が堅持されている。ドイツでは，アメリカと比較した場合，極めて多くの原価部門がきめ細かく設定されている。しかも，ドイツでは，原価部門は製品原価計算ばかりでなく，原価管理の中心にも位置づけられ，原価部門別計算を重視する伝統が形成されてきた。プロセス原価計算も，この伝統を継承する形で，部門別計算を基礎としている。そして，その継承の帰結として，プロセス原価計算の計算構造は，摂取したABCの革新性と部門別計算を基礎とするドイツ固有の伝統とが結び付いて，原価部門で認識される部分プロセスと部門横断的な主要プロセスからなる重層構造として成立している（Mayer, 1991 ; Gaiser, 1998）。

　次に，第二の相違点は，原価計算上の集計単位（コスト・プール）である。部門別計算を基礎とするプロセス原価計算では，原価部門は従来通りにコス

ト・プールである。しかも，重層的な計算構造を成立させているプロセス原価計算の下では，原価部門のみならず，近年のABCにおける活動（Activity）もまたコスト・プールとなる。ドイツのプロセス原価計算の場合には，原価要素の機能別分類が徹底化される点に特徴があり，部門別に分類集計された原価は，さらにその原価部門内において部分プロセス別に細分化されている。そして，この機能別に把握された原価要素としての部分プロセス原価は，部門横断的な事象である主要プロセスに跡付けられる。主要プロセスというのは，原価部門とは異なるもう1つのコスト・プールであり，ABCでいう活動に符合する。

　さらに，第三の相違点は，原価計算の適用領域である。アメリカのABCの場合には，あくまでもその主眼は製造領域で発生する製造間接費の処理に置かれていた。しかし，アメリカと異なりドイツの製造業には，限界計画原価計算をはじめとする先進的な原価計算方法が既に普及していた。そのため，特に製造領域においては，ABCのような原価計算を新たに導入する必要性は生じていなかった。したがって，プロセス原価計算の提唱者は，既存の原価計算方法を補完する意味で，プロセス原価計算の投入領域を間接領域に特化させた（Horváth und Mayer, 1993）。

　なお，プロセス原価計算が投入される間接領域というのは，いわば事務領域であり，比較的にスタッフ的色彩をもつ工場管理部門，販売部門および一般管理部門が，プロセス原価計算の主たる計算対象となる。特にプロセス原価計算の重層的計算構造の下では，補助部門費の一部である工場管理部門費は，製造部門に配賦されるのではなく，部門横断的なコスト・プールである主要プロセスを経由して製品に割り当てられている。また，販売費および一般管理費についても，部門別計算が適用された上で，主要プロセスを経て製品に跡付けられている。しかし，補助部門費のなかでも補助経営部門費の計算は，製造領域（ライン部門）に適用される限界計画原価計算などの原価計算方法に委ねられるものと考えられる。

　最後に，第四の相違点は，原価計算の利用目的である。1988年のキャプランの論文では，原価計算の利用目的としては，①財務諸表作成のための棚卸資

産評価，②業務管理，③収益性分析のための製品原価計算の3つが想定され，目的別に分離独立した3つの原価計算システムを所持すべきであると主張されている（Kaplan, 1988）。勿論，上記③の目的のために活用されるのがABCであり，この1988年の論文も含めクーパーとキャプランの初期の諸論文では，ABCの利用目的として特に製品原価計算目的が強調されている。

　しかしながら，製品原価計算目的に終始していた初期ABCとは異なり，ドイツのプロセス原価計算は，提唱された当初（1980年代末）から，①製品原価計算，②プロセスの継続的改善および③間接費の予算編成の3つをその利用目的としていた（Horváth und Mayer, 1989；Mayer, 1990）。すなわち，プロセス原価計算においては，製品原価計算，業務改善，予算編成という異なる目的が相ともに達成されうるように構想されていたといえる。複数の原価計算システムを所有することの必要性を説くキャプランらとは異なり，ホルヴァートとマイヤーの理解では，原価計算とは，製品原価計算目的にも原価管理目的にも役立つ両義的存在であった。いわば，この原価計算の両義性を了解したところに，重層的計算構造が成立する契機を看取することができる。ただし，プロセス原価計算で実施される製品原価計算が，財務会計機構と有機的に結びつき常時継続的に行なわれる計算体系であるかどうかについては，ホルヴァートとマイヤーの文献からは明確な記述を見出せてはいない。

　以上の考察から，とりわけ『基準』4，7および18との関連で，ABCの発想をドイツの企業実務に導入したプロセス原価計算の提唱者から学ぶべきことは，以下の2点に集約できる。

① 　ABCの発想を取り入れる場合，ABCの革新性と伝統的な部門別計算とは調和させることができる。部門別計算の重要性を認識した上で，費目別計算・部門別計算・製品別計算という伝統的な計算ルールは堅持されるべきである。

② 　補助部門（補助経営部門と工場管理部門）の性格に応じて部門費の配賦方法が異なっていてもよい。販売費および一般管理費にも部門別計算が適用可能であり，販売費および一般管理費も製品原価の構成要素となる。

2. 第二世代 ABC

　製品原価計算を主目的とする初期の ABC は原価部門別計算を基礎としていない。初期 ABC では，コスト・プールとしての活動は全工場的な視点から部門横断的に設定されている（Turney and Stratton, 1992, p.50）。それに対して，第二世代 ABC を提唱するターニーらの新しい試みは，初期 ABC とは異なり，活動管理や業績改善への役立ちという観点から，部門別計算の重要性を再認識したものである。いわば，その試みは，ABC を製品原価計算目的にも業績改善目的にも役立つ真の原価管理システムへと進化させることであった（Turney, 1991）。

　ターニーらによれば，この進化した第二世代 ABC は，ミクロ活動とマクロ活動という異なる2種類の活動を利用する。ミクロ活動とは，仕事の個別単位を反映する詳細活動であり，部門内における改善努力の中心である。しかし，ミクロ活動は，製品原価の計算には直接的に関与しない。ミクロ活動に集計された原価は，製品ではなく，マクロ活動に跡付けられる。他方で，マクロ活動とは，幾つかの関連するミクロ活動が凝集された要約活動であり，マクロ活動の主要目的は正確な製品原価の算定にある。

　ところで，ミクロ活動とマクロ活動を利用する ABC モデルの一例については，既に前章で示した通りである（図表6-7参照）。この ABC モデルでは，製造部門であれ補助部門であれ，いずれの原価部門内においても，複数のミクロ活動が認識されている。そして，このミクロ活動に，総勘定元帳を通じて原価が割り当てられる。ただし，このミクロ活動への原価割当の場合には，あくまでも部門別集計が原則である。

　なお，図表6-7では，各原価部門内で認識されたミクロ活動は，部門別のマクロ活動に束ねられている。そして，この集束過程を通じて，補助部門費の配賦計算を含む製品原価の計算が行われることになる。とりわけ図表6-7からも分かるように，補助部門費は，製品に直接跡付けられるのではなく，機能部門別に設定されたマクロ活動に割り当てられている。すなわち，補助部門費は，いわば製造部門に配賦されているといえる。

ターニーらの述懐によれば，以前には補助部門費を製品に直課していたが，この方法には難点が多かったという。というのも，補助部門で実行される支援活動と製品との関係が，常に不明確であったからである。彼らによれば，部門間の用役の授受を反映する形で，補助部門費（支援活動の原価）を機能部門別のマクロ活動に割り当てることは比較的に容易であり，したがって製品原価算定のコストも減じられるという。なお，図表6-7では，マクロ活動は職能部門別に設定されているが，部門横断的な観点からプロセス別にマクロ活動を設定することもできる。この場合のABCの計算構造は，ドイツのプロセス原価計算の重層的計算構造と類似する。また，ミクロ活動を部門横断的なプロセス別に編成することも可能であるという。

3. シーメンス社のプロセス志向原価計算

ドイツのシーメンス社は，ABCの出現に先駆けて，1975年に作業部会を立ち上げ，ABCと類似の発想に立脚するプロセス志向原価計算の開発に取り組んでいた（Ziegler, 1992）。特に多品種少量生産を行うシーメンス社の工場では，現場のライン活動の割合が減少する一方で，スタッフ的活動の割合が著しく増大していた。そのため，このような活動の推移に伴い，直接労務費の割合は減少する一方で，事務領域で発生する間接労務費の割合は大幅に上昇していた。したがって，このような原価構成上の変化を背景として，プロセス志向原価計算の構想が創出されることになる。

シーメンス社の作業部会が，設置当初から取り組んできた課題は，①事務領域の効率化を図ることと，②正確な製品原価計算を行うことであった。シーメンス社は，これら2つの課題を解決するために，製造領域で培ってきた経験や知識を事務領域に転用した。そして，その取り組みの帰結として，伝統的原価計算とは異なる計算原理を有するプロセス志向原価計算が創出されることになる。つまり，プロセス志向原価計算の計算原理は，部門横断的な一連の作業過程—これをプロセス（Prozeß）という—の認識を通じて，事務領域で発生する原価が部門横断的に把握される点にある。

ところで，シーメンス社の企業組織は，職能部門別に編成され，原価も部門別に集計されていた。シーメンス社は，プロセス志向原価計算の開発にあたり，既存の部門別組織を部門横断的なプロセス別組織に改編することなく，あくまでも従来の職能部門別組織を前提とした上で，部門横断的な原価の把握に取り組んだ。

例えば，シーメンス社の実験工場では，25の部門横断的なプロセスが認識され，これら25のプロセスに対して，「プロセス原価部門（Prozeßkostenstellen）」が新たに開設された。また，実験工場の経営簿記の勘定体系は，第4章で示した通りであり，費目別計算・部門別計算・製品別計算という一連の伝統的な計算手続は堅持されていたといえる（図表4-3参照）。ただし，同実験工場では，原価部門別計算は補助原価部門，主要原価部門およびプロセス原価部門の3段階に細分化され，補助原価部門→主要原価部門→プロセス原価部門の順に行われる原価部門別計算が確立されていた。要するに，シーメンス社の場合には，部門横断的なコスト・プールであるプロセスは，部門概念の範疇で捉えられていたといえる。

以上の考察から，とりわけ制度としての原価計算の成立を念頭に置いた場合，シーメンス社のプロセス志向原価計算から学ぶべきことは，次の2点である。

① 部門横断的なプロセスは部門概念の範疇で捉えることができる。そうすれば，革新的な部門横断性と伝統的な部門別計算とは調和させることができる。

② 部門横断的な原価把握を追求する原価計算においても，勘定機構と有機的に結びつき常時継続的に行なわれる計算体系が成立しうる可能性がある。

Ⅳ. おわりに

本章では，ABCの革新的な発想をどのような形でわが国の『原価計算基準』

のなかに取り入れるべきなのか，その方策を探求してきた。とりわけ，ABC とプロセス原価計算との比較研究の結果として，『基準』2，4，7 および 18 について以下のような見解を示しておく。

　第一に，ABC にしろ，プロセス原価計算にしろ，特殊原価調査ではなく，原価計算制度として認められるためには，『基準』2 の規定に合致していなければならない。とりわけ，制度としての原価計算であるためには，財務会計機構と有機的に結びつき常時継続的に行われる計算体系であり，財務諸表の作成に役立つ原価計算でなければならない。しかしながら，ABC とプロセス原価計算の両者とも，財務会計機構との有機的な結びつきを確認することができなかった。しかし，シーメンス社が考案したプロセス志向原価計算は，複式簿記の勘定体系（すなわち財務会計機構）と有機的に結びつく計算体系である可能性を残している。したがって，部門横断的な原価把握を追求する原価計算であろうとも，原価計算制度として認められる可能性は皆無ではないことを主張しておきたい。

　第二に，既に番場教授が指摘していたことではあるが，販売費および一般管理費を製品原価として処理する場合の算定方法を『原価計算基準』で明確にすることの必要性が指摘できる。販売費および一般管理費の増大化傾向を念頭に置けば，研究開発費ないし技術研究費という特定の原価費目だけではなく，販売費および一般管理費全般にまでその対象を拡大する必要性が指摘できる。また，販売費および一般管理費にも部門別計算を適用することも一案である。この『基準』4 の再検討ないし再整備に関しては，管理会計の側から財務会計の制度的枠組みに対して変革を要請すべき問題であると理解している。

　第三に，ABC の革新的な発想を摂取する場合にでも，費目別計算・部門別計算・製品別計算という従来からの計算手続は適用可能であることが指摘できる。したがって，この計算手続に関する『基準』7 の規定は堅持すべきである。プロセス原価計算の提唱者は，部門別計算を重視するドイツ原価計算の伝統を固守しながら，巧妙に ABC の革新的な発想をドイツの企業実務に導入した。そして，その結果として，重層的な計算構造を成立させている。また，第二世代 ABC を提唱するターニーらの試みも，責任会計という観点から，部門別計

算の重要性を再認識したものである。要するに，原価計算とは，製品原価計算目的にも原価管理目的にも役立つ両義的存在であるといえる。ABC にしても，製品原価算定モデルであると同時に，責任会計モデルでもある。

　第四に，補助部門費の配賦については，現行の『基準』18の計算規定を尊重したい。第二世代 ABC では，製品に直課していた補助部門費の配賦方法は改められ，補助部門費は機能部門別に設定されたマクロ活動に，いわば製造部門に配賦されている。少なくとも補助経営部門費については，部門間の用役の授受を反映する形で製造部門に配賦した方がより適切であると考えられる。

　そして第五に，第二世代 ABC と現行の『基準』とは，意外に親和的であることを指摘しておきたい。『基準』18(2)には，「製造部門に集計された原価要素は，必要に応じさらにこれをその部門における小工程又は作業単位に集計する」という記載があり，原価部門内で認識されるミクロ活動を容認するような文言となっている。また，第二世代 ABC のマクロ活動は，基本的には機能部門別の設定が念頭に置かれていて，必ずしも部門横断的な視点から設定される必要性はない。ただし，部門横断的な事象であるプロセスを強調する場合には，シーメンス社のようにプロセスを部門概念の範疇で捉えるか，あるいは部門とプロセスとの相違を踏まえて『基準』を変えていくか，何らかの配慮を要することは言う迄もない。

　なお，最後に本章を結ぶにあたり，中西寅雄教授の「原価要素の分類について」と題する論文に依拠しながら（中西, 1958），第二世代 ABC が，その進化過程において部門別計算の重要性を再認識した行為の必然性について論じておきたい。諸井教授は，中西論文を次のように要約している。「すなわち，一般会計上の要請としては，計算の正確性と監査の容易性を保証するために，支出に基づく分類すなわち形態的分類が基礎となっている必要がある。また，原価計算上の要請を満たすためには，第一に，部門別計算と製品別計算を適切に実行しうるために直接費と間接費の分類が不可欠であり，第二に，原価管理上の要請にこたえるために機能別分類が重要である」（諸井, 2002, 151頁）。

　この中西論文の文脈に照らして，活動別という，いわば原価要素の機能別分類に立脚する ABC を解釈すれば，その特異的な計算性格が明確になる。つま

り，ABCでは，原価管理上の要請にこたえるための機能別分類に基づいて，製品原価計算が実行されていることになる。したがって，その限りでは，進化形態である第二世代ABCが，機能別分類それ本来の目的を実現するために，管理のための原価計算における中心的計算をなす部門別計算の重要性を再認識したことは，必然的な行為であったといえる。また，同様の理由から，ABCからABM（Activity-Based Management）への展開の必然性も説明がつくと考えられる。

第8章　中間的原価計算対象に関する研究

I. はじめに

　廣本 (1997) によれば,「アメリカでは, 近年, 製品など最終的な原価計算対象に原価を集計する前に別の中間的な原価計算対象に原価を集計するシステムを, 2段階配賦 (two stage cost allocation) と呼んでいる」という (廣本, 1997, 63頁)。勿論, 伝統的な原価部門は中間的原価計算対象であり, 他方で, 近年の ABC (Activity-Based Costing) は, 活動 (アクティビティ) を中間的原価計算対象とする2段階配賦システムである。本章では, 原価部門 (原価場所) を中間的原価計算対象とする代表としてドイツ原価計算を考える。とりわけキルガー (Kilger, W.) の限界計画原価計算 (Grenzplankostenrechnung) では, 師匠であるグーテンベルク (Gutenberg, E.) の原価理論に依拠しながら, 原価部門別計算を基礎とする部分原価計算が確立されている。また ABC に関しては, ノリーン (Noreen, E.), バンカー (Banker, R. D.) およびヒュース (Hughes, J. S.) が数式モデルを展開し, いわば ABC の原価理論を提示している。したがって, 本章では, グーテンベルクと ABC の原価理論 (原価関数) を比較する形で考察し, 中間的原価計算対象を設定する意義について検討する。

　そもそも, 古のドイツ原価理論と近年の ABC とを比較考察しようと考えた直接の契機は, 宮本匡章教授の論文にある。宮本 (1994) は, ABC のアクティビティと, グーテンベルクの『経営経済学原理；第1巻生産論』で提示されていた「アグレガート (Aggregat)」という概念の類似性を指摘した上で, 両概念が全く同義であると主張するのではなく, 過去にも ABC のアクティビテ

ィと類似する概念が，ドイツの経営費用理論という領域においてではあったが，非常に重要な役割を果たしていたことを明確に認識しておくべきであると説いている（宮本，1994, 6-8 頁）。

グーテンベルク以前の古典的なドイツ原価理論では，操業度と原価，つまり産出量と生産要素の投入量との直接的な関係が考察されていたが，グーテンベルクは工業経営の特徴を念頭に置きながら，産出物と生産要素の投入量を直接的に関係づけるのではなく，その両者の中間に生産の場，すなわち機械，設備，作業場のような経営部分単位を介在させた。そして，その中間の場を通じて，産出量と要素投入量の費消との関係をより的確に把握しようと試みる。グーテンベルクによれば，要素投入量の費消を決定するのは，経営部分単位の技術的特性であり，そして，この技術的特性によって一義的に規定される生産関数が費消関数（Verbrauchsfunktion）と呼ばれている。なお，宮本教授が指摘するアグレガートとは，各種の生産要素が結合される場を意味し，具体的には1つの機械ないし設備という経営部分単位を指す概念であるといえる（宮本，1967）。

また，グーテンベルクの場合，費消関数で捉えられる原価が，操業度（産出量）とともに変化する変動費（variable Kosten）であり，他方で費消関数では捉えられない原価が，固定費（fixe Kosten）として別途追加的に認識されているといえる（尾畑，2000, 249 頁）。そして，費消関数では捉えられない固定費は，キャパシティ（生産能力）の利用の有無により，有効費用（Nutzkosten）と無効費用（Leerkosten）とに分解され，しかも分解された双方の費用とも，最終的には操業度（産出量）の関数として表現されている。

他方で，1980年代中頃に出現したABCは，当初すべての製造間接費を製品単位に配賦し，より正確な製品の全部単位原価を計算することに努めていた。特に問題の固定費は，活動を媒介とすることによって長期変動費として認識され，その上で製品単位に配賦されていた（Cooper and Kaplan, 1988）。しかし，1991年のキング（King, A. M.）氏とのインタビューにおいて，キャプラン（Kaplan, R. S.）は長期変動費という概念の誤謬について語り始め（King, 1991），この頃から，ABCの新しい理論的展開として，投入資源（resource supplied）

と利用資源（resource used）とを明確に区別するようになる。そして，Cooper and Kaplan（1992）やKaplan（1994）では，「投入資源の原価＝利用資源の原価＋未利用キャパシティの原価」というABCの基本等式が提示され，資源利用モデルとしてのABCが確立されるに至る。なお，このABCの基本等式と「固定費＝有効費用＋無効費用」というグーテンベルクの等式を対比すれば，両者の原価思考上の類似性は明らかである。

さて，グーテンベルクの学説研究については，わが国でも，ほぼその全貌が明らかにされていると受け止めてもいいほどの研究の蓄積がある。例えば，市原（1959），溝口（1961），小林（1964, 1972），宮本（1967），山形（1968），平林（1974），深山（1987, 2001），尾畑（2000）などの優れた研究である。とりわけABCを念頭に置く尾畑（2000）は，次のような見解を示している。「グーテンベルクの生産・原価理論は，構造的には限界計画原価計算と非常によく結びつくが」（尾畑, 2000, 251頁），「グーテンベルクの生産・原価理論は，必ずしも部分原価計算のみならず全部原価計算の理論的基礎として考えられる可能性を持っていることを暗示している」（尾畑, 2000, 268頁）。本章では，この尾畑教授の言説を手掛かりにして，中間的原価計算対象の利用と原価関数の線形性という観点から，Gutenberg（1961），Noreen（1991）およびBanker and Hughes（1994）の原価関数を比較考察する。

II．グーテンベルクの生産・原価理論

1．経営部分単位の役割

生産関数とは，生産要素の投入量と産出量（生産物）との量的依存関係を示すものであるが，ただし，その場合には，生産要素の質は一定ということが前提とされている。今，ある経営の産出量（物量的収益）を x とし，生産要素の投入量を $r_1, r_2, ..., r_n$ とすれば，生産関数（収益関数）は，$x = f(r_1, r_2, ..., r_n)$ で表される。グーテンベルクは，この種の生産関数をA型生産関数ないし収

益法則と呼んでいる。彼の定義によれば，A型生産関数とは，生産要素の投入量が少なくとも一定の限界内で自由に変化できる生産関数であり，この定義の下では，個々の生産要素についての偏限界生産力（$\partial x / \partial r_n$）は測定可能となる。しかしながら，グーテンベルクは，A型生産関数（収益法則）は工業経営には一般的に妥当しないと結論づけている。彼の結論を裏付ける具体的な経営的事実を示せば，以下の通りである（Gutenberg, 1961, S.212ff., 訳221頁以下）。

例えば，ある労働者 r_1 が平削機 r_2 を使用して4作業時間に100㎥の木材 r_3 を加工しているとする。今，関数 $x = f(r_1, r_2, r_3)$ の定立に先立って，木材投入量（木材は変動的生産要素と仮定する）の変化が，労働者の作業特性や機械の技術的特性に何ら影響を及ぼさないとする。そうすると，木材投入量 r_3 を100㎥から100.1㎥に増加させたところで（$dr = 0.1$㎥），労働者 r_1 と機械 r_2 は相変わらず4作業時間に100㎥の木材を加工するにすぎない。要するに，生産過程に追加投入された木材 dr_3 は加工されないままであり，収益（生産物）の増分は生じない。結局，固定的生産要素（労働者と機械）が変動的生産要素（木材）の任意の量と結合しない場合には，変動的生産要素の投入増加はいかなる収益増加をも生み出さないことになる。

これに対して，変動的生産要素の投入量変化が固定的生産要素の特性に影響を及ぼす場合には，次のような状況が確認される。今，再び木材の投入量を100㎥から100.1㎥に増加させるとする。そして，木材の投入増加により労働者と機械の特性が影響を受け，両者の給付能力が同じ4作業時間に100.1㎥の木材を加工することを許すとすれば，0.1㎥の増分生産物（収益増加）が得られることになる。要するに，収益増加を得るためには，全生産要素の投入量を所与の割合で増加させる必要があり，しかも，この収益増加は全生産要素の投入量増加に比例している。工業経営の生産の場では，投入される生産要素は一定の給付または生産的効果に厳密に結合しているので，A型生産関数（収益法則）が前提とする要素投入量の自由な変化可能性は排除される。つまり，工業経営では，生産要素の投入量は自由に変化できないので，個々の生産要素に対する偏限界生産力は測定できない。グーテンベルクは，生産要素の投入量が自由に変化できない生産関数をB型生産関数と定義している。B型生産関数と

は費消関数に立脚する生産関数であり，それは工業経営に妥当する法則性を示す。

2. B型生産関数

どの経営もいくつかの経営部分単位（機械設備や作業場など）から構成されているが，この経営部分単位 D は一定の技術的特性（$z_1, z_2, ..., z_v$）によって完全に特徴づけられる。例えば，ある溶解炉 D の場合には，炉の容積 z_1，炉の内壁 z_2，使用煉瓦の耐火性と硬度 z_3，加熱エネルギーの種類 z_4 という技術的特性によって経営部分単位の特徴が示される。グーテンベルクによると，種々の生産要素の投入量は，機械設備の技術的特性によって規定されている。しかし，投入された生産要素の費消量は，z状況（$z_1, z_2, ..., z_v$）が固定されている場合に一義的に決定されるのみならず，機械設備に要求される給付 d にも依存している。したがって，このことから，生産要素の費消量を決定する費消関数を導き出せば，以下（1）式のように書き記すことができる（Gutenberg, 1961, S. 218ff., 訳 227 頁以下）。ただし，給付 d は，時間単位当たりの物量（時間単位当たりの重量，体積，個数および同一作業の作業回数など）によって測定することが可能となる。尾畑（2000）によれば，ドイツ語の Leistung（給付）とは物理学でいう仕事率（仕事量÷時間）のことであり，Leistung とは物理学の概念から援用された概念であるという（尾畑, 2000, 239 頁）。要するに，時間単位当たりの物量で表現される給付 d とは，仕事率さらに言えば後述の強度（Intensität）と同義であると解される。

$$r_i = f_i\,(z_1, z_2, ..., z_v; d) \qquad (i = 1, ..., n\,;\text{生産要素の数}) \qquad (1)$$

（1）式の費消関数では，生産要素の費消量 r_i は，機械設備の技術的特性（$z_1, z_2, ..., z_v$）の関数であると同時に，機械設備に要求される給付 d の関数でもある。しかし，機械設備の z 状況（$z_1, z_2, ..., z_v$）が一定であると仮定すれば，費消量 r_i は給付 d のみの関数となる。すなわち，費消関数は $r_i = f_i\,(d)$ で書き記すことができる。なお，グーテンベルクの説明では，費消関数は各生産要素

別に，3次式 $r = Ad^3 + Bd^2 + Cd + D$, 2次式 $r = Ad^2 + Bd + C$, 1次式 $r = Ad + B$ および $r = Ad$, そして $r = A$ など，さまざまな形の方程式（関数）で表すことができる。グーテンベルクは，多くの費消関数は $r = Ad + B$ という1次方程式で示されると指摘しているが，とりわけ2次関数 $r = Ad^2 + Bd + C$ の場合には，曲線の曲がりが非常に小であるので，費消関数の直線的経過を捉えることができるとも主張している（Gutenberg, 1961, S.225f., 訳233頁）。そして，これらのことは，グーテンベルクが原価曲線（原価経過）の傾向的線形性を主張する根拠ともなっている。

また，グーテンベルクは，機械設備 $D_1, D_2, ..., D_m$ にどの程度の給付 d が要求されるかは，経営の操業度 x に依存するとも述べている。つまり，以下の(2)式に示す通り，要求される給付 d を産出量 x の関数として把握することができる。

$$d_j = \varphi_j(x) \quad (j = 1, ..., m\,;\text{経営部分単位の数}) \tag{2}$$

ところで，機械設備1が要求する要素投入量 $r_1, r_2, ..., r_n$ に付加的指数1を付し，同様に機械設備2が要求する要素投入量に付加的指数2を付せば，機械設備1の費消関数は $r_{i1} = f_{i1}(d_1)$, 機械設備2の費消関数は $r_{i2} = f_{i2}(d_2)$ となる。一般的には，機械設備 m $(j = 1, ..., m)$ の費消関数は $r_{ij} = f_{ij}(d_j)$ で表すことができる。そしてここで，(2)式より d_j を関数 $\varphi_j(x)$ に置き換えると，$r_{ij} = f_{ij}(\varphi_j(x))$ が成立し，生産要素の投入量（費消量）r はただ産出量 x に依存することになる。したがって，全設備を横断する形で計算される経営全体の生産要素の投入量 $r_1, r_2, ..., r_n$ は，次式により決定されることになる。

$$\begin{aligned} r_1 &= \sum_{j=1}^{m} r_{1j} = \sum_{j=1}^{m} f_{1j}(\varphi_j(x)) \\ r_2 &= \sum_{j=1}^{m} r_{2j} = \sum_{j=1}^{m} f_{2j}(\varphi_j(x)) \\ &\vdots \qquad \vdots \\ r_n &= \sum_{j=1}^{m} r_{nj} = \sum_{j=1}^{m} f_{nj}(\varphi_j(x)) \end{aligned} \tag{3}$$

なお，直接材料がその例であるが，生産要素の投入量と経営生産物との間に

直接的関係が成立する場合がある。このような生産要素の投入量を記号 s で示せば, $s = \psi(x)$ が得られる。グーテンベルクの主張では，B型生産関数はただ単に機械設備（アグレガート）によって規定される間接的な関数のみではなく，生産物と要素投入量との間の直接的関係をも含む。

3. 適応の理論と原価関数

　グーテンベルクによると，経営の原価水準は，5つの主要原価作用因（Hauptkosteneinflußgrößen），すなわち要素の質，要素価格，操業度，経営規模，生産予定によって決定されるという。グーテンベルクの研究では，第一に操業度を取り上げ，操業度の変化に対して経営が生産技術的に適応するときに，原価曲線がいかなる経過を示すかが考察されている。経営による適応の種類としては，「収益法則による適応」，「強度による適応」，「時間的適応」，「量的適応」の4形態が示されているが，このうち収益法則による適応は，その基礎となるA型生産関数の否定とともに，主たる適応形態から除外されている。また，操業度の変化に作業時間の変化でもって適応する時間的適応は，量的適応の特殊ケースとして解釈されている。したがって，以下では，残りの2つの適応形態，すなわち「強度による適応」と「量的適応」について検討することになる（Gutenberg, 1961, S.237ff., 訳 245 頁以下）。

(1)　強度による適応

　強度による適応とは，同じ操業時間を前提とし，生産要素を要求する程度（強度）が異なることをいう。グーテンベルクによれば，経営が操業度の変化に強度によって適応する場合には，いずれの機械設備も不足操業か超過操業のどちらかの状態になるが，しかし，どうあれ発生する原価は個々の機械設備の費消関数によって規定されるという。要するに，強度による適応の場合には，B型生産関数が妥当する。

　B型生産関数（費消関数）に照応する原価関数は，個々の機械設備に必要な要素投入量 $r_1, ..., r_n$（費消量）に一定と仮定された要素価格 $\pi_1, ..., \pi_n$ を乗じ

て得られる。すなわち，$k_{ij} = r_{ij} \cdot \pi_i$（ただし $r_{ij} = f_{ij}(d_j) = f_{ij}(\varphi_j(x))$）より，原価関数は $k_{ij} = g_{ij}(d_j) = g_{ij}(\zeta_j(x))$ で表現される。したがって，例えば機械設備1の要求から生じる原価は，$\sum_{i=1}^{n} k_{i1} = \sum_{i=1}^{n} r_{i1} \cdot \pi_i$ で求められることになるが，勿論，この原価は機械設備1に要求される給付 d_1 の関数である。操業度 x の変化に応じて，d_1 が変化すれば，生産要素の費消量 r_{i1} もその原価額 k_{i1} も，設備固有の費消関数にしたがって変化することになる。

なお，このように費消関数によって決定される各機械設備（$j = 1, ..., m$）の原価の総和は，$K = \sum_{j=1}^{m} \sum_{i=1}^{n} k_{ij}$ で求められる。そして，これに生産物 x に直結する要素投入量 s_x（$x = 1, ..., v$）の原価（すなわち $\sum_{x=1}^{v} s_x \pi_x$）を加えれば，総原価 K は $K = \sum_{j=1}^{m} \sum_{i=1}^{n} k_{ij} + \sum_{x=1}^{v} s_x \pi_x$ となる。要するに，強度による適応の場合には，総原価曲線の経過はただ費消関数に依存するにすぎない。

ところで，図表8-1に示すように，操業度 x_0 を越えた直後に経営が強度による適応を行えば，原価曲線 $K_{\ddot{u}}$ が生じる。この場合，労働と設備に正常給付を要求する操業度 x_0 までは比例的な原価経過を示すが，操業度 x_0 を越えると生産要素に超過要求を強いることになり原価が遙増する。しかし，グーテンベ

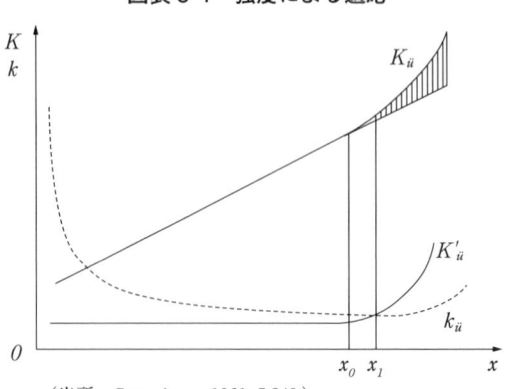

図表8-1　強度による適応

（出所；Gutenberg, 1961, S.249.）

ルクの主張では,「責任を自覚した経営指導者」は,このような超過操業による原価逓増の状況を避けるように努めるという。つまり,「責任を自覚した経営指導者」を前提とすれば,原価曲線の傾向的線形性が主張できる。

なお,ある特定の経営では,経営設備に対する要求とは無関連な原価も発生する。例えば,設備への投下資本に対する利子費用,減価償却の形での空間費,賃借料,設備利用とは関係がない維持補修費,設備への要求とは無関連に支払われる租税公課や保険料,そして休止中の損耗を原因とする設備の減価償却費などである。グーテンベルクは,これらの原価を固定費と呼んでいる (Gutenberg, 1961, S.250, 訳 257 頁)。

グーテンベルクの認識では,既述のように費消関数で把握できる原価が変動費であり,しかも,この変動費の場合には,要素投入量＝要素費消量という関係が成立しているといえる。それに対して,要素投入量≠要素費消量となり,費消関数では把握できない原価が固定費である。固定費 Q は,設備の給付能力 (キャパシティ) の利用の有無により,有効費用 K_n と無効費用 K_l とに分解される。今,機械設備が産出する実際の生産量を x とし,設備の最大可能生産量を m とすれば,無効費用は $K_l(x) = (m - x)\dfrac{Q}{m}$ で表現され,他方で,$Q = K_l(x) + K_n(x)$ より,有効費用は $K_n(x) = x \cdot \dfrac{Q}{m}$ で測定されることになる。結局,固定費は,操業度 x の変化に従って,有効費用になったり無効費用になったりする。つまり,固定費は,有効費用と無効費用への分解により,操業度 x の関数となる。ただし,強度による適応の場合には,認識された無効費用は根本的に取り去ることはできない。

(2) 量的適応

操業度の変化が非常に激しく時間的適応によっては対処できない場合には,経営は操業度の変化に量的に適応することになる。量的適応による設備の生産能力の縮小は,休止した設備を売却するか,あるいは留保するかのどちらかの方法による。休止した設備が売却される場合には,図表 8-2 に示す通り,量

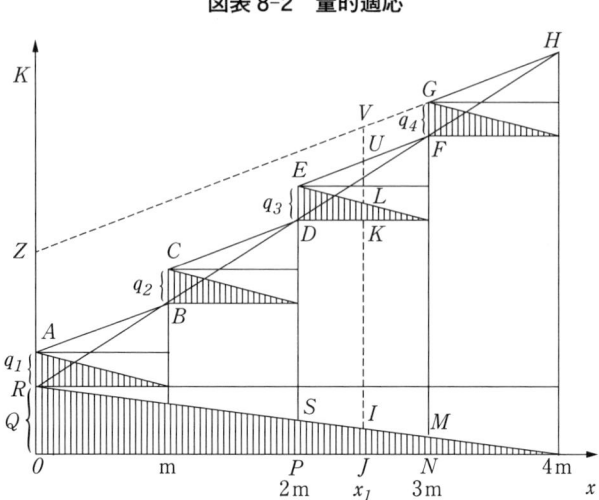

図表 8-2　量的適応

(出所；Gutenberg, 1961, S.269.)

的適応の原価経過は直線となる。ただし，この直線は単に原価点ＲＢＤＦＨを結ぶ連結線であるにすぎない。さらに，経営が量的適応と時間的適応を組み合わせて適応する場合には，段階曲線ＡＢＣＤＥＦＧが示すような原価曲線が生じる（図表 8-2 参照）。グーテンベルクの説明では，このような段階曲線は直線的傾向によって接近できるので，この曲線的経過は傾向的に線形であると主張されている。

それに対して，休止した設備が留保される場合には，設備の区間固定費 q_1, …, q_4 が経営内に残留することになり，原価曲線は RBDFH 線上ではなく，ZVGH 線上を移動する（図表 8-2 参照）。なお，休止した設備が留保されるということは，休止した設備の区間固定費の削減が断念されたことを意味する。つまり，残留固定費（remanente Fixkosten）となった区間固定費は，除去可能であるにもかかわらず除去されなかった無効費用を意味する。

さて，議論を ABC の原価理論に移す前に，グーテンベルクの原価理論の特徴について整理しておきたい。

① グーテンベルクの原価理論には責任を自覚した経営指導者の判断が組み込まれている。

② 要素投入量と要素費消量の区別に基づいて，変動費と固定費の概念が説明されている。
③ 固定費は，有効費用と無効費用への分解により，生産量の関数となる。
④ 上記①から③の結果として，原価曲線の傾向的線形性と全部原価計算の基礎理論が成立する。

Ⅲ．ABC の諸条件

　ノリーンは，既存製品の廃止決定と原価を最小化する製品設計を取り上げ，双方の目的に対してABCが関連原価を提供する諸条件を検討している（Noreen, 1991；片岡，2004）。ノリーンによれば，製品廃止決定上の関連原価は，実際に製品が廃止された場合の回避可能原価であり，また製品設計上の関連原価は，間接費配賦率の形で示される増分活動原価であると認識されている。そして，この認識の下で，ABCの製品原価が回避可能な製品原価を示し，またABCの間接費配賦率が増分活動原価を示すようなABCの諸条件の析出が行われている。

　まず，分析の出発点として，ノリーンはABCの特徴を2段階の原価配賦手続に求めている。つまり，ABCの配賦手続では，原価はまず中間的原価計算対象である活動 a に集計され，そして適切な活動尺度（コスト・ドライバー）を用いて最終的に製品 q に配賦される。そして，この原価の2段階配賦を前提として，ノリーンは，ABCの原価関数を $C = C(a(q))$ と表現し，2段階配賦を特徴とするABCの計算手続を(4)式のように描出している（Noreen, 1991, pp.160-162）。

$$\sum_j PC_j = \sum_j \sum_i r_i m_{ij} = \sum_i r_i \sum_j m_{ij} = \sum_i r_i m_i = \sum_i CP_i = C \qquad (4)$$

　ノリーンの解釈では，ABCとは単純な原価配賦スキームであり，(4)式に示す通り，製品原価の総和 $\sum_j PC_j$ と配賦されるべき総原価Cとが等しくなる（ $\sum_j PC_j = C$ ）。ただし，ABCが正確な製品原価計算を成立させるためには，

前式 $\sum_j PC_j = C$ の両辺の間に介在する中間的な計算過程が，とりわけ中間的原価計算対象で決定される m_{ij} と r_i が，重要な役割を演じることになる。なお，m_{ij} とは第 j 製品が第 i 活動に要求する活動量であり，ノリーンの主張では，この活動量 m_{ij} は第 j 製品の生産量 q_j の関数となる（$m_{ij} = m_{ij}(q_j)$）。その上，この関数は，$m_{ij}(q_j) = 0$ if $q_j = 0$ および $m_{ij}(q_j) \geq 0$ if $q_j > 0$ という2つの特性を持つという。すなわち，第 j 製品の生産量 q_j がゼロであれば，活動量もゼロとなり，他方で，第 j 製品を1単位でも生産すれば，活動量 m_{ij} はゼロであるか，または生産量 q_j に応じて発生する。また，r_i とは第 i 活動で決定される間接費配賦率を意味し，r_i は活動（コストプール）に集計された原価 CP_i を総活動量 m_i で除して求められる。すなわち，計算式 $r_i = CP_i/m_i$（ただし $m_i = \sum_j m_{ij}$）によって算出される。

以上のことを踏まえて，ノリーンは，ABCが関連原価を提供する諸条件の析出を試みる。そのために，製品の回避可能原価と活動増分原価を次のように定義している。まず，製品 k の回避可能原価を $C(a(q)) - C(a(q_{\bullet k}))$ と定義し（ただし $q = (q_1, q_2, ..., q_{k-1}, q_k, q_{k+1}, ..., q_J)$ および $q_{\bullet k} = (q_1, q_2, ..., q_{k-1}, 0, q_{k+1}, ..., q_J)$），$PC_k = \sum_i r_i m_{ik} = \{C(a(q)) - C(a(q_{\bullet k}))\}$ が成立する場合にのみ，ABCの製品原価が回避可能な製品原価を示すという。ただし，上記のノリーンの定義によれば，偏導関数（$\partial C / \partial q_{\bullet k}$）が計算できることから，連産品や結合原価の存在が排除されることになる。さらにまた，ノリーンは，活動水準が a から a' へ変化する場合の増分原価を $C(a') - C(a)$ と定義した上で，$\sum_i r_i(a'_i - a_i) = C(a') - C(a)$ が成立する場合にのみ，ABCの活動原価が増分活動原価を示すと結論づけている。そして，十分に特定化されたABCは，(a) $m_{ij}(q_j) = 0$ if $q_j = 0$ および $m_{ij}(q_j) \geq 0$ if $q_j > 0$，(b) $a_i = m_i = \sum_j m_{ij}$，(c) $\sum_i r_i m_i = C$，という特性をもつ配賦率 $r_i(q)$ と活動量 $m_{ij}(q_j)$ から構成されると主張した上で，以下のようなABCの3条件が析出されている（Noreen, 1991, p.163）。

(1)　$C(a(q)) = \sum_i C_i(a_i(q))$

(2)　$C_i(a_i(q)) = p_i a_i(q)$

(3) $a_i(q) = \sum_j a_{ij}(q_j)$ ただし，$a_{ij}(q_j) = 0$ if $q_j = 0$ および $a_{ij}(q_j) \geq 0$ if $q_j > 0$

要するに，(1) 実際の原価関数 $C(a(q))$ は各コストプール別に分割可能であり，各コストプールは単一の活動のみに依存すること，(2) 各コストプールに集計された原価は，厳密にその活動に比例すること，(3) 各活動は製品間で分配可能であり，各製品が受け取る分配量は当該製品のみに依存すること，という3条件が満たされた場合にのみ，ABCは意思決定に有用な関連原価情報を提供することができる。

ただし，上記の3条件は，理念型とでもいうべき非常に厳格な諸条件である。とくに第二条件は，原価と活動量との正比例を要求するもので，非線形原価関数や切片（固定費）のある1次関数 $C = pa + F$ を排除している。この点では，先に考察したグーテンベルクの費消関数の方が弾力的であるといえる。また，第三条件は，連産品や結合原価の存在を排除する。結局のところ，ノリーンが析出した3条件は，全部原価計算としてのABCに妥当する3条件であると考えられるが，しかし，その場合には固定費の完全比例化の問題など，解決すべき実践上の課題が残されているように思われる。

Ⅳ．ABCの原価関数

バンカーとヒュースは，i 個（$i = 1, ..., I$）の活動の支援を受けて複数 j 個（$j = 1, ..., J$）の製品を生産する独占企業を念頭に置きながら，ABCから得られる原価情報が，製品価格の決定とキャパシティ（支援活動に投入される資源量）の決定に対して関連情報を提供しうるかどうかを検証している。さしあたりバンカーとヒュースは，製品の需要は価格の線形関数であり，しかも，その製品需要には分離可能な確率的要素が付加的に含まれると仮定した上で，需要関数を次のように定義している（Banker and Hughes, 1994, p.483）。

$q_j = \alpha_j - \beta_j p_j + \varepsilon_j, \quad j = 1, ..., J.$ (5)

この需要関数の場合，p_j は企業が設定する第 j 製品の価格を表し，q_j は顧客

による第 j 製品の需要量を示す。また，α_j および β_j は第 j 製品に関する正のパラメータ（$\alpha_j, \beta_j > 0$）である。さらに，ε_j は経営管理者の意思決定時には予測不能な需要の不確実性を示す。任意の攪乱要因である限り，その期待値はゼロである（$E(\varepsilon_j) = 0$）。なお，最適価格の選択下では，j 個の製品すべてに対して，$q_j > 0$ が成立すると仮定する。また，ベクトル概念を用いれば，製品価格 p と製品需要量 q は，それぞれ $p \equiv (p_1, \ldots p_j, \ldots p_J)$ および $q \equiv (q_1, \ldots q_j, \ldots q_J)$ で表現される。

バンカーとヒュースは，(5)式のように需要関数を定義した上で，原価関数を $C(x, q)$ と定めている。q は製品の需要量すなわち生産量であるが，x は活動 $i = 1, \ldots, I$ に投入された資源量を表す。ベクトルで示せば，$x \equiv (x_1, \ldots x_i, \ldots x_I)$ となるが，x は利用可能な活動量（活動コスト・ドライバー・キャパシティ）でもある。そして，生産の総原価が次の(6)式でもって定義されている（Banker and Hughes, 1994, pp.483-484）。

$$C(x,q) = \sum_{j=1}^{J} v_j q_j + \sum_{i=1}^{I} m_i x_i + \sum_{i=1}^{I} \xi_i(x_i, q) \tag{6}$$

$$\xi_i(x_i, q) = \begin{cases} 0 & \text{if } \sum_{j=1}^{J} \mu_{ij} q_j \leq x_i \\ \theta_i m_i \left(\sum_{j=1}^{J} \mu_{ij} q_j - x_i \right) & \text{if } \sum_{j=1}^{J} \mu_{ij} q_j > x_i \end{cases}$$

この場合，$v_j \equiv$ 第 j 製品の単位当たり変動費（変動費率），

$m_i \equiv$ 第 i 活動の正常原価配賦率（活動原価／総活動量），

$\theta_i \equiv$ 第 i 活動に投入された資源量（保有キャパシティ）を超過した場合のペナルティ要因，

$\mu_{ij} \equiv$ 第 j 製品 1 単位を支援するために必要な第 i 活動の活動量，

である。

上記(6)式では，右辺第 1 項 $\sum_{j=1}^{J} v_j q_j$ が，利用時に投入される資源の原価すなわち変動費を示し，右辺第 2 項 $\sum_{i=1}^{I} m_i x_i$ が，保有キャパシティの利用量とは関係なく発生する投入資源の原価すなわち固定費を表す。そして，右辺第 3 項

$\sum_{i=1}^{I} \xi_i(x_i, q)$ が，投入資源量（保有キャパシティ）を超過した場合に発生するペナルティ・コストである。バンカーとヒュースによれば，原価計算の文献では，変動費と固定費の定義は曖昧であるが，彼らが観念する変動費と固定費の概念は，Cooper and Kaplan（1992）が提示した資源の投入と利用に関する仮説に準拠しているという（Banker and Hughes, 1994, p.483）。また，(6)式の原価関数は，保有キャパシティの限度に達するまではおおよそ線形に経過するが，しかし，一旦保有キャパシティを越えてしまうと，限界原価は急激に増加することを含意しているともいう。しかも，この原価関数の構造は計量経済学者の調査と首尾一貫しているともいう（Banker and Hughes, 1994, p.484）。

さて，実際生産量 q の時に要求される活動 i の実際利用量を z_i とすると，実際利用量 z_i は $z_i = \sum_{j=1}^{J} \mu_{ij} q_j$ で求められる。この計算式からは，活動の実際利用量 z は実際生産量 q の関数であることがわかる。今，活動 i の実際利用量 z_i が保有キャパシティ x_i 以下であるならば，すなわち $z_i (=\sum_{j=1}^{J} \mu_{ij} q_j) \leq x_i$ であるならば，保有キャパシティが完全利用されていないにもかかわらず，活動 i の原価は投入資源の原価 $m_i x_i$ となる。しかし，もし活動 i の実際利用量 z_i が保有キャパシティ x_i を超過するならば，すなわち $z_i (=\sum_{j=1}^{J} \mu_{ij} q_j) > x_i$ となるならば，その場合には，追加投入された資源は単位当たり $\theta_i m_i$（$\theta_i > 1$）のペナルティ・コストを発生させる。つまり，$z_i > x_i$ の時の追加原価（ペナルティ・コスト）の総額は，$\xi_i(x_i, q) = \theta_i m_i (z_i - x_i)$ となり，追加資源の正常原価を（$\theta_i - 1$）$m_i (z_i - x_i) > 0$ だけ上回る。この追加原価（ペナルティ・コスト）の発生は，資源利用量が確実となった時点で事後的に正確な必要量だけをペナルティ・コストを支払って投入するよりも，経営管理者が事前に的確な資源投入を行う方が経済的合理性をもつことを教えてくれる。バンカーとヒュースは，この点について，以下のような品質検査活動の事例を用いて具体的に説明している（Banker and Hughes, 1994, pp.484-486）。

例えば，異なる3製品が製造後に抜取検査法により品質検査されるとする。この場合，各製品はそれぞれ 1/200，1/100，1/80 の割合で抜取検査されるとすると，製品1単位当たりに必要な検査量は，$\mu_{i1} = 0.005$（$= 1/200$），$\mu_{i2} = 0.010$（$= 1/100$），$\mu_{i3} = 0.0125$（$= 1/80$）となる。もし実際の生産量をそれぞれ600,000単位，350,000単位，80,000単位とすれば，実際の検査量は，$z_i = 7,500$（$= 3,000 + 3,500 + 1,000$）回となる。今，事前に40,000ドルを支出して $x_i = 8,000$ 回の利用可能な検査量（検査1回当たりの正常原価 $m_i = 5$ ドル（$= 40,000$ ドル／$8,000$ 回））を保有していたとすると，500回の未利用キャパシティが存在することになるが，それにもかかわらず検査活動の原価は事前に支出した40,000ドルとなる。それに対して，もし第3番目の製品の生産量を200,000単位に引き上げるならば，総計で $z_i = 9,000$（$= 3,000 + 3,500 + 2,500$）回の検査量が必要となる。$x_i = 8,000$ 回を超える追加の1,000回の検査量に対して1回当たり7.50ドル（正常原価5.00ドル＋ペナルティ2.50ドル）が発生するとすれば，検査活動の実際原価は47,500ドルとなる。しかし，経営管理者が事前に正確に9,000回の検査量に資源投入していたとすれば，実際に発生する原価は45,000ドルで済む。

結局，この事例からもわかるように，バンカーとヒュースが想定するABCの特徴としては，次のことが確認できる。すなわち，①投資決定時の経営管理者の経済合理的な判断（ペナルティ・コストを発生させない経営管理者の意思決定）がABC原価モデルに組み込まれていること，②原価計算の焦点を資源投入量 x_i から資源利用量 z_i に移し，中間的原価計算対象において固定費 $m_i x_i$ を生産量 q_j の関数として把握すること，である。そうすると，ABCの原価関数は，（6）式 $C(x, q) = \sum_{j=1}^{J} v_j q_j + \sum_{i=1}^{I} m_i x_i + \sum_{i=1}^{I} \xi_i(x_i, q)$ から下記の（7）式に書き換えることができる。

$$C(z(q), q) = \sum_{j=1}^{J} v_j q_j + \sum_{i=1}^{I} m_i z_i = \sum_{j=1}^{J} v_j q_j + \sum_{i=1}^{I} m_i \sum_{j=1}^{J} \mu_{ij} q_j \qquad (7)$$

すなわち，原価曲線の線形性とABC全部原価計算の成立である。そして，

(7) 式を総製品単位数 $\sum_{j=1}^{J} q_j$ で割り算すれば，第 j 製品の ABC 単位原価 c_j は，$c_j = v_j + \sum_{i=1}^{I} m_i \mu_{ij}$ で定義されることになる。明らかに製品の需要量が確実に予測できる場合には，資源投入量 x_i ＝資源利用量 z_i が成立し，上式で表現される c_j が，製品単位当たりの実際原価を示すことになる。

Ⅴ．おわりに

本章では，中間的原価計算対象における原価関数の線形性に着目しながら，Gutenberg（1961），Noreen（1991）および Banker and Hughes（1994）の原価関数を比較考察した。まず，グーテンベルクの場合には，産出と投入の間に介在するアグレガート（機械設備）を起点として，原価関数の傾向の線形性が主張されていた。グーテンベルクは原価計算研究者ではなかったが，彼の弟子のキルガーが，とりわけグーテンベルクの費消関数の理論に依拠しながら，原価部門別計算を基礎とする限界計画原価計算（部分原価計算）を確立した。この場合，キルガーは同質的原価発生（homogene Kostenverursachung）を原則として原価部門（中間的原価計算対象）を編成したが，ABC の 3 条件を析出したノリーンの発想は，部分原価計算と全部原価計算の違いはあるにせよ，キルガーのそれに極めて近いといえる。それに対して，Cooper and Kaplan（1992）の資源の投入と利用の仮説に準拠するバンカーとヒュースの ABC 原価モデルは，中間的原価計算対象を利用して原価関数の線形性と固変分解に立脚する全部原価計算を成立させている。

他方で，本章で考察したグーテンベルクの原価理論では，費消関数では捉えられない固定費が有効費用と無効費用とに分解され，しかも双方の費用とも生産量の関数として把握されていた。このことから，筆者は，限界計画原価計算を確立したキルガーとは異なり，グーテンベルクの原価理論を部分原価計算ではなく，全部原価計算の基礎理論として積極的に位置づけることに努めた。

また，グーテンベルクの経営経済学では，生産要素（経営の基本要素）の体系を論じるにあたり，①労働給付，②作業手段，③材料，④営業および経営指導という4つの生産要素が指摘されている。とりわけ第4の生産要素である営業および経営指導というのは，3つの基本要素を結合して1つの生産結合体を創り出す人間または人間集団のことであり，市場経済的体制では，その結合職能は企業家に委ねられる（Gutenberg, 1961, S.5, 訳5頁）。先にバンカーとヒュースのABC原価モデルには経営者の経済合理的な判断が組み込まれていると述べたが，同様のことがグーテンベルクの原価理論にも当てはまる。

　なお，本書第1章では，結合原価の存在を意識した上で，間接費の配賦計算を一切行わないリーベルの原価計算について考察したが，その場合，リーベルは原価を直接跡付ける原価計算対象を数多く設定していた。しかし，その設定された原価計算対象はすべてが最終的原価計算対象であり，中間的原価計算対象としては設定されてはいなかった。結局，リーベルのように，間接費の配賦計算を完全に放棄するのであれば，中間的原価計算対象を設定する必要性はなくなる。以上のことから考えると，中間的原価計算対象を設定する意義は，やはり最終的原価計算対象に巧妙に原価を集めてくること，すなわち中間的原価計算対象における原価関数の傾向的線形性の確保に務めながら，全部原価計算を成立させることにあるといえる。

第9章 シュマーレンバッハ研究
――工場経営における簿記と原価計算――

I. はじめに

　本章は，1899年にドイツ金属工業新聞に連載されたシュマーレンバッハ(Schmalenbach, E.)の最初の大論文「工場経営における簿記と原価計算(Buchführung und Kalkulation im Fabrikgeschäft)」に関する検討を内容としている（石原，1978a, 1978b）。この論文を執筆した当時，シュマーレンバッハは弱冠25歳のライプチヒ商科大学の学生であり，勿論，この論文は匿名で公表されている。シュマーレンバッハは，商科大学入学前，彼の父親の事業において，工場経営者として工業簿記と原価計算に専念していた。この時の実務的経験をもとにして，工場経営における簿記や原価計算についての彼自身の思索の過程を説明したのが，この1899年の長編論文であり，その主題はあくまでも固定費の処理問題であったことは言う迄もない。固定費問題を経営経済的文献の中へ持ち込んだのは自分の功績であると自負するシュマーレンバッハは，ウィーン講演での大反響を機に，1928年にこの古い論文を小冊子にて復刻させている[1]。

　工場会計実務に携わるなかで，シュマーレンバッハの探求眼が真っ先に関心を示した問題は，間接費(Generalunkosten)の取扱いであった(Kruk/Potthoff/Sieben, 1984, S.12f., 訳19-20頁)。その当時，間接費の原価計算上の取扱いに関しては，理論家の間でも統一的な見解は存在していなかった(Schmalenbach, 1902, S.376)。原価を補償し利益を生む売価を見つけ出すために，工場経営者によっていつも同じ百分率で経営原価（材料費プラス賃金）に

上積みされる間接費とは一体何なのか。それは，好況時でも不況時でも，本当に常に経営原価の20パーセントになるのか。25パーセントや17パーセントでは，なぜいけないのか。20パーセントが正しいかどうかを一体誰が査定するのか。それはそもそもどのようにして査定されうるのか。このような自問自答の末に，シュマーレンバッハは，間接費（Generalunkosten）と直接費（Specialunkosten）という対概念に代えて，固定費（fixe Unkosten）と比例費（proportionale Unkosten）という対概念を彼の原価計算論（Kalkulationslehre）の中心概念に据える。生産量との関係に基づいて原価を固定費と比例費とに分解し，そして，その分離された固定費を粗利益によって補償することは，理論的には正しいという認識を示す。シュマーレンバッハは，1902年の論文以降，製品勘定には比例費のみを勘定記入し，固定費は原価負担者別計算（製品別計算）を回避して損益勘定に直接集計する方式を強調するようになるが，本章で考察する1899年の論文だけは，実務への配慮から，固定費の原価負担者への配賦計算論が展開されている。

さて，本章の目的は，近年のABC（Activity-Based Costing）を念頭に置きながら，固定費と比例費への原価分類，すなわち固変分解に立脚しながら展開されているシュマーレンバッハのKalkulation論について検討を行うことである。なお，先行研究としては，例えばシュヴァイツァー（Schweitzer, M.）は，シュマーレンバッハの1899年の論文の中に，近年のABCと類似の発想が宿っていたことを手短に指摘している（Schweitzer, 1995, p.40，訳109頁）。以下本章では，シュヴァイツァーのこの指摘をより詳細かつ具体的な形で論究したいと考えている。

II．原価計算的簿記の必要性

シュマーレンバッハによれば，「今日教授され，最も多く使用されている複式簿記は，債務・債権関係の簿記である」（Schmalenbach, 1899, S.3）。しかしながら，彼によれば，このような債務・債権関係の簿記は，もはや時代遅れと

なり陳腐化している。修道僧ルカ・パチョーリが複式簿記を考案したと言われて以来，多くのことが変化してしまった。法律関係が記帳上の中心であった時代はもはや過去のことであり，今や効率性を追求する国民経済が分業化を進展させている。

　熾烈を極める競争は，もはや法と慣習をもって規制したところで回避できるものではなく，生き残るためには，企業経営者自らがより速く疾走しなければならない。その結果，以前には殆ど知られていなかった言葉，すなわち商人的計算（Kaufmännische Berechnung）や原価計算（Kalkulation）という言葉が普及するに至る[2]。工場経営者は，競争上の優位を獲得するために，未熟な知覚から逃れ，より正確な計算を要求する。つまり，「納品義務の引き受けによっていくらの出費（Unkosten）が発生するのかを，私達は以前よりもより正確に知らなければならない。というのも，出費をより正確に見積もる術を心得ている競争相手は，私達よりも優位に立ち，私達が断る注文を彼は引き受け，私達が受注するものを拒絶する。双方の場合において，私達は不利益を被る。すなわち，一方では利益の逸失，他方では直接の損失である」（Schmalenbach, 1899, S.4）。

　シュマーレンバッハの考えでは，より正確な計算つまり原価計算は，記帳をもって支援されなければならない。彼によれば，今や諸々の取引事象は，法的な意味ではなく，むしろ原価計算的な意味において簿記処理される必要があり，したがって，彼は，複式簿記のメカニズムと原価計算とが密接に結びつくような簿記，すなわち原価計算的簿記（kalkulatorische Buchführung）の必要性を主張する。しかも，この原価計算的簿記の出現は，歴史的必然性であるという。

　その当時の簿記の指導者達は，大部分は銀行家か，あるいは銀行家から学んできた人達であった。そのため，工場経営においては，文献の貧困もあり，簿記の不十分さが顕著であった。工場経営者は，どれだけ供給業者に借りがあるのか，どれだけ顧客に貸しがあるのか，いくら賃金の支払いをしなければならないのか，どれだけの現金が金庫の中にあるのか，どのような手形が書類鞄の中にあるのか，どれだけの材料が在庫されているのか，を知っていなければな

らない。その限りでは，簿記は工場経営者にとっては従順な補佐人でなければならない。

しかしながら，シュマーレンバッハによると，債務・債権関係に重点を置く複式簿記は，個々の製品別にいくら儲けたかを物的勘定を使って立証しようと試みてはいるが，しかし，大抵の場合，この試みは失敗しているという(Schmalenbach, 1899, S.5)。なぜならば，多くの出費が誤って配賦されているからである。この複式簿記の物的勘定では，給料は給料のところで，出張旅費は出張旅費のところでという具合に，同じ勘定科目名を持つ費目はすべて一括的に記帳されている。ある製品が他の製品よりも多くの出張旅費を必要とするということ，特定の顧客層が特定の出張旅費を専ら負担しなければならないということ，それどころか個々の注文が出張旅費に対する個別的支出を要求するということには何ら異論の余地はないのに，債務・債権関係の簿記はこれらの点への配慮に欠けている。

シュマーレンバッハの指摘では，法律関係に主要な価値を与える従来の複式簿記は，製品全体というレベルではまだどうにか原価負担者計算を可能とするが，しかし，顧客の手に渡る個々の製品レベルでは正確な原価計算を可能とはしない。債務・債権関係の複式簿記は，顧客の法的勘定（rechtliche Konten）のみを持ち，顧客の原価計算的勘定（kalkulatorische Konten）を持たない。そのため，顧客の収益性は計算を通じてのみ明らかになり，帳簿を通じては明らかにはならない。したがって，シュマーレンバッハは，顧客に2つの勘定を，すなわち法律関係の勘定と原価計算上の勘定の両者を開設する必要性を主張する。前者の法的顧客勘定では，発生する出費や発生した出費には直接配慮がなされずに，その「借方」に協定価格（売上債権）が記帳される。つまり，法的顧客勘定というのは，債権・債務の決済を行うための勘定であり，利益も損失も生み出さない定めにある。それに対して，後者の原価計算的顧客勘定では，逆に法律関係は無視され，事実関係に従った出費の記帳が行われる。原価計算的顧客勘定というのは，いわば顧客別の損益勘定であり，その「借方」には実際に発生する出費が勘定記入され，またその「貸方」には売上計算に伴う収益が勘定記入される。例えば，顧客がより少なく支払い，それに対して法的に何

ら異議を申し立てることができない場合には，この不足額（損失）は原価計算的勘定の借方に記入される。また逆に，例えば相場変動等によって，幾らかでもより多くを手にする場合には，この差額は顧客の原価計算的勘定においてその貸方に記帳されることになる。

シュマーレンバッハの見解では，顧客が全世界に拡散してしまって，もはや特定の地域にすがる必要のない時代においては，原価計算的簿記の実施は必然となる。多くの隠れた，一部は偶発的，また一部は期間反復的な出費は，すなわち運送料，保険料，訪問販売員費，割引料および貸倒損失は，原価計算されるべき出費であり，しかも継続的な簿記なくしては正確に算定され得ない。要するに，シュマーレンバッハは，原価計算対象を製品から顧客レベルにまで拡張し，上記のような営業費（Handlungsunkosten）をも含む間接費の正確な配賦計算を唱えるのであるが，あくまでもその試みは勘定の開設を通じてのみ明らかとなる。

Ⅲ．出費の配賦計算

出費は，出費を発生させる簿記の諸要因に勘定記入されなければならない。シュマーレンバッハによれば，複式簿記の支持者は，この定理を理論上適用しているが，実務上実施に移すことはしない。個々の顧客に自らが発生させた個別的出費を直接負担させることは論理に適っている。しかし，実際の顧客との取引契約では，発生する出費や発生した出費には直接注意を払わずに，むしろ運を天に任せる形で協定価格（定価）が取り決められている。シュマーレンバッハは，顧客の収益性を正確に算定するためには，法律関係を無視し，出費を事実関係に従って記帳しなければならないはずであると主張する。彼の説明に従って，事実関係を反映する出費の配賦計算と顧客勘定の開設の在り方について論述すれば，以下のようになる。

まず，特定の出費は，専ら1人の顧客によってではなく，複数の顧客すなわち1つの顧客グループによって負担されるべきものである。例えば出張販売員

は，彼が注文を獲得する顧客達によって動員されるに違いないし，スペイン語の価格帳を南米市場用に印刷する場合には，南米市場の顧客がその費用を負担すべきである。また，ボンベイの代理商が電報料や郵送料の代金を請求してくる場合には，カルカッタの顧客はその請求代金とは何の関係もない。しかし，双方の顧客が東インドへの出張を要求する場合には，双方の場所がその費用を負担すべきである。さらに，顧客勘定Ⅰが勘定Ⅱと称する1つの顧客グループと対応し，しかもこの勘定Ⅱがより大きな顧客グループⅢと対応している場合には，勘定Ⅲの出費は直接的に勘定Ⅰで決済されるか，あるいは勘定Ⅱを介して間接的に勘定Ⅰで決済されるかのどちらかでなければならない。この場合，いずれにせよ，勘定Ⅲの「借方」には発生する出費が記載され，勘定Ⅲの「貸方」には他の勘定に振り替えられる出費が記載されることになる。そして最終的には，このような方法により，すべての出費が勘定Ⅰに，すなわち顧客別の原価計算的勘定に集合することになる。

また，シュマーレンバッハは，小売商人（小口顧客層）と卸売商人（大口顧客層）との取引についても論及している。彼によると，多種多様に取り揃えられた製品を小口で取り寄せる顧客は，大口の顧客よりもより多くの出費を発生させるという。出張旅費，印刷物費，申込用紙費，郵送費および営業社員の給料は，ことさらそのような出費に属する。また同時に，このような出費の発生は，事務用消耗品等の消費量にも影響を及ぼす。さらに，この小口顧客層は，生産にも悪影響を及ぼすという。量産化を要求する卸売商人の顧客層とは違って，彼ら小売商人（小口）の顧客層は，可能な限りあらゆる関連商品を作るように要求を強める。したがって，シュマーレンバッハは，こうした事情から顧客層の区別に着手しなければならないと主張する。もしそうでなければ，大口顧客層に自己の出費を肩代わりさせる小口顧客層が，費用負担を免れて扶養され続けることになる。「一様な購買者および均一な販売価格とは何ら関係がない所ではどこでも，確かにこうした事情が私達を原価計算的顧客勘定の開設へと駆り立てる」(Schmalenbach, 1899, S.7)。

さらにまた，シュマーレンバッハは，出費は顧客の特性であるばかりか，製品の特性でもあるという。例えば，鑞引き布などによる包装は，ラッカー塗り

されていない鉄製品にとっては必要であるが，ラッカー塗りされた鉄製品の場合には余計なものであるという。したがって，彼は，包装費という特別な出費を発生させるラッカー塗りされていない鉄製品に対して，1つの勘定を開設しても差し支えないと主張する。鉄製品が滑らかに研磨されている場合には，研磨作業の費用は，顧客とは関係がなく，研磨された鉄製品全体に帰属すべきものである。しかしながら，これら製品に固有のすべての出費は，簿記機構を通じて導かれるので，最終的にはやはり顧客勘定の「借方」に姿を現わすことになる。

　なお，シュマーレンバッハは，量産品（kurante Waren）と少量品（unkurante Waren）との原価計算上の区別についても言及している。彼は，少量品はより高い価格を必要とすると主張する。特に管理作業員は，少量品が原因でしばしば非常に手間をとらされる。また，少量品は，注文の履行を度々遅らせるので，延納が原因で安易な値引きを引き起こす。さらに，特注品としての少量品が処分されるとなると，大きく原価割れして売却されるか，売却できずに倉庫に積み上げられているかのどちらかである。長年に亘って利子をむさぼり食う種々の材料も保管し続けていなければならない。その上，少量品は機械の段取り替えや不備な調整等によって，より多くの作業を要求するにもかかわらず，大抵の場合，少量品の作業賃金は別立てでは定められてはいない。したがって，シュマーレンバッハは，こうした少量品の生産物原価（Gestehungskosten）は，量産品に有害な影響を及ぼすと指摘する。この影響が厳密に査定できる限りは，それを行わずに済ませてはならない。彼の結論によれば，「正確な原価計算（Kalkulation）は，多くの量産品が少量品を排除するであろうという具合に，市場に対してその影響を指し示すであろう」(Schmalenbach, 1899, S.7)。

　以上のように，正確な製品原価計算ないし顧客原価計算を追求するシュマーレンバッハが，19世紀末の時点で，現代の活動基準原価計算（ABC）が問題にする cross-subsidy（内部相互補助）という現象を的確に捉え，とりわけ量産品と少量品を巡る製品原価計算において，ABC とほぼ同様の見解を示していたことは非常に興味深い。ただし，シュマーレンバッハの主張によれば，出費の配賦計算は，あくまでも勘定の開設において明らかになる。出費をその発

生原因である製品，顧客または機械設備に負担させ，その結果として，損失と利益の源泉を突き止めることができるように勘定を設立することが，簿記担当者の最重要任務である。しかしながら，シュマーレンバッハは，最良の出費の配賦計算と卓越した勘定開設だけではまだ不十分であるという。仮に両者を通じて利益が正確に算定されたとしても，それは現在の状況を説明しているにすぎず，製品の生産を増減させた場合に，状況がどのように変化するかまでは把握できない。要するに，現在の状況を説明するだけの単なる利益計算は殆ど価値がなく，経営管理者の意思決定に役立つためには，将来の状況に関する予測を，いわば利益の計画を可能としなければならない。そのことから，シュマーレンバッハは，生産量が増減した場合，それに応じて出費がどのように変化するかを，すなわちコスト・ビヘイビアを厳密に調査する。

IV. 第一次費と第二次費

シュマーレンバッハは，生産量の増減との関係において，出費を次のような4つの範疇に分類している。すなわち，比例費（proportionale Unkosten），固定費（fixe Unkosten），逓減費（degressive Unkosten）および逓増費（progressive Unkosten）である。比例費は，生産量の増減に応じて比例的に変化する出費であり，それに対して固定費は，生産量が増減しても全く変化しない出費である。さらに，逓減費は，生産量の増大とともに確かに増加はするが，しかし生産量と同じ割合では増加しない出費であり，公式で示せば下記のようになる。シュマーレンバッハによれば，工業経営では，出費の大部分は逓減費に属し，いわゆる間接費（Generalia）とみなされている出費の大半は，決まって逓減的な性格をもつという（Schmalenbach, 1908, S.43, 訳92頁）。

$$x\ 製品 \quad y\ 出費$$
$$2x\ 製品 \ <\ 2y\ 出費 \quad <＝より少ない，＞＝より多い$$

逓減費と対をなすものとして，逓増費が存在する。逓増費は，工業においては稀であるが，農業においては通例であるという。公式は次のようになる。

x 製品　　　　y 出費
　　　2 x 製品　　＞　2 y 出費

　シュマーレンバッハの主張では，逓減費と逓増費は，計算上固定費と比例費に分解することができる（Schmalenbach, 1899, S.8）。例えば，下記の逓減費の場合には，数学的分解を通じて，固定費と比例費は次のように計算される。まず，出費の差額を製品の増分量で除して単位当たりの比例費が求められる。そして，この単位当たり比例費に生産量を乗じて比例費が計算され，出費総額からこの比例費を差し引いて固定費が求められる[3]。2 x 製品の場合には，固定費は 1/2 y となり，比例費は 1 y となる。次の通りである。

　　　x 製品，　　y 出費　（1/2 y ＋ 1/2 y）
　　　2 x 製品，1 ½ y 出費　（1/2 y ＋ 1 y）

　固定費と比例費との区別は，補償（Deckung）つまり費用の回収計算において，大きな役割を演じるという。シュマーレンバッハは，上記のように出費が逓減的に増加し，2 x の製品に対して 1 ½ y の出費が発生する場合には，出費は顧客を通じて理論上どのように補償されるべきであるかを自問する。そして，その解答として，顧客の差別的処理論，別言すれば差別価格論を展開する。彼は，まず最初の x 製品を出費 y で製造し，次の x 製品を出費 1/2 y で製造するという具合に，生産を段状に分解する。そして，第一段の x 製品を支払能力のある顧客に価格 y で購入してもらい，第二段の x 製品を価格 y では購入を見合わせざるを得ない顧客に価格 1/2 y で販売しようとする。つまり，第一段の x 製品を入手する顧客を通じて，比例費と固定費の双方を回収することができれば，第二段の x 製品を手にする顧客には，理論上比例費の 1/2 y のみを請求しさえすればよいと考える。シュマーレンバッハによると，こうした販売の状況は，簿記において明らかにならなければならない。しかし，どの製品を第一段の価格で販売するのか，あるいはどの製品を第二段の価格で販売するのかは，製品の外見からはさしあたり判断がつかないので，全製品に共通して最低価格を，すなわち単位比例費の 1/2 y を，簿記処理上記入することを勧告する。したがって，補償計算（回収計算）は次のようになる。

	I		II
第一段の x 製品	1/2 y	+	1/2 y
第二段の x 製品	1/2 y		

　シュマーレンバッハは，このような差別価格論を展開する段階で，比例費を第一次費（primäre Unkosten），固定費を第二次費（sekundäre Unkosten）と言い換えている。そして，次のような結論を導き出す。すなわち，「すべての顧客には第一次費だけを勘定記入し，第二次費を粗利益によって補償することは，理論的には正しいであろう」（Schmalenbach, 1899, S.9）。しかし，彼は，このような決済方法は，実務では実行不可能であると述べ，別の決済方法を，すなわち第二次費（固定費）の原価負担者への配賦方法を模索する。そして，その帰結として，第一次費（比例費）と第二次費（固定費）への原価分類を計算軸とする形で，全部原価（総原価）による製品ないし顧客原価計算を成立させることになる。

　第二次費（固定費）を配賦する場合には，一般的には第一次費を配賦基準とする方法が考えられる。上記の第二次費 1/2 y の場合には，第一次費の割合に応じて配賦すれば，双方の x 製品に 1/4 y ずつが均等に割り当てられることになる。また，持論の差別価格論を説くシュマーレンバッハは，第二段の x 製品が 3/4 y の全部原価を補償できるのであれば全く問題はないが，しかし，第二段の x 製品は，1/2 y 以下での販売は許されないが，3/4 y 以下での販売は許されうることを強調している。ただし，その場合，全部原価を補償するためには，第二次費 1/4 y のうちで第二段の x 製品が回収しない分は，第一段の x 製品の負担となることは言う迄もない。以上のように，シュマーレンバッハは，第二次費（固定費）の差別的補償計算の立場からは，第一次費と第二次費とを区別する必然性が生じると主張する。

　他方で，2 x 製品が 3 y の出費を発生させる逓増費の場合には，数学的分解法を通じて，固定費と比例費は次のように算定される。つまり，出費の差額を製品の増分量で除して求められる単位比例費は 2 y となり，比例費は 4 y，そして固定費は − y となる。既に逓減費のところで述べたように，全製品には共通的に最低価格（すなわち単位比例費）が，第一次費として勘定記入されるこ

とから，結局のところ補償計算は次のようになる。

	I	II
第一段の x 製品	2 y	− y
第二段の x 製品	2 y	

　第一段の x 製品の価格は最良のものである。そのため，第二段の x 製品が既に 2 y を回収済みである場合にでも，第一段の x 製品には，必要としていないにもかかわらず，第一次費として 2 y が勘定記入される。シュマーレンバッハは，このように 2 y を勘定記入したとしても，簿記処理上は，このことが原因での混乱は何ら生じないと主張する。過大に算出された y は，利益のところで − y として再び姿を現すことになる。シュマーレンバッハによれば，逓増費は，農業と違って工業では稀であるが，例えば次のような場合に現象するという。すなわち，①生産手段の数量に制約があるために，以前の安価な生産手段がより高価な生産手段の価額で評価される場合，②原価計算上，材料価格を支払った価格（取得原価）ではなく，現在の価格（再調達原価）で評価する場合，③昼間に作られた製品に対しても，割増された定時間外労働価格（割増賃率）を適用する場合，④蒸気機関等の機械設備が能力以上に利用されるときに，リスク・プレミアムが賦課される場合，などである[4]。

　なお，シュマーレンバッハは，第一次費（比例費）と第二次費（固定費）との区別に立脚する原価計算は，国民経済に便益をもたらすことを強調している。原価計算をその基礎とした差別価格の適用は，潜在的需要を喚起するし，潜在的需要による生産の拡大は，経営キャパシティの有効利用にも大いに役立つ。この論点に関しては，宮本教授が次のように述べている。「シュマーレンバッハ自身は，無効費用概念に明確に言及しているわけではない」が，「固定費のより有効な利用を意図したという解釈をとるならば，そこにわれわれは無効費用概念の萌芽を見出すことが可能である」（宮本，1967, 101 頁）。結論として，「原価と価格を何とか結びつけ，価格によって，経営や経済を誘導しよう」（西田，2003, 3 頁）とするシュマーレンバッハは，次のような見解を示す。「一国における価格形成が迅速かつ正確に実施されればされるほど，その国の国民経済は自国の給付能力をより一層有効に利用できるようになる。価格形成は，

"無秩序な"国民経済における唯一の統治者である」(Schmalenbach, 1899, S.13)。

V. 第一次原価計算価格と総原価計算価格

　第一次費が製品単位で計算されると第一次原価計算価格（primäre Kalkulationspreis）であり，第二次費が第一次費のように製品単位で計算されると第二次原価計算価格（sekundäre Kalkulationspreis）である。そして，両者を合算すると総原価計算価格（rohe Kalkulationspreis）となる。シュマーレンバッハによれば，差別価格（例えば第一次原価計算価格）の適用は，確かに理論上は正しいが，現実問題として多くの困難に直面する。何よりもまず需要を確認することは困難であるし，また交通機関の運賃原価計算からもわかるように，経済生活にとっては固定した価格を維持する必要性がある。とりわけ外部関係者の利害を考慮に入れれば，顧客の差別的処理や差別価格の適用には賛成し難い面もある。したがって，シュマーレンバッハは，持論の差別価格論の有効性を確信しつつも，差別的処理や差別価格が専ら意義を有するのは，経営内部の管理においてであるという結論に至る。彼は，部門経営の差別的処理について，次のように述べている。「製造勘定（Produktionskonten）—ないし製造勘定間相互—においては，外部者すなわち顧客や仕入先に対するような関係にはなく，第一次原価計算価格が唯一の意義を持つ。製品がいずれの部門経営で製造されるべきかという問題に直面する場合には，私達が第二次費と関係を持つことは稀である。このような擬制的勘定は，需要問題の確認を完全に放棄することができる。なぜならば，第二次費が増減しようとも，誰をも富者にも貧者にもしないからである」(Schmalenbach, 1899, S.14)。結局，シュマーレンバッハは，現実問題として差別価格（第一次原価計算価格）の適用を，別言すれば部分原価（第一次費）の利用を，経営内部の部門費計算に限定することになる。

　シュマーレンバッハは，第二次費を利益によって補償することは，理論上は正しいと繰り返し強調している。しかし，それにもかかわらず，経営内部の部門費計算に限定したとしても，やはり様々な困難のために総原価計算価格を利

用することになるという。総原価計算価格を得るためには，当然，第二次費（固定費）の配賦方法を見つけ出さなければならない。シュマーレンバッハは，第一次費は発生原則に従って算出されうるというが，第二次費は原則的には第一次費を基礎として配賦されるべきであると主張している。

今，蒸気機関が，Ⅰ，Ⅱ，Ⅲという3つの製造部門に同じ大きさの動力 $1/3\,x$ を提供していて，それに伴って出費 y が発生しているとする。この場合には，いずれの部門も出費の $1/3$ を，すなわち $1/3\,y$ を支払うことは総原価計算にとっては殆ど疑いようがない。しかし，部門Ⅲは，タービンが一度回転したがゆえに引き受けたものにすぎず，Ⅲを受け入れる以前には，$2/3\,x$ の動力が $5/6\,y$ の出費で利用されていたとする。そうであるとすれば，部門Ⅲは，部門Ⅰおよび Ⅱ と同量の $1/3\,x$ の動力を確かに利用するが，増分原価の点では $1/6\,y$ のみを発生させるにすぎない。すなわち，この増分原価の $1/6\,y$ が，シュマーレンバッハの数学的分解における最低価格（つまり単位比例費）であり，Ⅰ，Ⅱ，Ⅲのいずれの部門にも第一次費として計上されることになる。他方で，第二次費の $1/2\,y$ は，下記の第一段階に示す通り，第一次費の割合に応じて，$1/6\,y$ ずつが各経営部門に均等に配賦される。

さて，部門Ⅰが以前の2倍の動力を必要とする場合には，第一次費と第二次費は，下記の第二段階のように算定される。この場合には，部門Ⅰは，$2/6\,y$ を第一次費として，また第二次費としては，全額の半分である $1/4\,y$ を分担することになる。要するに，この場合にも，第二次費は第一次費を基準として配賦されている。

	第一段階				第二段階		
	y 出費	x 動力			$1\frac{1}{6}\,y$ 出費	$1\frac{1}{3}\,x$ 動力	
	第一次	第二次			第一次	第二次	
Ⅰ	1/6y	1/6y	1/3x に対して	Ⅰ	2/6y	1/4y	2/3x に対して
Ⅱ	1/6y	1/6y	1/3x に対して	Ⅱ	1/6y	1/8y	1/3x に対して
Ⅲ	1/6y	1/6y	1/3x に対して	Ⅲ	1/6y	1/8y	1/3x に対して

その上，シュマーレンバッハは，部門Ⅰは自身の動力費 $2/6\,y + 1/4\,y$ を，さらに種々の半製品勘定や他の部門勘定に振替しなければならないという。その場合には，常に第一次費と第二次費とが区別された上で，動力費の振替計算

は，相手方勘定の動力消費量に応じて行われるべきとなる。消費量の確定は，事実関係をできる限り的確に捉える算定基準（Berechnungsgrundlagen）に従ってのみ行われうるという。例えば，シュマーレンバッハの説明では，動力消費量は賃金に比例して上昇すると仮定することによって，機械別出来高賃金がその算定基準となる。したがって，ここでもまた，第一次費が第二次費の配賦・振替計算の基礎となる。

なお，シュマーレンバッハは，第一次費に基づく配賦方法の他に，第二次費の差別的配賦についても論及している。部門勘定Ⅲが，分担すべき第二次費の1/6 yを，期待に反して回収するには及ばなかったとする。しかし，部門Ⅲを受け入れる以前には，部門ⅠおよびⅡは5/12 yずつを分担していたにもかかわらず，今ではⅠとⅡは僅かに4/12 = 1/3 yずつを分担しているにすぎない。したがって，部門Ⅲの費用負担の軽減分を，部門ⅠおよびⅡに肩代わりさせたとしても，両部門はそれに耐えることができる。今，部門勘定Ⅲが第二次費の1/12 yを負担できると仮定すれば，動力費は下記のように配賦計算されることになる。つまり，この場合には，部門Ⅲは分担すべき第二次費の1/12 yを転嫁したことになる。

	第一次	第二次
Ⅰ	1/6	5/24 y
Ⅱ	1/6	5/24 y
Ⅲ	1/6	2/24 y

さらに，シュマーレンバッハによれば，部門Ⅲでは，第一次費として算出されている1/6 yが，第二次費に移行することがありうるという（Schmalenbach, 1899, S.17）。部門Ⅲは，例えばプレス部門であるとする。そこでは，プレスされているか否かにかかわらず，動力は実質的に伝動と空転のうちに消失する。その場合には，第一次費の1/6 yの大部分が，第二次費に移行することになるという。しかし，このように，プレス部門自らが発生させた第二次費については，他の部門に転嫁することはできない。必要とあらば，前勘定から受け取った第二次費のみを，この事例では2/24 yのみを，なんとか別の部門勘定に転嫁できるにすぎない。なお，シュマーレンバッハは，第二次費の転嫁は，簿

記上で確認される必要があるという。その記帳例を示せば，次のようになる。

プレス部門の第二次費勘定	動力の第二次費勘定
借方	貸方
貸方　動力第二次費勘定　2/24 y	借方　プレス部門　4/24 y
第一次費から割当額の1/2　2/24 y	そのうちⅠおよびⅡの借方へ　2/24 y
	残額　2/24 y

Ⅵ. 出費の算定基準

　既述のように，シュマーレンバッハは，生産量の増減との関係において，出費を比例費，固定費，逓減費，逓増費という4つの範疇に分類している。しかも，彼の主張では，逓減費と逓増費は，計算上比例費と固定費とに分解される。いわゆる総原価を個々の原価要素に分解するという数学的原価分解法の適用である。しかし，シュマーレンバッハによれば，このような数学的分解法は，「勘定形成の原理とは相容れないので，実務では常に実行されうるとは限らない」という（Schmalenbach, 1902, S.378）。つまり，現実には，個々の原価要素を出発点とする記帳技術的原価分解法が採用されるということを示唆している（平林, 1974, 110頁）。1899年の論文においても，経営の総原価を出発点とする数学的原価分解法を展開する一方で，事務所費（Bureaukosten）は第一次費，動力費（Kraftkosten）は第二次費という具合に，勘定科目別に，第一次費か第二次費かを決定する方法が勧告されている（Schmalenbach, 1899, S.26）。いわば，費目別精査法（勘定科目精査法ともいう）に相当する方法の使用である（尾畑, 2000, 48頁）。

　さて，上述のように，記帳技術的原価分解法（勘定科目精査法）の適用を勧告するシュマーレンバッハは，総原価を構成する個々の出費について，そのコスト・ビヘイビアを以下のように記述している。材料や貨物運賃のように重量とともに変動する出費がある。また，機械の清掃費や利子のように時間とともに変動する出費もある。さらにまた別の出費は，販売手数料のように売価ない

し売上高とともに変動する。シュマーレンバッハによれば，結局のところ製造費（Produktionsunkosten）は，個数とか出来高賃金とともに変動したり，多くの時間賃金のように加工時間とともに変動したりする。それに対して，ボイラーの点火のように規則正しく一日に一回発生したり，賃金支払作業のように週に一回発生したり，在庫棚卸のように年に一回発生したりする別種の製造費も存在する。彼によれば，これらの出費のうち，第二次費（固定費）についてはそれほど必要性はないが，第一次費（比例費）については，その出費独自の算定基準（Berechnungsgrundlagen）を探し求めなければならないという（Schmalenbach, 1899, S.20）。しかし，各々の出費ごとに個別の算定基準を探し求めることは，やはり実務上は不可能である。したがって，特殊調査は行わず，既に見出されている算定基準が利用されることになる。なお，算定基準というのは，配賦計算ないし振替計算のための基礎であり，近年でいえば，ABCの中心概念であるコスト・ドライバー（cost driver）に近似する概念であると解されうる。

　シュマーレンバッハは，とりわけ材料などに関しては，製品の重量を基準とした配賦・振替計算を想定している。しかし，製品をそのつど計量することは，やはり不可能である。したがって，製品1個当たりの一定重量を算定基準とすることになり，それならば重量に代わって個数が算定基準となる。出来高賃金についても，同様に個数が算定基準であるという。また，動力費については，その配賦・振替計算は，相手方勘定（振り替えられる勘定）の動力消費量に応じて行われるべきであると主張している。消費量の確定は，事実関係をできる限り的確に捉える算定基準に従ってのみ行われうるというが，彼の説明では，動力消費は賃金に比例して上昇するので，この仮定の下では機械別出来高賃金が動力費の算定基準となる。

　また，シュマーレンバッハは，出来高賃金の大きさが作業時間賃金の規範となっているので，したがって，労働者の賃金が，作業時間とともに変動する出費，例えば暖房費や照明費に対する算定基準となりうるともいう。彼によれば，暖房費および照明費は，強く逓減的，すなわち殆ど固定的な性格をもつ出費であり，先述の動力費に近似する原価費目である。無論，これらの出費それ

自体は第二次費（固定費）であるが，しかし，その一部は算定基準を介して特定の部門に第一次費（比例費）として勘定記入されうる。

　なお，シュマーレンバッハは，製造費との区別を強調する営業費（Handlungs-unkosten）のなかで最大の金額となるのは，通常は給料（Gehälter）であると指摘している。彼の見解では，営業担当重役等の上級社員の給料は第二次費（固定費）とみなすべきであるが，一般社員の給料は，製品の売上とともに増減する第一次費（比例費）であるという。しかし，それは売上高ではなく，発送回数とともに変動する。すなわち，給料の算定基準となるのは，あくまでも発送回数である。それにもかかわらず，売上高を算定基準とみなすのであれば，やはりそれは，大きい売上は発送回数も多いという意味でそのようにみなされているという。仮に，一方は小口で，もう一方は大口で売れていく2つの製品があるとする。あるいは，一方は大口の発送品を，もう一方は小口の発送品を注文する2人の顧客がいるとする。シュマーレンバッハは，こうした場合には，売上高はもはや算定基準としては不十分であり，給料や事務用消耗品費等の営業費を原価負担者へ配賦する際には，発送回数を算定基準とすべきであると主張している（Schmalenbach, 1899, S.21）。要するに，近年のABCに関連づけて説明すれば，営業費の配賦計算に関しては，発送回数という操業度に関連しないコスト・ドライバーの適用が提案されているといえる。

　さらに，給料の金額とそれ以外の営業費（例えば営業所備品への支出）との間には一般的に比例関係が成立するので，前者の給料の金額が後者の営業費の算定基準となりうるとも述べられている。また，営業所の事務用消耗品費と郵送費は，大抵の場合，両者とも給料に同調して変動するので，したがって，前者の算定基準を後者の算定基準とみなすことができるともいう。つまり，後者の郵送費の算定基準は，前者の事務用消耗品費と同じく発送回数となる（Schmalenbach, 1899, S.27）。

　なお，シュマーレンバッハは，第二次費（固定費）の算定基準については，次のように論述している。すなわち，「第一次原価計算価格を，しかもその最終総額を，第二次費全体に対する算定基準として用いる方法は実務では規則である」（Schmalenbach, 1899, S.21）。しかし，この計算方法は簡便ではあるが，

間違った結果へと導くという。彼によれば，勿論，第一次費（比例費）が第二次費（固定費）の算定基準ではあるが，しかし，それは決して最終的な総額ではなく，第一次費の個別的な部分，例えば出来高賃金などである。

以上のように，シュマーレンバッハが，個数とか賃金という操業度関連の算定基準（コスト・ドライバー）を重視していたことは否定できないが，他方で，出費のビヘイビアを操業度に無関連な活動量の関数として把握しようとしていたことも事実である。cross-subsidy（内部相互補助）という現象を明確に認識していたシュマーレンバッハは，とりわけ営業費の配賦計算に関しては，発送回数という操業度に無関連な算定基準（コスト・ドライバー）の適用を勧告している。この点については，ABCとの類似性を指摘することができる。

Ⅶ. お わ り に

本章では，シュマーレンバッハの1899年の論文について，その内容を検討してきた。シュマーレンバッハは，まず初めに，従来の債務・債権関係の複式簿記を批判した上で，工場経営者に奉仕する簿記として原価計算的簿記の必要性を主張する。彼によれば，この原価計算的簿記においては，法的な顧客勘定と原価計算的な顧客勘定の両者が開設される必要があり，とりわけ後者の原価計算的顧客勘定の開設を通じて，出費の正確の配賦計算が行われることになる。しかしながら，シュマーレンバッハは，こうした最良の配賦計算と卓越した勘定開設だけでは不十分であると指摘する。仮に，両者を通じて，顧客の収益性が正確に算定されたとしても，それは現在の状況を説明しているにすぎず，工場経営者の意思決定に有用であるような将来の状況を予測するものではない。そのために，シュマーレンバッハは，生産量が増減した場合に，それに応じて出費がどのように変化するかを，すなわちコスト・ビヘイビアを詳細に研究する。そして，その結果として，比例費，固定費，逓減費，逓増費という4つの原価範疇を明確にする。シュマーレンバッハの主張では，逓減費と逓増

費は，最終的には比例費と固定費とに分解され，しかも，原価の補償計算を論じる段階で，比例費は第一次費，固定費は第二次費と言い換えられる。そして，結論として，すべての顧客には第一次費だけを勘定記入し，第二次費を粗利益によって補償することは，理論上は正しいという認識を示す。つまり，「後にアメリカで発達した直接原価計算（direct costing）の思考と非常に類似しているといえる」見解を示す（宮本，1967, 97頁）。しかしながら，この1899年の最初の論文だけは，総原価計算（全部原価計算）を志向する実務家への配慮から，第二次費（固定費）の原価負担者への配賦計算論が展開されている。

さて，「固定費と変動費への原価要素の分類は，通常製造部門費についてなされる。しかし，この分類も，統計的調査として勘定外においてなさるべきであろう。製品原価計算においては，原価要素は，直接費と間接費とに分類される」（中西，1958, 32頁）。わが国の『原価計算基準』に反映されている中西寅雄教授の見解である。しかしながら，1980年代に登場してきたABCは，あくまでも直接原価計算と同じ固定費と変動費への原価分類（固変分解）に立脚した形で，全部原価による製品原価計算を成立させている。本章では，このような近年のABCの存在を念頭に置きながら，シュマーレンバッハのKalkulation論について検討を行ってきた。ドイツ直接原価計算論（部分原価計算論）の先駆者としてのシュマーレンバッハが，直接原価計算の前提である固変分解に立脚しながら総原価計算（全部原価計算）を追求する姿に，シュマーレンバッハ研究の今日的な意義を見出した次第である。

〈注〉
(1) ウィーン講演とは，1928年5月31日に，ドイツから遠く離れたウィーンの地で開催されたドイツ経営経済学会の聖霊降臨祭大会において，シュマーレンバッハが「新経済体制の入口における経営経済学（Die Betriebswirtschaftslehre an der Schwelle der neuen Wirtschaftsverfassung）」というテーマで行った学術講演をいう。この講演でシュマーレンバッハは，固定費の割合が増大した結果，彼が賛美する自由経済は終焉し，新しい経済体制が，すなわち決して好感のもてない拘束経済（統制経済）が徐々に始まると断言した。ウィーン講演と呼ばれるこの講演は，翌日の6月1日付けの新聞にその内容が掲載されたことから，世間に大きな反響を巻き起こした。なお，講演の草稿は，同年刊行の Zeitschrift für handelswissenschaftliche Forschung（ZfhF, 22.Jg., 1928）に掲載されている。邦訳は，土岐政蔵訳（1935）および土岐政蔵・斉藤隆夫共訳（1960）に収められている。

また，シュマーレンバッハのウィーン講演に対しては，経営経済学の同僚達からではなく，専ら国民経済学の側から異論が唱えられた。シュマーレンバッハは，批判者達からの異論に対して講演や新聞を通じて応答してきたが，1930年に改訂された彼の著書『原価計算と価格政策の原理』の第5版においても，「固定費の増大による自由経済の破壊」という一節を新たに加筆することによって異論に返答している（Schmalenbach, 1930, 土岐政蔵訳, 1935）。本翻訳の序文にも見られるように，シュマーレンバッハは，批判者達に対して反論する際には，「彼らは固定費を固定資本の原価と取り違えている」と繰り返し主張している。しかし，クルークらは，以前から国民経済学者達が話題にしてきた固定資本という概念の内容は，シュマーレンバッハが提唱する固定費の概念内容とは大きくかけ離れている訳ではなく，このことはウィーン講演におけるシュマーレンバッハの若干の論述からも明らかであると指摘している（Kruk/Potthoff/Sieben, 1984, 樽木航三郎・平田光弘訳, 1990）。そして，彼らは，「国民経済学者達は，当時異なる概念を使用して，シュマーレンバッハとほぼ同様の結論に達していた」（ebd., S.120, 訳181頁）と断言している。

(2)　Kalkulationに関しては，「給付単位計算」や「給付単位原価計算」という訳語も考えられるが，ここではシンプルに「原価計算」と訳出した。当時のKalkulationとは，給付単位別に企業の経営活動のすべてを把握する計算であった。したがって，給付に要した原価のみならず，その収益および損益までもその計算領域にしていた。シュマーレンバッハが使用しているKalkulationとは，要約すれば，収益性分析のための製品原価計算ないし顧客原価計算（product costing or customer costing for profitability analysis）であると言える。

(3)　ここでは，後に数学的原価分解法（mathematische Kostenauflösung）と呼ばれた分解法が展開されている。まず，2つの操業度間における出費総額を比較し，その出費の差額を操業度の差（製品の増分量）で除して単位当たりの比例費（比例的出費）が求められる。そして，この単位当たり比例費に基づいて，各操業度での比例費が計算され，各操業度の出費総額からこの比例費を控除して固定費（固定的出費）が求められる。この数学的分解法については，例えば中西寅雄教授は，「数学的操作に過ぎぬ」と批判している（中西, 1936, 84頁）。

(4)　1899年のシュマーレンバッハの論文では，債務・債権関係の複式簿記が批判された上で，工場経営者に奉仕する簿記や原価計算の必要性が主張されている。この1899年の論文から判断すれば，時価による評価や機会原価の利用など，時価主義者としてのシュマーレンバッハの姿が顕著となる。個別企業に導入される工業簿記や原価計算では，時価主義を貫徹する。そして，原価計算から分離された財務会計では，経営比較の観点から，取得原価主義者に徹し，動態論を確立する。要するに，1899年のシュマーレンバッハの論文からは，原価計算（時価主義）と財務会計（取得原価主義）の二元論者としてのシュマーレンバッハの姿を垣間見ることができる。

第10章　ドイツ管理会計研究

I. はじめに

　エヴァート（Ewert, R.）とヴァーゲンホーファー（Wagenhofer, A.）は，ドイツ語圏の国々（すなわちオーストリア，ドイツおよびスイスの一部）の管理会計を「ドイツ管理会計」と略称した上で，ドイツ管理会計の理論および実務の様相を詳細に説明している（Ewert and Wagenhofer, 2007）。彼らの2007年の共同論文は，これまでドイツ管理会計に関する英語文献が殆ど存在しないことから，ドイツ管理会計の考え方を世界中の読者に理解してもらうことを目的として，英文で執筆されている。

　エヴァートとヴァーゲンホーファーによれば，ドイツで第一級の学術誌や教科書から判断する限り，ドイツ管理会計研究の主流は，数理的関心（quantitative focus）を常に持ち，主として生産理論や経済理論に依拠しながら発展してきた。アメリカからの影響は現在に限られたことではないが，1990年代以降，確実にその影響が増大してきている。そして，この増大するアメリカの影響下で，研究者の関心は，一昔前の原価計算研究が前提としていた純粋な生産の場から組織の中での管理会計情報の利用へと移行し，近年では，情報経済学やエージェンシー理論，さらにはファイナンス理論からも強い影響を受けながら，業績測定，予算編成，振替価格および差異分析などの研究テーマに関して，「ドイツ的」な特徴を有する管理会計研究が展開されているという（Wagenhofer, 2006；Ewert and Wagenhofer, 2007）。

　さて，エヴァートとヴァーゲンホーファーの2007年の共同論文の内容は，①ドイツ管理会計発展の背景，②長年に亘る管理会計と財務会計との分離，③

ドイツ独自の原価理論と原価概念，④世界屈指のドイツ原価計算システム，⑤管理会計情報の利用，という構成になっている。本章では，まず，上記①から④の内容の考察を通じて，アメリカ流の管理会計とは異なるドイツ独自の管理会計研究の形成過程を明らかにする。そして，さらに上記⑤の内容の考察を通じて，特に1990年代以降，ドイツ流のKostenlehreからアメリカ流のmanagement accounting researchへの移行が現れ，近年アメリカ型のmanagement accounting researchがドイツで成立しているといえる現況について論究する。

Ⅱ．管理会計発展の背景

ドイツ語圏の国々では，管理会計（management accounting）という学問は，原価計算（Kostenrechnung）とか内部企業会計（Interne Unternehmensrechnung）とかコントローリング（Controlling）という名の下で研究されている。ドイツ原価計算研究は100年に及ぶ伝統を有し，とりわけ原価・生産理論に依拠しながら発展を遂げてきた。他方で，英語からの借用語であるコントローリングは，1970年代に入って実務において人気となる。コントローリングが実務で人気を博した主たる理由は，実務向けの文献とドイツ語圏内の子会社にコントローラー（Controller）を設置した大企業の両者が，アメリカ流の管理会計の展開を一段と受け入れたからである。当初，コントローリングは，管理会計領域に対する流行の呼称以外の何ものでもなく，学術的な文献はコントローリングに飛び乗ることに躊躇していた。というのも，ドイツでは，原価計算や内部企業会計が，伝統的原価計算の研究領域を十分に拡張し，経営管理目的のための原価の利用に，すなわち計画設定や予算編成，さらにはマネジメント・コントロールや分権的組織の問題にまで取り組んでいたので，この事実が不明瞭になってしまうことを危惧したからである。

しかし，ドイツ企業が成長し国際化するにつれて，コントローラーに対する実務からの要求がますます大きくなる。そこで，この高まる要求への対応とし

て，大学はコントローリングという講座を開講し，本格的にコントローリングに関する研究を開始した。実際には，1980年代の後半になると，研究誌と実務誌の双方において，コントローリングに関連する公表論文の数が著しく増大することになる（Ewert and Wagenhofer, 2007, p.1036）。

ドイツにおける学問の場合，学科の研究対象の定義について論議することは，長年に亘る伝統である。勿論，この定義に関する論議は，コントローリングにも起こった。そして，活発な論議の末，最も一般的な見解として，コントローリングの研究対象は，企業内の調整（coordination）にあるという見解に至る。そして，この一般的な見解の場合，企業内の調整には，計画設定や統制，情報，権限委譲，業績測定，それにインセンティブが含まれ，しかも，大抵の定義は，コントローリングの内容を演繹するための基礎としてシステム理論に依存しているという（Ewert and Wagenhofer, 2007, p.1036）。

なお，企業内の調整の範囲や境界に関しては，意見の一致には至ってはおらず，いくつかの論争がある。まず，狭義の解釈では，コントローリングは，企業の明確な利益目標に関連する計画設定，統制，そして情報提供に焦点を定める。要するに，狭義のコントローリングは，経営管理者を支援する機能を持つ。それに対して，広義の解釈では，コントローリングは企業の経営管理システムを調整する。つまり，広義のコントローリングは，何であろうとも，ありとあらゆる企業目標を支援するという立場から，計画設定，統制，情報，それに人的資源や組織機能をも調整の範囲に含む。しかし，この広義の解釈の場合には，組織行動や戦略的経営管理という他の学科からコントローリングをいかに区別するかが問題となる。そして，定義に関する混乱が増すにつれて，理論家は，機能的に見た場合のコントローリングと制度的に見た場合のコントローラーの職務との相違について議論を開始した。コントローリングは，Self-Controllingという概念が表しているように，少なくとも部分的には全般管理者（general management）の職務であり，そして，コントローラーは予算管理のような本来の職務に関与しなくても，全般管理者の職能を支援するであろうというのが，そこでの議論である。

ところで，エヴァートとヴァーゲンホーファーによれば，コントローリング

の定義やコントローラーの職務に関しては，様々な調査研究が存在するという (Ewert and Wagenhofer, 2007, p.1037)。教育上使用しているコントローリングの定義は何なのか，大学のコントローリングの担当教授に質問をした Hirsch (2003) の調査では，担当教授の 21％が経営者支援機能，18％が調整，16％がマネジメント・コントロール，そして 13％が経営者の合理性の保証，と回答したという。また，経営学の教授を対象とした Ahn (1999) の調査では，42％が調整に関する狭義の見解を支持し，12％が経営管理システムの調整，すなわち広義の見解を支持したという。

　他方で，ドイツに本拠地を置くコントローリングの国際団体は，コントローラーの綱領を明示しているが，この綱領には，情報提供（新語では透明性），調整，計画および目標設定が列挙されているという。また，一流新聞に掲載された求人広告を分析した Weber and Schäffer (1998) の調査では，予算編成，統制，そして報告が最も頻繁に言及されていたコントローラーの職務であり，この配列は 40 年以上類似していたという。また，ドイツの雑誌広告を対象にコントローラーのイメージを分析した Hoffjan (2003) の調査では，コントローラーのイメージとしては，コスト削減者が 49％を占め，続いて情報提供者が 20％，監視者が 19％であったという。さらに，ドイツのコントローリングの教科書と英米の管理会計の教科書を比較した Hoffjan and Wömpener (2006) の調査では，双方の教科書の内容の違いが確認されたという。すなわち，ドイツの教科書では，英米の教科書よりも，経営管理職務がより強調されていたが，反面，原価計算はあまり強調されていなかったという。ただし，Hoffjan and Wömpener (2006) の調査では，ドイツの原価計算の教科書は調査対象に含まれていないので，この点には注意を要する。

　さて，ドイツ流のコントローリングと英米流の管理会計が取り扱うテーマは，大部分が共通している。しかし，幾分，ドイツのコントローリングの方が，戦略的管理会計や他の専門的な企業職能（例えば，研究開発，ロジスティクス，マーケティング，人的資源など）へと，その研究領域を拡張している傾向がある。また，ドイツ企業とアメリカ企業とでは，コントローラーの典型的職務に違いがあることも，注目されている。例えば，Stoffel (1995) の調査

研究は，ドイツ企業とアメリカ企業とでは，コントローラーが財務会計職務を担当する程度に大きな違いがあることを明らかにしている（図表10-1参照）。ドイツ語圏の国々では，財務会計と管理会計とが厳密に分離されているので，そのため，ドイツ企業のコントローラーが，財務会計や財務報告，さらには税務計画という職務に積極的に関与することはなく，この点は，アメリカ企業のコントローラーの職務とは対照的である（Ewert and Wagenhofer, 2007, p.1037）。

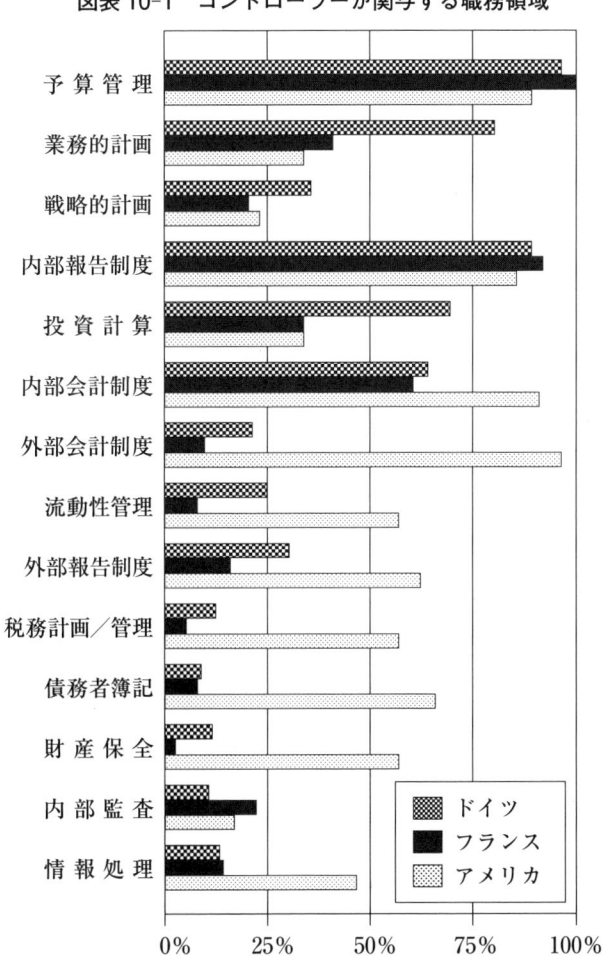

図表10-1　コントローラーが関与する職務領域

（出所；Stoffel, 1995, S.157.）

図表10-2　管理会計の理論および研究方法

Number of articles	Analytic	Empirical	Normative, Conceptual	Total	Percent
Panel A : German Journals					
Economics	59	2	7	68	31
Finance, capital markets	8	6	20	34	15
Production, operations management	30	13	33	76	34
Organizational behavior	−	−	−	0	0
Sociology	−	−	2	2	1
Psychology	−	−	2	2	1
Strategic management	−	9	26	35	16
Other	−	1	3	4	2
Total	97	31	93	221	100
Percent	44	14	42	100	
Panel B : International Journals					
Economics	11	−	1	12	63
Finance, capital markets	−	−	−	0	0
Production, operations management	1	−	−	1	5
Organizational behavior	−	1	−	1	5
Sociology	−	2	1	3	16
Psychology	−	−	−	0	0
Strategic management	−	2	−	2	11
Other	−	−	−	0	0
Total	12	5	2	19	100
Percent	63	26	11	100	

（出所：Wagenhofer, 2006, S.9.）

　なお，エヴァートとヴァーゲンホーファーによれば，コントローリングに関する研究の多くは，規範的（normative）ないし概念的（conceptual）研究に属するという。ドイツで一流の学術誌でさえも，管理会計論文の40％以上がこの研究ジャンルに属する（図表10-2参照）。しかしながら，エヴァートとヴァーゲンホーファーは，前途有望な研究戦略として，別の研究方法を推奨している。すなわち，分析的（analytic）研究（経済学に基づく分析的な研究方法）である。最近の管理会計研究では，情報経済学や特にエージェンシー理論が，その大部分を占めているという（図表10-2参照）。なお，エージェンシー理論が余りにも厳密な仮定に依存し，現実の意思決定者の行動を無視しているとい

う主張から，行動的（behavioral）ないし実証的（empirical）研究が求められているが，このような研究は，ドイツでは未だ顕著な貢献には至ってはいない（Ewert and Wagenhofer, 2007, p.1038）。少数の実証的研究は，すべてケーススタディであり，大量サンプルを処理する実証的研究は殆ど存在していない。

Ⅲ．財務会計と管理会計との関係

　ドイツ管理会計の特徴は，原価計算が財務会計から切り離されている点にある。そのため，殆どすべての入門的な原価計算の教科書では，原価，費用，支出の綿密な区別からその説明が始まる。しかも，実務の方も，この学問上の区別に準拠している。また，類似の学問上の区別は，収益にも提案されているが，しかし，収益に関する区別は，実務には殆ど浸透していない。

　財務会計上記録される費用は，原価計算上の原価とは異なる。費用と原価との関係は図表10-3に示す通りであり，原価からは中性費用は除外されるが，他方で，原価には付加原価が含まれる（Schmalenbach, 1934, 1963）。

図表10-3　費用と原価との関係

損益計算	中性費用	原価と同時に費用（目的費用）	
原価計算		原価と同時に費用（基本原価）	付加原価

（出所：Schmalenbach, 1963, S.10.）

　中性費用は，一般に臨時費用と営業外費用からなると理解されている。例えば，偶発損失をはじめ，経営目的に関連しない寄附金，原材料の評価損，種々の引当金，財務費用などはその一例であり，いわば中性費用とは，わが国の『原価計算基準』でいう非原価項目に相当する。他方で，付加原価は，現金支出を伴わないことから，財務会計上の記録には現れない原価である。例えば，償却済の機械設備を使用する場合の減価償却費，自己資本利子，企業者賃金，自己所有不動産の使用料などはその代表的なものであり，一般的に付加原価は，機会原価としての性質を持つのが通常である。なお，原価に算入される項

目と費用に算入される項目とでは，その測定上差異が生じる場合もある。その測定上の差異が最も著しく現れる項目は，減価償却，生産目的で利用される原材料，それに債務保証であるという (Ewert and Wagenhofer, 2007, p.1039)。

ところで，原価と費用とを区別する基本的な理由は，積年の原価に関する概念的思考の産物である。萌芽期には，製品の生産プロセスや他者との取引を記録したり，企業活動からの利益を期間的に決定したり，このような企業の要求から会計は発達した。その当初は，財務会計と管理会計との間には，何ら相違は存在していなかった。しかし，19 世紀末に，ドイツ政府が，財務諸表を課税のための基礎とする法律を導入した。この法律が定める計算規則は，基準性原則（Maßgeblichkeitsprinzip）として知られているが，この基準性原則により，商事貸借対照表の作成をもって，実質的に税務貸借対照表も作成したものとみなされることになる。そして，以後，この基準性原則がドイツ財務諸表の主要な特徴を形成する。基準性原則の着想は，あくまでもわざわざ税務目的のために別の一組の財務諸表を作成する義務を回避することであったが，しかし，むしろ逆にこの基準性原則により，企業は自社の財務諸表を税務目的のために利用することができた。

勿論，その結果として好ましくなかった点は，財務諸表が企業の税務管理の手段となってしまったことである。企業は，当期の法人所得税の支払額を節減するために，会計上の利益を過小表示するように動機づけられた。また，それと同時に，さまざまな会計スキャンダルのために，財務会計上の規制が急激に増加した。債権者を保護するために，財務会計規則は，配当額を制限する過度に保守的な会計を規定した。そして，これら双方の展開が，経営管理目的に対する会計数字の有用性を減少させた。そのため，各企業は，財務会計から独立して機能する独自の管理会計システムを開発し始める。

他方で，会計学研究は，脱財務会計の展開を指導した。1 つの議論は，資本維持概念からである。1930 年代には，実物資本維持に関する多くの理論的研究が存在していたにもかかわらず，財務会計規則は実物資本維持を無視し続けていた。再調達原価や現在原価の使用は，この種の論拠に従う。幾人かの研究者や産業界の勧告は，再調達価値に基づく減価償却と名目利子率を適用した利

子原価の計算を支持していた。また，もう1つの議論は，原価情報に基づく最適な経営意思決定に主眼を置く。この議論は，とりわけシュマーレンバッハ（Schmalennbach, E.）に遡るが，限界原価や機会原価という原価概念が提案され，これらの原価概念は分権的組織における意思決定問題にも適用された（Schmalenbach, 1934）。

しかしながら，その当時の原価の主たる利用は，価格設定をその対象としていた。1930年代には，ドイツ国家が，企業利益を統制するために，原価計算の統一化を法的に強制した。とりわけ，1938年の「公的注文品についての原価に基づく価格設定細則」（LSÖ）には，原価計算に対する国家の影響力が色濃く現れている。他方で，1953年の「原価に基づく価格設定細則」（LSP）は，1938年のLSÖとは異なり，より弾力的な原価計算が考慮されていた。今日でも，このLSPが公的契約や規制を受ける企業に適用されている。なお，LSPは，1989年まで，再調達価値に基づく減価償却費の計算と名目利子率を用いて計算される利子原価を容認していた。勿論，このような規制された環境下では，企業には原価を水増し記帳する誘因が働き，費用を上回る原価—別言すれば，原価計算上の原価と財務会計上の費用との乖離—に賛意が表されていた（Ewert and Wagenhofer, 2007, p.1040）。

ところで，研究文献上，原価計算と財務会計との分離に異論が唱えられていたにもかかわらず，その主張が大きな影響力を持つことはなかった。しかし，1993年に，大企業のシーメンス（Siemens）社が，原価と費用との違いの殆どを取り除き，損益計算書上の利益を管理会計目的に使用した時に，大きな変化が訪れた。原価計算と財務会計との調和を目指した変革を，シーメンス社の財務担当重役であるZiegler（1994）は，次のような理由でもって説明している。すなわち，①シーメンスグループのグローバル化の進展，②非ドイツ人従業員がドイツ管理会計システムを理解し受け入れることの困難性，③財務会計上と管理会計上の異なる利益によって起こりうる混乱，である。それに加えて，グローバル市場における変化のために，価格設定のための原価計算を伝統に倣って利用することはその意義を失う一方で，分権化された組織においては，マネジメント・コントロールの問題が重要性を増していた。結果として，シーメン

ス社は，保守的な会計—棚卸資産や売上債権に対する低価法の適用や特定引当金の認識—に起因する費用，関連会社の損益（利益と損失）および支払利息を控除する前の損益計算書に基づいて，営業利益（operating profit）を明確に定義した。また，付加原価は，市場利子率で測定した拠出資本の利子原価のみに限定したという（Ewert and Wagenhofer, 2007, p.1040）。

　以上のようなシーメンス社の動向は，原価の定義，原価と財務会計上の費用との関係，管理会計目的に関する新たな論議を喚起し，管理会計と財務会計との調和化（統合化）の賛否が，そのコスト・ベネフットを念頭に置きながら，論争されることになる。以後論争が続くことになるが，調和化（統合化）への賛成論者が最も重視している論拠は，ドイツ語圏外の国々では，伝統的なドイツ流の原価計算は理解されないという事実である。なお，ダイムラー・ベンツ（Daimler-Benz）社では，Bilanzierer（財務会計担当者）と controller（コントローラー）という概念を結合して，Bil-troller という新しいコントローラー概念が創出されているという（Ewert and Wagenhofer, 2007, p.1041）。

　また，ドイツでは，制度会計上最も重大な変化が，1994 年から起こった。つまり，グローバルに経営活動しているドイツの大企業が，連結財務諸表を作成する際に，自主的に国際会計基準—国際財務報告基準（IFRS）または米国会計原則（US GAAP）—を採用し始めた。このことは，自国会計原則（Local GAAP）に基づく財務会計システムに加えて，別の財務会計システムの構築と実施を必要とした。ドイツとオーストリアの法律が，グローバルに活動する大企業に，自国会計原則に基づく連結財務諸表を国際会計基準に基づく連結財務諸表で代用することを許し，ＥＵ（欧州連合）規則が，上場企業に対して，IFRS に基づく連結財務諸表を要求している時でさえも，ドイツの大企業は，自国会計原則に基づく個別財務諸表と税務財務諸表を維持しなければならなかった。

　管理会計の文献は，この問題を取り上げ，管理会計目的に対する国際会計基準の有用性を研究し始めた。国際会計基準は，ドイツ語圏の国々の会計原則よりも，投資家の意思決定に関連する情報の提供を志向している。国際会計基準には，保守的な会計規則が少なく，収益の認識および測定の規則は，管理会計

目的とより整合している。さらに，国際会計基準は，詳細なセグメント情報やリスク情報の報告をも要求している。したがって，多くの企業は，国際会計基準に基づく財務会計情報を管理会計目的にも十分に利用することができると結論づけた（Ewert and Wagenhofer, 2007, p.1041）。

以上のように，財務会計制度上の変化が，財務会計システムとは別立ての原価計算システムを維持するコストとベネフィットに重大な影響力を持つことになった。実際に，制度上の変化に適応する形で，多くのドイツ企業は，国際会計基準に基づく財務会計システムの構築と実施，さらに財務会計システムと原価計算システムとのシステム統合へと導かれた。しかし，エヴァートとヴァーゲンホーファーの指摘によれば，アメリカ企業の動向は，ドイツ企業とは正反対の方向に進んでいるという。つまり，アメリカの管理会計の教科書から判断する限り，アメリカでは財務会計システムと原価計算システムとが緊密に連携していると認識していたが，最近では，財務会計上の数字を管理会計目的のために修正する傾向があるという。例えば，EVA®（Economic Value Added；経済的付加価値）のような業績評価尺度の提唱者は，研究開発費，引当金，棚卸資産の評価（低価法の効果），リストラクチャリング費用および資産処分益などに関して，管理会計目的のための修正を提案している。なお，エヴァートとヴァーゲンホーファーによれば，これらの修正の多くは，昔のドイツにおける原価対費用（cost versus expense）論争を回想させるという（Ewert and Wagenhofer, 2007, p.1042）。

Ⅳ. 原価理論と原価概念

1. 生産に基づく原価

原価は，本質的に価格と数量という 2 つの構成要素からなり，価格と数量の両者は，少なくとも部分的に経営管理者がコントロールすることのできる多数

の要因によって決定される。生産に基づく原価アプローチ (approach of production-based costs) は，原価の構成要素である数量の説明に主眼を置く。しかし，価格に作用する諸要因については，未解決とする。このような手続きをとる理由は，第二次世界大戦後のドイツ経営経済学において，生産理論が隆盛を極めたことに由来する。勿論，その主源は，グーテンベルク (Gutenberg,E.) の経営経済学であったことは言う迄もない (Gutenberg, 1955)。この時代の経済は製造業主導であり，企業は生産関数とみなされ，研究者は生産関数の発展に努めていた。例えば，ハイネン (Heinen, E.) は，A型，B型，C型という3タイプの生産関数と各生産関数に基づく原価理論（モデル）とを詳説している (Heinen, 1965)。

最も一般的な形においては，生産に基づくアプローチ (production-based approach) は，本質的には一種の投入産出分析である。まず，企業の活動はj個（$j = 1, ..., J$）の生産部門で実行され，各生産部門はただ1種類の等質な生産物を産出すると仮定する。また，各生産物は，最終生産物として外部の顧客に販売されるか，中間生産物として企業内部でさらに加工されるかのどちらかであるとする。そして，q_jは，第j生産部門の総産出量を表し，q_{jh}は，第j生産部門が第h生産部門（$h = 1, ..., J$）に提供する中間生産物の供給量を，またx_jは，第j生産部門における最終生産物の市場への販売量（最終需要）を表すとする。それならば，この場合には，生産部門間を往来する生産物の流れは，j個の方程式体系として描写されうる。

$$\begin{aligned} q_1 &= q_{11} + q_{12} + \cdots + q_{1J} + x_1 \\ q_2 &= q_{21} + q_{22} + \cdots + q_{2J} + x_2 \\ &\vdots \\ q_J &= q_{J1} + q_{J2} + \cdots + q_{JJ} + x_J \end{aligned} \quad (1.1)$$

一般的に，第j生産部門から第h生産部門への中間生産物の供給量q_{jh}は，例えば第h生産部門の総産出量，第h生産部門における生産プロセスの強度（すなわち，時間当たりの生産単位数），段取回数，生産プロセスの資源消費量を決定する特定のパラメーター（例えば，圧力，温度および重量）などの諸々

の要因に依存している。これらの依存関係は，q_{jh} を

$$q_{jh} \equiv dc_{jh}(y_h) \cdot q_h \tag{1.2}$$

と書くことによって，恒等式で把握される。(1.2) 式の場合，dc_{jh} は，第 h 生産物を 1 単位生産するために必要な第 j 生産物の投入量（消費量）を示し，また y_h は，その両者の関係に少しでも影響を与える第 h 生産部門の全要因を表す。つまり，媒介変数 y_h には，第 h 生産部門の生産プロセスに関する決定変数も含まれる。

以上の定義により，(1.1) の方程式体系は，次のように書くことができる。

$$\begin{array}{rcl}
q_1 &=& dc_{11}(y_1) \cdot q_1 + dc_{12}(y_2) \cdot q_2 + \cdots + dc_{1J}(y_J) \cdot q_J + x_1 \\
q_2 &=& dc_{21}(y_1) \cdot q_1 + dc_{22}(y_2) \cdot q_2 + \cdots + dc_{2J}(y_J) \cdot q_J + x_2 \\
\vdots && \vdots \qquad \vdots \qquad \vdots \qquad \vdots \qquad \vdots \\
q_J &=& dc_{J1}(y_1) \cdot q_1 + dc_{J2}(y_2) \cdot q_2 + \cdots + dc_{JJ}(y_J) \cdot q_J + x_J
\end{array} \tag{1.3}$$

また，(1.3) の方程式体系を行列表示すれば，

$$q = DC \cdot q + x \tag{1.4}$$

と簡潔に表現できる。この場合，q は，q_j に関する $J \times 1$ の列ベクトルであり，また x は，x_j に関する $J \times 1$ の列ベクトルである。さらに，DC は，$dc_{jh}(y_h)$ に関する $J \times J$ 行列であり，いわゆる投入係数行列を示す。また，(1.4) 式から，

$$(E - DC) \cdot q = x \tag{1.5}$$

が得られ，そして，$E - DC$ が正則ならば，(1.5) 式を q について解くことができ，

$$q = (E - DC)^{-1} \cdot x \tag{1.6}$$

が成立する。なお，E は，単位行列を示し，主対角要素が 1 で，その他は 0 である。

さらに，原価を算定する計算式を得るためには，最終需要 x_j と市場で調達

する資源との関連が付け加えられる必要がある。i 個（$i = 1, ..., I$）の資源のそれぞれに対して，1つの仮想上の調達部門が存在すると仮定し，その調達部門の総産出量を m_i で表すとする。すなわち，m_i は，最終生産物の生産計画を実現するために，市場で入手しなければならない資源 i の総調達量である。そして，$fm_{ij}(y_j)$ は，第 j 製品を1単位生産するために必要な第 i 資源の消費量を表示し，また，この係数は，要因 y_j に依存する場合もありうるとする。したがって，各々の資源 i に対して，次式が成立する。

$$m_i = \sum_{j=1}^{J} fm_{ij}(y_j) \cdot q_j \tag{1.7}$$

また，これを行列表示すれば，次のように書くことができる。

$$m = FM \cdot q \tag{1.8}$$

そして，(1.8) 式に (1.6) 式を代入すれば，次の等式が成立する。

$$m = FM \cdot (E - DC)^{-1} \cdot x \tag{1.9}$$

この (1.9) 式では，m は，m_i に関する $I \times 1$ の列ベクトルであり，FM は，$fm_{ij}(y_j)$ に関する $I \times J$ 行列である。そして，r_i を資源 i の価格とし，r が r_i に関する $I \times 1$ の列ベクトルを表示するならば，企業の原価 K は，(1.10) 式により算定される。なお，r' は，変数 r_i を横の配列に並べたもので，$1 \times I$ の行ベクトルを示す。

$$K = \sum_{i=1}^{I} r_i \cdot m_i = r' \cdot m = r' \cdot FM \cdot (E - DC)^{-1} \cdot x \tag{1.10}$$

結局のところ，(1.10) 式のように，生産に基づくアプローチを原価計算に適用する場合には，最終生産物の販売量と生産プロセスの全媒介変数の関数として，原価が描写されることになる。つまり，原価の描写は，複雑な原価関数に帰着する。しかし，このアプローチは，一般的には，非線形原価関数だけではなく，線形原価関数も十分に含むという（Ewert and Wagenhofer, 2007, p.1043）。主として実務の原価計算システムで用いられる原価と操業度との線形的関係（原価関数の線形性）は，単純にこの一般的アプローチの特殊ケース

である。なお，この特殊ケースとしての線形的関係が成立するのは，媒介変数（決定変数）y_hが存在しないか（したがって，fm_{ij}およびdc_{jh}は一定であるとするか），あるいは企業は既に媒介変数y_hに対する特定値を選択済みで，唯一残されたプロダクト・ミックス（product mix）に関する決定が原価レベルに影響を及ぼすか，どちらかの場合である。確かに，媒介変数y_hを考慮に入れることは，より現実的なアプローチではあるけれども，その反面，実務上のすべての原価計算システムが，ジレンマに陥ることにもなる。つまり，「製品の原価はいくらか」という質問に答えるためには，生産プロセスに関する多量のパラメーターを具体的に1つ1つ列挙しなければならなくなるからである。

　エヴァートとヴァーゲンホーファーによれば，生産に基づく原価概念は，ラスマン（Laßmann, G.）によって開発された期間成果計算（Periodenerfolgsrechnung）と呼ばれる原価計算システムの基礎になっているという。このラスマンのシステムは，価格と数量の厳密な区別に立脚し，原価の構成要素である数量をモデル化するために，投入産出分析を利用する（Laßmann, 1968）。そして，貢献差益（contribution margins）を算出することなく，直接に利益の最大化を目指す（Ewert and Wagenhofer, 2007, p.1044）。非線型的関係を組み入れることができるアプローチを獲得することは魅力的であるけれども，しかし，この非線形性を実務上の決定問題において取り扱うことには困難が伴われる。この難点に気づいていたラスマンは，彼の原価計算システムの投入産出行列の記入に際して，線型近似法（linear approximizations）を提案している。なお，後述するが，ドイツで最も人気の原価計算システムである限界計画原価計算（Grenzplankostenrechnung；GPK）も，単純型ではあるが，生産に基づくアプローチをその基礎とする。

2. 割引キャッシュ・フローに基づく原価

　全く異なる原価概念は，資本予算の考え方の枠内でのキャッシュ・フローから導き出される原価に照準を定める。実際には，設備投資のような長期の意思決定は，原価よりも，正味現在価値（net present value；NPV）に基づくのが普

通であるが，それならば，短期の意思決定問題もNPVの枠組みの中で処理することも，当然の展開であるといえる。このようなNPVに依拠する考え方—すなわち貨幣の時間価値を考慮する割引キャッシュ・フローの考え方—は，原価と収益の定義に大きな変化をもたらし，原価と収益の双方は，特定の行動に起因する将来キャッシュ・フローの割引現在価値でもって定義されることになった。とりわけ，キャッシュ・インフローとキャッシュ・アウトフローとを区別する場合には，キャッシュ・インフロー（収益）の現在価値は与えられたものとして，原価は将来キャッシュ・アウトフローの割引現在価値における増加として定義されている。この原価の定義は，ドイツの文献では，「投資理論に基づく原価計算へのアプローチ (investment-theory-based approach to cost accounting；ITA)」として周知であり，1980年代から1990年代に広く論議された。

原則として，ITAの力は，金融市場の視点から，企業方針を決定するための完全なフレームワークを提供する点にある。とはいえ，ITAの場合，現在と将来のありとあらゆる取引を記録できる最適化技法が要求されるし，それに加えて，現時点の意思決定から影響を受ける場合には，現在と将来の企業方針（生産計画）を最適に変更することも要求される。

エヴァートとヴァーゲンホーファーの指摘によれば，包括的な計画設定ツールであるITAは，究極的には「超越モデル (supermodel)」に至るが，その「超越モデル」は，殆ど管理不能であり，また余りにも維持費用がかかりすぎることが立証されている。したがって，ITAによる原価を実際の経営意思決定において利用することには，懐疑的とならざるを得ない。しかし，このITAというアプローチは，長期のNPVに基づく計画設定と伝統的な原価概念との理論上の連結環として，実に効果的に利用することができるという。彼らは，実際問題として，伝統的原価がITAから誘導できることを，減価償却費の計算例でもって例証している (Ewert and Wagenhofer, 2007, p.1045-1046)。

さて，定額法による減価償却の場合，減価償却費 Dep は，次式で算定される。

$$Dep = \frac{I - LQ}{T} \qquad (2.1)$$

上式では，I が資産の投資原価（取得原価），T ($T = 1, ..., T$) が資産の耐用年数，そして，LQ が耐用年数経過後の清算価値（残存価額）を表す。そして，資産は同一投資の無限連鎖の一部であると仮定することによって，別言すれば，資産への投資が，同一規模で，同一の時間的間隔（耐用年数 T）ごとに，無限に更新されると仮定することによって，上記 (2.1) 式は，ITA から再編成することができる (Ewert and Wagenhofer, 2007, p. 1045)。この場合，まず，A_t は，第 t 期（$t = 1, ..., T$）における財またはサービスの生産から生じる資産のキャッシュ・アウトフローを表すとする。そして，新規資産（本日，新しく購入した資産）から出発する場合には，この資産の無限連鎖のキャッシュ・アウトフローの現在価値 PV_a^{new} は，次の (2.2) 式で示される[1]。ただし，$\rho \equiv 1 + i$ であり，i は割引率を示す。

$$PV_a^{new} = \left(\sum_{t=1}^{T} A_t \cdot \rho^{-t} + I - LQ \cdot \rho^{-T} \right) \cdot \frac{\rho^T}{\rho^T - 1} \qquad (2.2)$$

また，資産が既に τ 期（$\tau = 0, ..., T$）使用済みである場合には，この中古資産から出発する無限連鎖のキャッシュ・アウトフローの現在価値は，次式で算定される[2]。

$$PV_a(\tau) = \sum_{t=\tau+1}^{T} A_t \cdot \rho^{-(t-\tau)} - LQ \cdot \rho^{-(T-\tau)} + PV_a^{new} \cdot \rho^{-(T-\tau)} \qquad (2.3)$$

この (2.3) 式の場合，例えば，資産の使用済み期間 τ 期に 0 期および T 期を用いるならば，次の等式が成立する[3]。

$$\begin{aligned} PV_a(0) &= -I + PV_a^{new} \\ PV_a(T) &= -LQ + PV_a^{new} \end{aligned} \qquad (2.4)$$

そして，τ 期使用済みの中古資産の投資に基づく価値 $W(\tau)$ は，次式で定義される。

$$PV_a(\tau) + W(\tau) = PV_a^{new} \quad (2.5)$$

この定義は，鞘取りの論拠に従う。生産の開始を意図する投資者は，τ期使用済みの中古資産か，あるいは新規資産のどちらかの購入を選択でき，以後，同一資産への再投資が続行されると仮定する。$W(\tau)$は，投資者が中古資産への現金支出をいとわない最大の金額を示す。この場合，ITAによる減価償却費は，下式のように，1期間のWの変化量として定義されうる。

$$\begin{aligned} Dep(\tau) &= W(\tau-1) - W(\tau) \\ &= PV_a^{new} - PV_a(\tau-1) - \left[PV_a^{new} - PV_a(\tau)\right] = PV_a(\tau) - PV_a(\tau-1) \end{aligned} \quad (2.6)$$

上式（2.6）における減価償却費の計算は，完全に正味現在価値に基づいているが，資産の耐用年数までの減価償却費の合計金額は，伝統的な減価償却が示すのと同様に，「クリーン・サープラス（clean surplus）」資産を示している。このことは，次の（2.7）式から確認することができる。

$$\sum_{\tau=1}^{T} Dep(\tau) = \sum_{\tau=1}^{T}\left[W(\tau-1) - W(\tau)\right] = W(0) - W(T) = I - LQ \quad (2.7)$$

なお，エヴァートとヴァーゲンホーファーによれば，定額法による減価償却は，次の2つの条件下における特殊ケースであるという。まず，毎期のキャッシュ・アウトフローA_tは，一定（すなわち，$A_t = \bar{A}$）であるというのが，第1の条件である。これは，次式の成立を意味する[4]。

$$\begin{aligned} PV_a(\tau) &= \frac{\bar{A}}{i} + \rho^{\tau} \cdot \left[-LQ \cdot \rho^{-T} + \left((I - LQ \cdot \rho^{-T}) \cdot \frac{\rho^T}{\rho^T - 1}\right) \cdot \rho^{-T}\right] \\ &= \frac{\bar{A}}{i} + \rho^{\tau} \cdot \left[-LQ \cdot \rho^{-T} + (I - LQ \cdot \rho^{-T}) \cdot \frac{1}{\rho^T - 1}\right] \end{aligned} \quad (2.8)$$

そして，ITAによる減価償却費の計算は，次のようになる[5]。

$$\begin{aligned} Dep(\tau+1) &= PV_a(\tau+1) - PV_a(\tau) \\ &= \rho^{\tau} \cdot \left[-i \cdot LQ \cdot \rho^{-T} + (I - LQ \cdot \rho^{-T}) \cdot \frac{i}{\rho^T - 1}\right] \end{aligned} \quad (2.9)$$

それに加えて，第2の条件は，資本コストを限りなくゼロに近づけるか（す

なわち，$i \to 0$ か），あるいはその代わりに，資本コストが減価償却費から独立して測定されるかである。そして，

$$\lim_{i \to 0} \frac{i}{\rho^T - 1} \to \frac{1}{T} \qquad (2.10)$$

という事実を利用すれば，上記2つの条件下では，ITAによる減価償却費の計算式は（2.11）式として成立し，この計算式は，伝統的な定額法による減価償却費の計算式を示す。

$$Dep(\tau + 1) = \frac{I - LQ}{T} \qquad (2.11)$$

V．ドイツ原価計算システム

ドイツでは，生産理論との強い結び付きを背景として，極めて精巧な原価計算システムが確立されている。エヴァートとヴァーゲンホーファーは，概念上最も洗練されたドイツ原価計算システムとして，限界計画原価計算（Grenzplankostenrechnung; GPK）と直接費計算および補償貢献額計算（Einzelkosten- und Deckungsbeitragsrechnung; EDR）を指摘し説明を加えているが，本章では，特に他国への発信が期待されている GPK について主として考察する。

GPK は，ドイツ語圏の国々では，管理会計目的（すなわち原価計画と原価統制）のために，実務上広く利用されている原価計算システムである。GPK の起源は，Harris（1936）によって提案された直接原価計算（direct costing）と類似しているが，しかし，ドイツの GPK は，アメリカの直接原価計算とは関係なく，ドイツ独自にコンサルタントの Plaut（1953）と学者の Kilger（1967）によって開発されたという（Ewert and Wagenhofer, 2007, p.1047）。エヴァートとヴァーゲンホーファーの説明では，GPK が実務で成功を収めた要因は，以下の3点にある。まず第一に，GPK では，変動費（比例費）と固定費とが厳密に区別された上で，変動費（すなわち意思決定の関連原価）に専ら注意が払われていたが，このような手法が，当時のオペレーションズ・リサーチ

（OR）の最適化技法（例えばリニア・プログラミング）の展開と足並みが揃っていた。第二に，GPKでは，常に実施可能性が重視されていた。現にGPKは，必要量の原価データを処理できるソフトウエアと緊密に連携しながら発展してきた。当初は，コンサルタントのプラウト・グループがソフトウエアを市販していたが，後にGPKは，ERP（enterprise resource planning）のソフトウエアであるSAP R/3に統合されることになる。第三に，GPKでは，開発当初から，生産に基づくアプローチ（生産理論）が計算システムの基礎として強調されていた。既に説明したように，生産に基づくアプローチは，原価を概念的に思考する際の指導的アプローチの1つである。

　GPKの目的は，関連量（Bezugsgrößen）のシステムを通じて，生産プロセスの諸要因を追跡することにより，意思決定者に関連原価を提供する安定的な構造を用意することにある。関連量という概念は，アメリカのABC（Activity-Based Costing）でいうコスト・ドライバー（cost driver）に近似する概念であるが，ただし，GPKの場合，最適なプロダクト・ミックスの決定を支援することを主目的としているので，最も重要な関連量は生産量（production quantity）であると主張されている。また，特に線形計画モデルに対する関連データの提供が意図されていたので，原価関数の線形性が前提とされている。それに，緻密な原価部門別計算（コスト・センターのシステム）が確立され，それが利用されている。要するに，緻密な原価部門別計算とそこでの原価関数の線形性が，GPKの核心をなす（Ewert and Wagenhofer, 2007, p.1048）。

　エヴァートとヴァーゲンホーファーの論述によれば，GPKという原価計算システムは，さまざまな原価決定因をその関連量システムに統合することができる。さらに，彼らによれば，GPKの関連量とABCのコスト・ドライバーとが同一である場合がよくあるので，GPKとABCとの親密性が指摘されている。しかも，この両者の親密性が，1990年代にABCが管理会計世界の征服に着手した時に，何故にABCがドイツ語圏の国々において容易に採用されなかったかを説明する論拠であるともいう。要するに，エヴァートとヴァーゲンホーファーの自負によれば，世界の他の国々よりも，ドイツの原価計算理論は先進的であり，また実務に普及する原価計算システムも他国に先駆けて高度な発

展を遂げている（Ewert and Wagenhofer, 2007, p.1049）。

　さて，GPK の場合，実際に何百，何千というコスト・センターと関連量が使用されることは珍しいことではない。とはいえ，コスト・センターと関連量の数は，複雑性（complexity）と不正確性（imprecision）との間のトレード・オフの結果であり，しかも，その両者ともが，測定上の誤差へと導く傾向にある。つまり，複雑性は，コスト・センターや関連量への原価の正確な帰属を要求するが，この要求が逆に誤差を生む傾向にあり，他方で，不正確性は，計算システムに本来備わっている平均値化の帰結として生じる。その上，企業の生産環境が劇的に変化するために，その変化をタイムリーに捉えることが重荷になりつつある。したがって，多くのドイツ企業は，原価計算システムの過度な複雑性を減じ始めている。しかし，エヴァートとヴァーゲンホーファーによれば，このようなドイツ企業の動向は，最近のアメリカ企業の動向とは対照的であるという。例えば，製造間接費の配賦方法の精緻化を志向する ABC などは，その対照の典型例である。

　なお，GPK の欠点は，理論上適切な配賦基準を見出せないという理由から，固定費には十分な注意が払われてこなかった点にある。つまり，このことは，間接部門やサービス部門で発生する原価は，十分詳細に取り扱われていないことを意味する。勿論，多くの産業では，総原価に占める固定費の割合がますます増大し，企業経営者はもはや固定費を無視することは許されない状況にある。しかも，近年，企業経営者の意思決定は，短期ではなく，より長期を志向している。結局，このような状況下において，ABC の発想がドイツに導入され，プロセス原価計算（Prozeßkostenrechnung）という新しい原価計算システムが確立されることになる。プロセス原価計算の場合，利用キャパシティと遊休キャパシティとを区別するなど，GPK と同じ計算構造を利用することから，プロセス原価計算を既存のソフトウエアに組み入れることは容易であり，実務での実施可能性の問題も難なく解決されている。

　なお，ドイツ経営経済学やドイツ原価計算実務は，1960 年代から 1970 年代には，スカンジナビアの国々や日本なども含めて，他国の原価計算に大きな影響を与えていた。しかしながら，近年は，他国への発信という点では，とりわ

け英語圏の国々への発信という点では，成功を収めてはいない。しかし，このような状況が一変しつつあるという。というのも，最近，ABC が実務に普及しないアメリカにおいて，ドイツの GPK の要素と ABC の要素とを結合させる試みが，資源消費会計（Resource Consumption Accounting；RCA）という名の下で展開されているからである（Ewert and Wagenhofer, 2007, p.1050）。ただし，Kloock（1992）では，ABC は GPK の特殊ケースとして位置づけられていることを付記しておく。

VI. ドイツ管理会計研究

　ドイツ語圏の国々では，管理会計という学問は，長年にわたり原価計算とか内部企業会計という名の下で研究されてきた。とりわけドイツ原価計算研究は100年に及ぶ伝統を有する。しかしながら，1990年代以降，加速するアメリカ管理会計の影響下で，研究者の関心が組織の中での管理会計情報の利用へと移行するとともに，経済学に基づく数理的研究（分析的研究）が指導的な研究パラダイムを形成し始めている。

　ドイツ人の管理会計研究者は，典型的な研究戦略として，国際的に認められた学術誌（主としてアメリカの学術誌）から有力な研究論文を1つ2つ選出し，その研究成果をさらに発展させることに努めているという（Wagenhofer, 2006；Ewert and Wagenhofer, 2007）。例えば，業績測定という研究分野では，Rogerson（1997）および Reichelstein（1997）による RI（residual income；残余利益）の理論的研究が選出され，そして，その理論的研究を基礎としてドイツ独自の RI 研究が確立されている。とりわけ，このドイツ RI 研究などは，世界に誇るドイツ原価計算システムとともに，ドイツ人研究者が国際的に発信できると自負している研究の1つである。

　ところで，Reichelstein（1997）では，オーナーとマネージャーとの目標の一致を達成する唯一の業績評価方法が RI であると主張されている。つまり，マネージャーの業績評価に RI を用いれば，オーナーの期待通りに，マネージ

ャーは正のNPV（正味現在価値）を示すプロジェクトのみを採択するインセンティブをもつ。周知の通り，RIとは会計利益から資本コスト（使用資産簿価への利子）を控除して算定されるが，t時点（$t \in \{0, 1, ..., T\}$）の会計利益をキャッシュ・フロー c_t マイナス減価償却費 d_t で表現すれば，RI は，$\Pi_t^{RI} = c_t - d_t - r \cdot B_{t-1}$ により求まる。なお，r は利子率（資本コスト率）であり，B_{t-1} は $t-1$ 時点での使用資産簿価を表す。

RIについては，将来キャッシュ・フローの現在価値は将来RIの現在価値に等しいとか，採択されたプロジェクトのNPVはそのプロジェクトの将来RIの現在価値に等しいという特性をもつことが知られている。Reichelstein (1997) によれば，このRIの特性に関する知見は，古くはPreinreich (1937) に帰するが，またOhlson (1995) およびFeltham and Ohlson (1995, 1996) の評価モデルにも見られるという（Reichelstein, 1997, p.162）。さらに，ドイツでは，同様の知見がLücke (1955) によって示され，Lücke定理として知られているともいう（Reichelstein, 1997, p.178）。

今，上述のRIの特性を検討するために，0時点で投資される単一のプロジェクト P_0 のみが存在すると考える。このプロジェクト P_0 の減価償却スケジュールを $D_0 = (d_{01}, ..., d_{0n})$ とすれば，t 時点での減価償却費 d_t は $d_{0t} \cdot b_0$ で算出される（$1 \leq t \leq n$）。なお，この場合，d_{0t} は t 時点での償却率であり，b_0 は0時点でのキャッシュ・アウトフロー（プロジェクト P_0 の投資原価）を表す。そうすると，プロジェクト P_0 に関連する t 時点でのRIは下式（3.1）式で求められる。

$$\Pi_t^{RI}(P_0) = c_{0t} - d_{0t} \cdot b_0 - r \cdot B_{t-1}(P_0) \quad \text{ただし } B_{t-1}(P_0) \equiv b_0 \cdot \left(1 - \sum_{i=1}^{t-1} d_{0i}\right) \quad (3.1)$$

ところで，プロジェクトのNPVはプロジェクトの将来RIの現在価値に等しいというRIの特性を等式で示せば，下記（3.2）式の通りとなる。ただし，$\gamma \equiv 1+r$ である。

$$NPV(P_0) = \sum_{t=1}^{n} \Pi_t^{RI}(P_0) \cdot \gamma^{-t} \qquad (3.2)$$

そして，上記（3.2）式の成立を証明しようとすれば，$NPV(P_0) = \sum_{t=1}^{n} c_{0t} \cdot \gamma^{-t} - b_0$ ならびに $\sum_{t=1}^{n} \Pi_t^{RI}(P_0) \cdot \gamma^{-t} = \sum_{t=1}^{n} \left[c_{0t} - d_{0t} \cdot b_0 - r \cdot B_{t-1} \right] \cdot \gamma^{-t}$ より，下記（3.3）式を証明すれば十分となる。つまり，マネージャーが負担すべき期間原価（減価償却費プラス資本コスト）の現在価値の総和が投資の価値に等しいことを証明すれば，（3.2）式の成立が証明されることになる（Reichelstein, 1997, pp.162-163）。

$$b_0 = \sum_{t=1}^{n} \left[d_{0t} \cdot b_0 + r \cdot B_{t-1} \right] \cdot \gamma^{-t} \tag{3.3}$$

また，Reichelstein（1997）では，会計システムは営業からのキャッシュと投資のためのキャッシュを区別することができると仮定した上で，簿価の変化 $(B_t - B_{t-1})$ は下記（3.4）式で定義されている。ただし，この場合，b_t は t 時点での新規のキャッシュ・アウトフロー（プロジェクト P_t の投資原価）を表し，マネージャーがプロジェクト P_t に投資すれば $I(P_t) = 1$，投資しなければ $I(P_t) = 0$ である。

$$B_t = B_{t-1} - d_t + b_t \cdot I(P_t) \quad \text{ただし，} \quad d_0 = 0 \quad \text{および} \quad B_0 = b_0 \cdot I(P_0) \tag{3.4}$$

なお，Reichelstein（1997）によれば，上記（3.4）式は周知の概念である「包括利益測定」や「クリーン・サープラス会計」を反映しているという（Reichelstein, 1997, p.161）。クリーン・サープラス関係を示す上記（3.4）式において，プロジェクト P_0 のみが存在し，新規プロジェクト P_t への投資が行われないとすれば，すなわち $b_t \cdot I(P_t) = 0$ であるとすれば，（3.5）式が得られる。

$$-d_{0t} \cdot b_0 = B_t - B_{t-1} \tag{3.5}$$

そして，（3.5）式を（3.3）式に代入すれば，また $b_0 = B_0$（キャッシュ・アウトフロー＝簿価）であるので，（3.3）式は次のように書き換えられる。

$$B_0 + (1+r)^{-1} \cdot \left[B_1 - B_0 - r \cdot B_0 \right] + \cdots + (1+r)^{-n} \cdot \left[B_n - B_{n-1} - r \cdot B_{n-1} \right] = 0$$
$$(1+r)^{-n} \cdot B_n = 0$$

要するに，キャッシュ・アウトフロー（プロジェクトの投資原価）がn時点で完全に減価償却され尽くすとすれば，(3.3) 式が，つまりマネージャーに課される期間原価の現在価値の総和が投資の価値に等しいことが証明される。そして，順次 (3.2) 式の成立も証明されることになる。

なお，マネージャーとオーナーの目標の一致を達成するためには，期間原価の現在価値の総和を投資の価値に等しくさせるのみならず，期間原価がプロジェクトから得られるキャッシュ・インフローの期間配分に対応していなければならない。この点を研究したのが Rogerson (1997) であり，キャッシュ・インフローの期間配分とそれに対応する減価償却費の期間配分の問題が論究されている。Rogerson (1997) によれば，もし業績測定方法が RI であるならば，マネージャーとオーナーの目標の一致を達成し，キャッシュ・インフローの期間配分に対応する減価償却スケジュールが存在するという (Rogerson, 1997, pp.770-775)。

さて，Rogerson (1997) および Reichelstein (1997) に基づくドイツ RI 研究の場合，まず I が期間 $t=0$ での投資原価を表し，$E_t(I)$ が第 t 期（$t \in \{0,1,..., T\}$）における正味キャッシュ・インフローを表すとする。勿論，正味キャッシュ・インフロー $E_t(I)$ は投資原価 I に依存している。また，減価償却スケジュールは，毎期の償却率 d_t と投資原価の完全償却（すなわち，$\sum_{t=1}^{T} d_t = 1$）によって定まると仮定する。そして，各 t 期における会計利益 G_t は計算式 $G_t = E_t(I) - d_t I$ でもって定義される。

他方で，第 t 期末における投下資本（投資原価）の簿価は $KB_t = I \cdot (1 - \sum_{\tau=1}^{t} d_\tau)$，ただし $KB_0 = I$ で測定されるとする。そうすると，RI を会計利益マイナス資本コストとして定義すれば，下記 (3.6) 式が得られる。この場合，i は利子率を示し，また $\rho \equiv 1+i$ である。

$$RI_t = G_t - i \cdot KB_{t-1} = E_t(I) - d_t \cdot I - i \cdot I \cdot \left(1 - \sum_{\tau=1}^{t-1} d_\tau \right) \tag{3.6}$$

そして，単純に (3.6) 式の配置を替えれば，下記 (3.7) 式が得られる。す

なわち、第 t 期のどの時点でも、将来キャッシュ・インフローの現在価値合計は、投下資本の簿価と将来 RI フローの現在価値合計の和に等しくなる。

$$\sum_{\tau=t+1}^{T} E_\tau(I) \cdot \rho^{-\tau} = KB_t + \sum_{\tau=t+1}^{T} RI_\tau \cdot \rho^{-\tau} \tag{3.7}$$

明らかに $T(1, ..., T)$ 期にわたってマネージャーの業績を RI で評価することは、企業目標に沿う形でのマネージャーの意思決定を喚起することになる。しかし、Rogerson (1997) および Reichelstein (1997) が着目した点は、マネージャーの時間選好がオーナーのそれと異なる場合には、もはやその結果は有効ではなくなるという点である。例えば、マネージャーが耐えられなくなり、将来の報酬をオーナーが想定するよりも高い利子率で割り引くかもしれないし、あるいはマネージャーは $T(1, ..., T)$ 期を終える前に会社を退職するかもしれない。しかし、各期の RI が、投資プロジェクトの NPV と同形の測定を提供するように決定されているならば、マネージャーとオーナーの目標の一致が改めて確保されることになる。

この点については、エヴァートとヴァーゲンホーファーに依拠しながら、もう少し説明を加えることにする（Ewert and Wagenhofer, 2007, p.1055)。まず、将来キャッシュ・インフローを期間配分すると、$\theta_t > 0$ を条件として、$E_t(I) = \theta_t E(I)$ が成立する。ただし、マネージャーは、正味キャッシュ・インフローの大きさ $E(I)$ を知っていると仮定する。投資プロジェクトの NPV は、計算式 $\sum_{\tau=1}^{T} E_\tau(I^*) \cdot \rho^{-\tau} - I^*$ でもって算定されうるが、$E_t(I) = \theta_t E(I)$ が成立することにより、次式が得られる。

$$\sum_{\tau=1}^{T} E(I^*) \theta_\tau \cdot \rho^{-\tau} - I^* \tag{3.8}$$

そして、(3.8) 式を I^* で微分すると、NPV を最大化する最適投資 I^* を示す 1 階条件が得られる。

$$E'(I^*) \cdot \sum_{\tau=1}^{T} \theta_\tau \cdot \rho^{-\tau} - 1 = 0 \tag{3.9}$$

他方で、RI の計算式である (3.6) 式を同じく I^* で微分すると、下記 (3.10) 式に示す最適化の 1 階条件が得られる[6]。すなわち、マネージャーは、いか

なる時間選好を持とうとも，下式の1階条件が満たされるならば，RIを最大化する最適投資I^*に投資する。

$$RI_t(I^*) = \frac{\theta_t}{\sum_{\tau=1}^{T} \theta_\tau \cdot \rho^{-\tau}} - d_t - i \cdot \left(1 - \sum_{\tau=1}^{t-1} d_\tau\right) = 0 \tag{3.10}$$

さて，ここで，上記（3.10）式を減価償却率d_tで解けば，以下のように償却率d_t^*が定まる。もし，この償却率d_t^*による減価償却スケジュールに従って投資原価Iが償却されるならば，（3.10）式の1階条件は有効となる。

$$d_t^* = \frac{\theta_t}{\sum_{\tau=1}^{T} \theta_\tau \cdot \rho^{-\tau}} - i \cdot \left(1 - \sum_{\tau=1}^{t-1} d_\tau\right)$$

また，（3.10）式からは，RIを計算する際の利子率iも求まる。その利子率iをγ_t^*として決定すれば，任意の減価償却スケジュールに対して（3.10）式の1階条件が満たされうる。

$$\gamma_t^* = \frac{\dfrac{\theta_t}{\sum_{\tau=1}^{T} \theta_\tau \cdot \rho^{-\tau}} - d_t}{1 - \sum_{\tau=1}^{t-1} d_\tau}$$

実際のところ，1階条件（3.10）式は，資本の総コスト（すなわち減価償却費プラス利子原価）に次のような特定のビヘイビアを要求する。

$$d_t + \gamma_t \cdot \left(1 - \sum_{\tau=1}^{t-1} d_\tau\right) = \frac{\theta_t}{\sum_{\tau=1}^{T} \theta_\tau \cdot \rho^{-\tau}}$$

そして，この場合，RIは次式により計算される。

$$\begin{aligned}
RI_t(I) &= \theta_t \cdot E(I) - d_t \cdot I - \gamma_t \cdot I \cdot \left(1 - \sum_{\tau=1}^{t-1} d_\tau\right) \\
&= \theta_t \cdot E(I) - I \cdot \left(d_t + \gamma_t \cdot \left(1 - \sum_{\tau=1}^{t-1} d_\tau\right)\right) \\
&= \theta_t \cdot E(I) - \frac{\theta_t \cdot I}{\sum_{\tau=1}^{T} \theta_\tau \cdot \rho^{-\tau}} = \theta_t \cdot \left(E(I) - \frac{I}{\sum_{\tau=1}^{T} \theta_\tau \cdot \rho^{-\tau}}\right)
\end{aligned} \tag{3.11}$$

なお，上式（3.11）の括弧付きの最終項をIで微分すると，その1階条件は

(3.9) 式のそれに等しくなる。要するに，この1階条件の一致からは，マネージャーの業績を評価する RI と企業プロジェクトの NPV とが同形の測定を確保していることが容易に理解できる。

　以上が，ドイツ RI 研究の概要である。エヴァートとヴァーゲンホーファーによれば，多くのドイツの管理会計研究者は，Rogerson（1997）および Reichelstein（1997）の理論的研究に基づいてドイツ独自の RI 研究を確立している（Ewert and Wagenhofer, 2007, pp.1055-1056）。例えば，Mohnen（2005）は，負のキャッシュ・フロー（$\theta_t < 0$）にも配慮して，マネージャーとオーナーの目標の一致を追求しているし，Pfaff and Bärtl（1999）は，NPV のみならず，将来キャッシュ・インフローの配置 θ_t の重要性を指摘している。また，Baldenius et al.（1999）は，簿価 KB_t ではなく，市価での資産測定と投資撤退に対する正の誘因としての RI について論究している。さらに，Dierkes and Hanrath（2002）は，マネージャーがキャパシティ量と生産量を決定する状況下での RI の誘因効果について研究しているし，Wagenhofer and Riegler（1999）の研究では，投資および業務決定上のモラルハザード問題が考察されている。

VII. おわりに

　本章では，とりわけエヴァートとヴァーゲンホーファーの 2007 年の共同論文に依拠しながら，ドイツ管理会計の歴史と現況について考察してきた。ドイツ原価計算研究は 100 年の伝統を有するが，1990 年代に入ると，加速するアメリカ管理会計の影響下で，研究の焦点が純粋な生産の場から組織の中での管理会計情報の利用へと移行し，以降アメリカ流の management accounting research がドイツで成立しているといえる状況が出現している。

　エヴァートとヴァーゲンホーファーによれば，ドイツ管理会計研究の主流は，常に数理的関心を持ち，生産理論や経済理論に依拠しながら発展してきた。また，近年，ドイツで第一級の管理会計研究は，国際的に貢献する手段と

して，分析的研究（経済学に基づく数理的研究）に従事している。本章で論究したRIの理論的研究などはその典型例であり，それはドイツ管理会計研究が国際的に発信できると自負している研究の1つでもある。しかし，その反面，ドイツでは，1970年代にハーバーマス（Habermas, J.）などの世界的に著名な学者が輩出されたにもかかわらず，心理学的（psychological），社会学的（sociological）および行動学的（behavioral）な管理会計研究は，極めて少数である。また，解釈的（Interpretative）または批判的（critical）パースペクティブからの管理会計研究の伝統もない。

他方で，RIの理論的研究以外に，ドイツ管理会計研究が国際的に発信したいと考えている研究がもう1つある。それは，ドイツ原価計算システムに関する実務的研究である。とりわけドイツ管理会計の特徴は，原価計算が財務会計から切り離されている点にあり，そのため，原価計算が財務会計に従属することも規定されることもなかった。ドイツ原価計算システムは，財務会計から独立する形で，経営管理者の要請に応えうるように設計されている。したがって，この点は，Johnson and Kaplan（1988）が『Relevance Lost』の中で警鐘を鳴らしたアメリカの管理会計実務の様相とは異なる。

以上，本章では，ドイツ流のKostenlehreからアメリカ流のmanagement accounting researchへの移行に着目しながら，ドイツ管理会計の発展の様相について考察してきた。本章においてエヴァートとヴァーゲンホーファーの英語論文を詳細に検討した理由は，ドイツ管理会計の考え方を世界中の読者に発信しようとする彼らの試みに，少なからぬ共感を覚えたからに他ならない。最後に，本章を結ぶにあたり，再度確認しておきたいことがある。それは，ドイツ管理会計研究の国際的貢献についてであるが，具体的に言えば，RIの理論的研究と世界に誇るドイツ原価計算システムに関する実務的研究である。

〈注〉
(1) (2.2) 式について，説明をする。
まず，第t期における資産のキャッシュ・アウトフローA_tの現在価値は，
$$\frac{A_t}{(1+i)^t} = A_t \cdot (1+i)^{-t} = A_t \cdot \rho^{-t}$$

次に，現在（$t=0$）の時点での資産への支出額（資産の投資原価）I は，上記のキャッシュ・アウトフロー A_t の現在価値と同じく，正の値である。

さらに，耐用年数 T（$T=1,\ldots,T$）経過後の資産の清算価値（残存価額）LQ の現在価値は，

$$\frac{LQ}{(1+i)^T} = LQ \cdot (1+i)^{-T} = LQ \cdot \rho^{-T}$$

ただし，LQ は負の値である。

したがって，1回限りの資産への投資（資産の耐用年数 T）にかかわるキャッシュ・アウトフローの現在価値は，

$$\sum_{t=1}^{T} A_t \cdot \rho^{-t} + I - LQ \cdot \rho^{-T}$$

となる。さらに，資産への投資が，同一規模で，同一の時間的間隔（耐用年数 T）ごとに，無限に繰り返される場合，新規資産から出発する無限連鎖のキャッシュ・アウトフローの現在価値 PV_a^{new} は，下記のように計算される（Cf. 内藤（1965））。

まず，$\left(\sum_{t=1}^{T} A_t \cdot \rho^{-t} + I - LQ \cdot \rho^{-T}\right)$ を C とおいて，

$$PV_a^{new} = C + \frac{C}{\rho^T} + \frac{C}{\rho^{2T}} + \frac{C}{\rho^{3T}} \cdots\cdots + \frac{C}{\rho^{\infty T}} = C\left(1 + \frac{1}{\rho^T} + \frac{1}{\rho^{2T}} + \frac{1}{\rho^{3T}} \cdots\cdots + \frac{1}{\rho^{\infty T}}\right) = C\frac{\rho^T}{\rho^T - 1}$$

上式の場合，無限等比級数の公式 $S = \dfrac{a}{1-r}$ ；$-1 < r < 1$ を用いて，初項 $a=1$，公比 $r = \dfrac{1}{\rho^T}$ で計算すれば，

$$\left(1 + \frac{1}{\rho^T} + \frac{1}{\rho^{2T}} + \frac{1}{\rho^{3T}} \cdots\cdots + \frac{1}{\rho^{\infty T}}\right) = \frac{\rho^T}{\rho^T - 1} \text{ となる。}$$

(2) 下記の (2.3) 式を図示すれば，以下のようになる。

$$PV_a(\tau) = \sum_{t=\tau+1}^{T} A_t \cdot \rho^{-(t-\tau)} - LQ \cdot \rho^{-(T-\tau)} + PV_a^{new} \cdot \rho^{-(T-\tau)}$$

ただし，$t=1,\ldots,T$，$\tau=0,\ldots,T$ である。

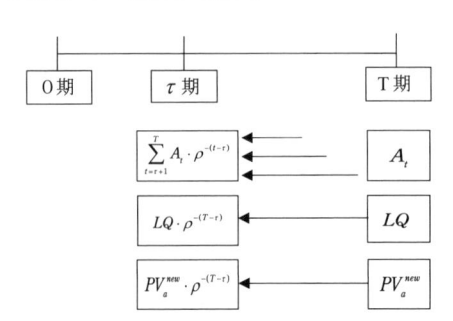

(3) (2.4) 式の場合，下式のように変形した方が，理解しやすいと思われる。

$$PV_a^{new} - PV_a(0) = I$$
$$PV_a^{new} - PV_a(T) = LQ$$

ちなみに，$PV_a(0)$ を計算すれば，以下のようになる。

まず，(2.3)式に $\tau = 0$ を代入すると，$PV_a(0) = \sum_{t=1}^{T} A_t \cdot \rho^{-t} - LQ \cdot \rho^{-T} + PV_a^{new} \cdot \rho^{-T}$ ……①

また，(2.2) 式を変形すれば，$\dfrac{\rho^T - 1}{\rho^T} PV_a^{new} - I = \sum_{t=1}^{T} A_t \cdot \rho^{-t} - LQ \cdot \rho^{-T}$ ……②

②式を①式に代入すれば，

$$PV_a(0) = \frac{\rho^T - 1}{\rho^T} PV_a^{new} - I + PV_a^{new} \cdot \rho^{-T}$$
$$= -I + PV_a^{new} \cdot \rho^{-T} (\rho^T - 1 + 1) = -I + PV_a^{new}$$

(4) 毎期一定のキャッシュ・アウトフロー $\overline{A}$ が無限（永久）に続く場合の現在価値 PV は，次のように表される（Cf. 井手・高橋（1992））。

$$PV = \frac{\overline{A}}{1+i} + \frac{\overline{A}}{(1+i)^2} + \frac{\overline{A}}{(1+i)^3} + \cdots \quad \text{……①}$$

①式の両辺に $\dfrac{1}{1+i}$ を掛けると，$\dfrac{1}{1+i} PV = \dfrac{\overline{A}}{(1+i)^2} + \dfrac{\overline{A}}{(1+i)^3} + \cdots \quad \text{……②}$

①式から②式を引くと，$(1 - \dfrac{1}{1+i}) PV = \dfrac{\overline{A}}{1+i} \quad \text{……③}$

③式を変形すると次式が得られる。

$$PV = \frac{\overline{A}}{i}$$

毎期のキャッシュ・アウトフロー A_t が一定（$A_t = \overline{A}$）である場合，上記の $PV = \dfrac{\overline{A}}{i}$ を利用すれば，(2.3) 式から (2.8) 式を展開することができる。

$$PV_a(\tau) = \sum_{t=\tau+1}^{T} A_t \cdot \rho^{-(t-\tau)} - LQ \cdot \rho^{-(T-\tau)} + PV_a^{new} \cdot \rho^{-(T-\tau)}$$
$$= \sum_{t=\tau+1}^{T} A_t \cdot \rho^{-(t-\tau)} - LQ \cdot \rho^{-(T-\tau)} + \left[\left(\sum_{t=1}^{T} A_t \cdot \rho^{-t} + I - LQ \cdot \rho^{-T}\right) \cdot \frac{\rho^T}{\rho^T - 1}\right] \cdot \rho^{-(T-\tau)}$$
$$= \sum_{t=\tau+1}^{T} A_t \cdot \rho^{-(t-\tau)} + \left(\sum_{t=1}^{T} A_t \cdot \rho^{-t} \cdot \frac{\rho^T}{\rho^T - 1}\right) \cdot \rho^{-(T-\tau)} + \left[-LQ \cdot \rho^{-T+\tau} + \left(\left(I - LQ \cdot \rho^{-T}\right) \cdot \frac{\rho^T}{\rho^T - 1}\right) \cdot \rho^{-T+\tau}\right]$$

$$= \frac{\overline{A}}{i} + \rho^{\tau} \cdot \left[-LQ \cdot \rho^{-T} + \left(\left(I - LQ \cdot \rho^{-T} \right) \cdot \frac{\rho^T}{\rho^T - 1} \right) \cdot \rho^{-T} \right]$$

$$= \frac{\overline{A}}{i} + \rho^{\tau} \cdot \left[-LQ \cdot \rho^{-T} + \left(I - LQ \cdot \rho^{-T} \right) \cdot \frac{1}{\rho^T - 1} \right]$$

(5) (2.9) 式について説明すれば，次のようになる。

(2.8) 式より，$PV_a(\tau) = \frac{\overline{A}}{i} + \rho^{\tau} \cdot \left[-LQ \cdot \rho^{-T} + \left(I - LQ \cdot \rho^{-T} \right) \cdot \frac{1}{\rho^T - 1} \right]$

ここで，$\left[-LQ \cdot \rho^{-T} + \left(I - LQ \cdot \rho^{-T} \right) \cdot \frac{1}{\rho^T - 1} \right]$ を X とおく。すると，

$$Dep(\tau+1) = PV_a(\tau+1) - PV_a(\tau) = \frac{\overline{A}}{i} + \rho^{\tau+1} \cdot X - \left(\frac{\overline{A}}{i} + \rho^{\tau} \cdot X \right)$$

$$= \rho^{\tau+1} \cdot X - \rho^{\tau} \cdot X = \rho^{\tau} \cdot X (\rho - 1) = \rho^{\tau} \cdot X (1 + i - 1)$$

$$= \rho^{\tau} \cdot X \cdot i = \rho^{\tau} \cdot \left[-i \cdot LQ \cdot \rho^{-T} + \left(I - LQ \cdot \rho^{-T} \right) \cdot \frac{i}{\rho^T - 1} \right]$$

(6) $E_t(I) = \theta_t E(I)$ より，(3.6) 式は次式に書き換えられる。

$$RI_t = \theta_t E(I) - d_t \cdot I - i \cdot I \cdot (1 - \sum_{\tau=1}^{t-1} d_{\tau})$$

上式を I^{*} で微分すると，下式が得られる。

$$RI_t^{'}(I^{*}) = \theta_t E^{'}(I^{*}) - d_t - i \cdot (1 - \sum_{\tau=1}^{t-1} d_{\tau}) = 0 \quad \cdots\cdots ①$$

(3.9) 式より，$E^{'}(I^{*}) = \dfrac{1}{\sum_{\tau=1}^{T} \theta_{\tau} \cdot \rho^{-\tau}} \quad \cdots\cdots ②$

①式に②式を代入すると，$RI_t^{'}(I^{*}) = \dfrac{\theta_t}{\sum_{\tau=1}^{T} \theta_{\tau} \cdot \rho^{-\tau}} - d_t - i \cdot (1 - \sum_{\tau=1}^{t-1} d_{\tau}) = 0$

参考文献

(外国語文献)
- Agthe, K. (1959), Stufenweise Fixkostendeckung im System des Direct Costing, *Zeitschrift für Betriebswirtschaft*, S.404-418.
- Ahn, H. (1999), Ansehen und Verständnis des Controlling in der Betriebswirtschaftlehre, *Controlling*, 11, S.109-114.
- Baldenius,T., Fuhrmann,G & Reichelstein,S. (1999), Zurück zu EVA, *Betriebswirtschaftliche Forschung und Praxis*, 51, S.53-69.
- Banker, R.D., and J.S.Hughes (1994), Product Costing and Pricing, The *Accounting Review*, Vol.69, No.3, pp.479-494.
- Becker, W. (1987), Deckungsbeitragsrechnung, *Kostenrechnungspraxis*, 2/87 Jg., S.71-75.
- Coenenberg, A.G. und Fischer, T.M. (1991), Prozeßkostenrechnung-Strategische Neuorientierung in der Kostenrechnung, *DBW*, 51.jg., Heft 1, S.21-38.
- Cooper,R. (1987a), The Two-Stage Procedure in Cost Accounting: Part One, in Cooper, R.and R.S.Kaplan, *The Design of Management Systems*, Prentice Hall, pp.147-156.
- Cooper, R. (1987b), The Two-Stage Procedure in Cost Accounting -Part Two, *Journal of Cost Management*, Fall, pp.39-45.
- Cooper, R. (1988), The Rise of Activity-Based Costing -Part One : What Is an Activity-Based Cost System?, *Journal of Cost Management*, Summer, pp.45-54.
- Cooper, R. (1989), The Rise of Activity-Based Costing -Part Four: What Do Activity-Based Cost Systems Look Like?, *Journal of Cost Management*, Spring, pp.38-49.
- Cooper, R. (1990), Cost Classification in Unit-Based and Activity-Based Manufacturing Cost Systems, *Journal of Cost Management*, Fall, pp.4-14.
- Cooper, R. and R.S.Kaplan (1987) , How Cost Accounting Systematically Distorts Product Costs, in Bruns,W.Jr.and R.S.Kaplan ed., *Accounting & Management*, Harvard Business School Press, pp.204-228.
- Cooper, R. and R.S.Kaplan (1988a), How Cost Accounting Distorts Product Costs, *Management Accounting*, April, pp.20-27.
- Cooper, R. and R.S.Kaplan (1988b), Measure Costs Right: Make the Right Decisions, *Harvard Business Review*, September-October, pp.96-103.
- Cooper, R. and R.S.Kaplan (1991a), Profit Priorities from Activity-Based Costing, *Harvard Business Review*, May-June, pp.130-135.
- Cooper, R. and R.S.Kaplan (1991b), *The Design of Management Systems*, Prentice Hall.
- Cooper, R. and R.S.Kaplan (1992), Activity-Based Systems: Measuring the Costs of Resource Usage, *Accounting Horizons*, September, pp.1-13.
- Dierkes, S. und Hanrath, S. (2002), Steuerung dezentraler Investitionsentscheidungen auf Basis eines modifizierten Residualgewinns, *Zeitschrift für betriebswirtschaftliche Forschung*, 54, S.246-267.
- Dorn, G. (1961), *Die Entwicklung der industriellen Kostenrechnung in Deutschland*, Berlin.

（平林喜博訳（1967）『ドイツ原価計算の発展』同文舘出版。）
- Ebert, G. (1989), *Kosten- und Leistungsrechnung, 5., Auflage*, Wiesbaden.
- Ewert, R. and Wagenhofer, A. (2007), Management Accounting Theory and Practice in German-Speaking Countries, in: Chapman,C.S., Hopwood, A.G., Schields, M.D. (ed.), *Handbook of Management Accounting Research Volume 2*, Elsevier Ltd., pp.1035-1069.
- Feltham, G. and J.Ohlson, (1995), Valuation and Clean Surplus Accounting for Operating and Financial Activities, *Contemporary Accounting Research*, Vol.11 No.2, pp.689-731.
- Feltham,G. and J.Ohlson, (1996), Uncertainty Resolution and the Theory of Depreciation Measurement, *Journal of Accounting Research*, Vol.34 No.2, pp.209-234.
- Gaiser, B. (1998), Prozeßkostenrechnung und Activity Based Costing (ABC), in: Horvath & Partner (Hrsg.), *Prozeßkostenmanagement*, 2., Auflage, S.67-77.
- Glaser,H. (1992), Prozeßkostenrechnung – Darstellung und Kritik, *Zeitschrift für betriebswirtschaftliche Forschung*, 44.jg., Heft 3, S.275-293.
- Gutenberg,E. (1955), *Grundlagen der Betriebswirtschaftslehre, Eraster Band, Die Produktion*, 2. Aufl., Berlin-Göttingen-Heidelberg. （溝口一雄・高田馨訳（1957）『経営経済学原理』千倉書房。）
- Gutenberg, E. (1961), *Grundlagen der Betriebswirtschaftslehre, Eraster Band, Die Produktion*, 6. Aufl., Berlin-Göttingen-Heidelberg.
- Harris, J. N. (1936), What Did We Earn Last Month ?, *N.A.C.A.Bulletin*, 17, pp.501-527.
- Heinen, E. (1965), *Betriebswirtschaftliche Kostenlehre, Band I*. 2. Aufl., Wiesbaden.
- Hirsch, B. (2003), Zur Lehre im Fach Controlling—Eine empirische bestandsaufnahme an deutschsprachigen Universitäten, in: J. Weber and B. Hirsch (Hrsg.), *Zur Zukunft der Controllingforschung*, Wiesbaden, Deutscher Universitäts-Verlag, S.249-266.
- Hoffjan, A. (2003), Das Rollenbild des Controllers in Werbeanzeigen, *Zeitschrift für Betriebswirtschaft*, 73, S.1025-1050.
- Hoffjan, A. and Wömpener, A. (2006), Conparative analysis of strategic management accounting in German- and English language general management accounting textbooks, *Schmalenbach Business Review*, 58, S.234-258.
- Horváth, P., Kleiner, F und Mayer, R. (1986), Differenzierte Kosteninformationen zur Entscheidungsunterstützung in der flexiblen Montage, *Kostenrechnungspraxis*, 4/86 Jg., S.133-139.
- Horváth, P. und Mayer, R. (1989), Prozeßkostenrechnung – Der neue Weg zu mehr Kostentransparenz und wirkungsvolleren Unternehmensstrategien, *Controlling*, 1.jg., Heft4, S.214-219.
- Horváth, P. und Mayer,R. (1993), Prozeßkostenrechnung – Konzeption und Entwicklungen, *Kostenrechnungspraxis*, Sonderheft 2/93, S.15-28.
- Horváth/Kieninger/Mayer/Schimank. (1993), Prozeßkostenrechnung – oder wie die Praxis die Theorie überholt, *DBW*, 53.jg., Heft 5, S.609-628.
- Johnson, H. T. and R. S. Kaplan (1987), *Relevance Lost : The Rise and Fall of Management Accounting*, Harvard Business School Press. （鳥居宏史訳（1992）『レレバンス・ロスト －管理会計の盛衰－』白桃書房。）
- Kajüter, P. (1997), Prozeßmanagement und Prozeßkostenrechnung, in: Franz, K. P. und P. Kajüter (Hrsg.), *Kostenmanagement*, S.209-231.

- Kaplan, R. S. (1992), In Deffense of Activity-Based Cost Management, *Management Accounting*, November, pp.58-63.
- Kaplan,R.S. (1994), Flexible Budgeting in Activity-Based Costing Framework, *Accounting Horizons*, November, pp.104-109.
- Käfer,K. (1955), *Standardkostenrechnung*, C. E. Poeschel Verlag, Stuttgart.
- Keller, W. und Teichert, K. (1991), Kennen Sie Wirtschaftlichkeit Ihrer Produktvarianten?, *Kostenrechnungspraxis*, 5/91 Jg., S.231-238.
- Kilger,W. (1967), *Flexible Plankostenrechnung : Theorie und Praxis der Grenzplankostenrechnung und Deckungsbeitragsrechnung, Dritte, erweiterte Auflage*, Westdeutscher Verlag, Köln und Opladen.（豊島義一・近藤恭正訳（1970）『弾力的計画原価計算論』日本経営出版会。）
- Kilger, W. (1970), *Flexible Plankostenrechnung: Theorie und Praxis der Grenzplankostenrechnung und Deckungsbeitragsrechnung, Vierte Auflage*, Westdeutscher Verlag, Köln und Opladen.（近藤恭正訳（1972）『原価計算と意志決定』日本経営出版会。）
- Kilger,W. (1976), Die Entstehung und Weiterentwicklung der Grenzplankostenrechnung als entsceidunsorientiertes System der Kostenrechnung, in: Jacob, H. (Hrsg.), *Neuere Entwicklungen in der Kostenrechnung (I)*, S.9-39.
- Kilger,W. (1979), Die Grenzplankosten- und Deckungsbeitragsrechnung als geschlossenes Planungsmodellen, in: Mellwig, W. (Hrsg.), *Uuternehmenstheorie und Uuternehmensplanung*, S.69-94.
- Kilger,W. (1981), *Flexible Plankostenrechnung und Deckungsbeitragsrechnung, 8., Auflage*, Wiesbaden Gabler.
- Kilger,W. (1983), Grenzplankostenrechnung, in: Chmielewicz, K. (Hrsg.), *Entwicklungslinien der Kosten- und Erlösrechnung*, S.57-86.
- King,A.M. (1991), The Current Status of Activity-Based Costing: An Interview with Robin Cooper and Robert S. Kaplan, *Management Accounting*, September, pp.22-26.
- Kloock, J. (1992), Prozeßkostenrechnung als Rückschritt und Fortschritt der Kostenrechnung (Teil 1), *Kostenrechnungspraxis*, 4/92 Jg., S.183-193.
- Kruk, M., Potthoff, E. und Sieben, G. (1984), *Eugen Schmalenbach:Der Mann-Sein Werk - Die Wirkung*, Schaffer Verlag, Stuttgart.（栂木航三郎・平田光弘訳（1990）『シュマーレンバッハ炎の生涯』有斐閣。）
- Küpper, H-U. (1983), Der Bedarf an Kosten- und Leistungsinformationen in Industrieunternehmungen－Ergebnisse einer empirischen Erhebung, *Kostenrechnungspraxis*, 4/83 Jg., S.169-181.
- Laßmann,G. (1968), *Die Kosten- und Erlösrechnung als Instrument der Planung und Kontrolle in Industriebetrieben*, Düsseldorf.
- Lücke, W. (1955), Investionsrechnung auf der Basis von Ausgaben oder Kosten?, *Zeitschrift für handelswissenschaftliche Forschung*, 7, S.310-324.
- Mayer, R. (1990a), Prozeßkostenrechnung, *Kostenrechnungspraxis*, 1/90 Jg., S.74-75.
- Mayer, R. (1990b), Prozeßkostenrechnung－Rückschritt oder neuer Weg?, *Controlling*, 2.jg., Heft5, S.274-275.
- Mayer, R. (1990c), Prozeßkostenrechnung, *Kostenrechnungspraxis*, 5/90 Jg., S.307-312.
- Mayer, R. (1991), Prozeßkostenrechnung und Prozeßkostenmanagement, in: Horvath &

- Partner (Hrsg.), *Prozeßkostenmanagement*, S.75-99.
- Mayer, R. (1998), Prozeßkostenrechnung -State of the Art, in: Horvath & Partner (Hrsg.), *Prozeßkostenmanagement, 2., Auflage,* S.3-27.
- Mayer, R. und Glaser, H. (1991), Prozeßkostenrechnung als Controllinginstrument – Pro und Contra, *Controlling*, 3.jg., Heft6, S.296-303.
- Mellerowicz, K. (1966), *Neuzeitliche Kalkulationsverfahren*, Freiburg.
- Männel, W. (1986), Nochmals Deckungsbeitragsrechnung, *Kostenrechnungspraxis*, 6/86 Jg., S.204.
- Mohnen, A. (2005), Good News für die Steuerung von Investionsentscheidungen, *Zeitschrift für Betriebswirtschaft*, 75, S.277-297.
- Munzel, G. (1966), *Die fixen Kosten in der Kostenträgerrechnung*, Wiesbaden.
- Noreen, E. (1991), Conditions Under Which Activity-Based Cost Systems Provide Relevant Costs, *Journal of Management Accounting Research*, Fall, pp.159-168.
- Nowak, P. (1961), *Kostenrechnungssysteme in der Industrie,Zweite ergänzte Auflage*, Westdeutscher Verlag Köln und Oplanden.（岡本清・板垣忠訳（1959）『原価計算入門－ドイツにおける原価計算制度-』ダイヤモンド社。）
- Ohlson, J. (1995), Earnings, Book Values, and Dividends in Equity Valuation, *Contemporary Accounting Research*, Vol.11 No.2, pp.661-687.
- Pfaff, D. and Bärtl, O. (1999), Wertorientierte Unternehmenssteuerung, *Zeitschrift für betriebswirtschaftliche Forschung*, Sonderheft 41, S.85-115.
- Plaut, H.G. (1951), Die Plankostenrechnung in der Praxis des Betriebes, *Zeitschrift für Betriebswirtschaft*, S.531-543.
- Plaut, H.G. (1952), Wo steht die Plankostenrechnung in der Praxis?, *Zeitschrift für handelswissenschaftliche Forschung*, S.396-407.
- Plaut, H.G. (1953a), Die Grenz-Plankostenrechnung Erster Teil, *Zeitschrift für Betriebswirtschaft*, S.347-363.
- Plaut, H.G. (1953b), Die Grenz-Plankostenrechnung Zweiter Teil, *Zeitschrift für Betriebswirtschaft*, S.402-413.
- Plaut, H.G. (1955), Die Grenzplankostenrechnung, *Zeitschrift für Betriebswirtschaft*, S.25-39.
- Plaut, H.G., Bonin, A und Vikas, K. (1988), Grenzplankostenrechnung und Einzelkostenrechnung, *Kostenrechnungspraxis*, 1/88 Jg., S.9-15.
- Preinreich, G.A. (1937), Valuation and Amortization, *The Accounting Review*, Vol.12,No.3, pp.209-226.
- Raffish, N. and P.B.B.Turney (1991), Glossary of Activity-Based Management, *Journal of Cost Management*, Fall, pp.53-63.
- Reichelstein, S. (1997), Investment Decisions and Managerial Performance Evaluation, *Review of Accounting Studies*, 2, pp.157-180.
- Reichmann,T. und Fröhling,O. (1991), Fixkostenmanagementorientierte Plankostenrechnung vs. Prozeßkostenrechnung – Zwei Welten oder Partner?, *Controlling*, 3.jg., Heft1, S.42-44.
- Riebel, P. (1956), Die Gestaltung der Kostenrechnung für Zweck der Betriebskonntrolle und Betriebsdisposition, *Zeitschrift für Betriebswirtschaft*, 26. Jg., Heft 5, S.278-289.

- Riebel, P. (1959a), Richtigkeit, Genauigkeit und Wirtschaftlichkeit als Grenzen der Kostenrechnung, *Neue Betriebswirtschaft*, 12. Jg., 3.Heft von 10, S.41-45.
- Riebel, P. (1959b), Das Rechnen mit Einzelkosten und Deckungsbeiträgen, *Zeitschrift für handelswissenschaftliche Forschung*, Neue Folge,11. Jg. S.213-238.
- Riebel, P. (1964a), Die Deckungsbeitragsrechnung als Instrument der Absatzanalyse, in: Hessenmüller,B. und Schnaufer, E. (hrsg.), *Handbücher für Führungskräfte II*, Baden-Baden., S.595-627.
- Riebel, P. (1964b), Die Preiskalkulation auf Grundlage von Selbstkosten oder von relativen Einzelkosten und Deckungsbeiträgen, *Zeitschrift für betriebswirtschaftliche Forschung*, 16. Jg., S.549-612.
- Riebel, P. (1964c), Der Aufbau der Grundrechnung im System des Rechnens mit relative Einzelkosten und Deckungsbeiträgen, *Zeitschrift der Buchhaltungsfachleute*, 10. Jg. S.84-87.
- Riebel, P. (1964d), Durchführung und Auswertung der Grundrechnung im System des Rechnens mit relative Einzelkosten und Deckungsbeiträgen, *Zeitschrift der Buchhaltungsfachleute*, 10. Jg. S.117-120 und 142-146.
- Riebel, P. (1967), Kurzfristige unternehmerische Entscheidungen im Erzeugnisbereich auf Grundlage des Rechnen mit relativen Einzelkosten und Deckungsbeiträgen, *Neue Betriebswirtschaft*, 20. Jg., Heft 8, S.1-23.
- Riebel, P. (1969), Die Fragwürdigkeit des Verursachungsprinzips im Rechnungswesen, in: v. M. Layer und H.Strebel (hrsg.), *Rechnungswesen und Betriebswirtschaftspolitik*, Berlin, S.49-64.
- Riebel, P. (1970), Die Bereitschaftskosten in der entscheidungsorientierten Unternehmerrechnung, *Zeitschrift für betriebswirtschaftliche Forschung*, 22. Jg.,S.372-386.
- Riebel, P. (1974), Systemimmanente und anwandungsbedingte Gefahren von Differenzkosten- und Deckungsbeitragsrechnungen, *Betriebswirtschaftliche Forschung und Praxis*, 26. Jg.,S.493-529.
- Riebel, P. (1978), Überlegungen zur Formulierung eines entscheidungsorientierten Kostenbegriffs, in: v. Heiner Müller-Merbach (hrsg.), *Quantitative Ansätze in der Betriebswirtschaftslehre*, München, S.127-146.
- Riebel, P. (1979), Gestaltungsprobleme einer Zweckneutralen Grundrechnung, *Zeitschrift für betriebswirtschaftliche Forschung*, 31. Jg.,S.863-893.
- Riebel, P. (1985), *Einzelkosten- und Deckungsbeitragsrechnung, Fünfte, verbesserte und ergänzte Auflage*, Wiesbaden.
- Robinson, M. A.ed. (1990), "Contribution Margin Analysis：No Longer Relevant／Strategic Cost Management：The New Paradigm, *Journal of Management Accounting Research*, Fall, pp.1-32.
- Rogerson,W. (1997), Intertemporal Cost Allocation and Investment Incentives: A theory explaining the use of economic value added as a performance measure, *Journal of Political Economy*, 105, pp.770-795.
- Schmalenbach, E. (1899), *Buchführung und Kalkulation im Fabrikgeschäft, Unveranderter Nachdruck*, G.A.Gloeckner,Leipzig,1928.
- Schmalenbach,E. (1902), Gewerbliche Kalukulation, *Zeitschrift für handelswissen-*

schaftliche Forschung, 1963, S.375-384.
- Schmalenbach,E.（1908）, Theorie der Produktionskosten-Ermittelung, *Zeitschrift für handelswissenschaftliche Forschung*, 1908/09, 3.Jg., S.41-65.（土岐政蔵訳（1933）「原価算定の理論」『会計』第33巻第1号，89-102頁，第2号，99-112頁。）
- Schmalenbach,E.（1930）, *Grundlagen der Selbstkostenrechnung und Preispolitik, 5 Aufl.*, Leipzig.（土岐政蔵訳（1935）『原価計算と価格政策の原理』東洋出版社。）
- Schmalenbach, E.（1934）, *Selbstkostenrechnung und Preispolitik, 8. Aufl.*, Leipzig.（土岐政蔵訳（1951）『原価計算と価格政策』森山書店。）
- Schmalenbach,E.（1963）, *Kostenrechnung und Preispolitik, 6. erweiterte und verbesserte Auflage*, Köln und Opladen.
- Schweitzer, M. & Küpper, H.-U.（1986）, *Systeme der Kostenrechnung, 4., Auflage*, München.（溝口一雄監訳，阪口要訳（1978）『原価計算システム』同文舘出版。）
- Schweitzer, M.（1995）, Eugen Schmalenbach as the Founder of Cost Accounting in the German-Speaking World, in: Tsuji, A. and Garner, P.（ed.）, *Studies in* Accounting History , Greenwood Press, pp.29-43.（興津裕康訳（1993）「原価計算のパイオニアーとしてのオイゲン・シュマーレンバッハ（二・完）」『会計』第143巻第5号，101-111頁。）
- Seicht, G.（1963）, Die stufenweise Grenzkostenrechnung, *Zeitschrift für Betriebswirtschaft*, S.693-709.
- Stoffel, K.（1995）, *Controllership im internationalen Vergleich*, Wiesbaden, Gabler.
- Turney, P. B. B.（1991）, *Common Cents*, Cost Technology.
- Turney, P. B. B.（1992）, Activity-Based Management, *Management Accounting*, January, pp.20-25.
- Turney, P. B. B. and A.J.Stratton（1992）, Using ABC to Support Continuous Improvement, *Management Accounting*, September, pp.46-50.
- Wagenhofer, A.（2006）, Management Accounting Research in German-Speaking Countries,*Journal of Management Accounting Research*, Volume 18, pp.1-19.
- Wagenhofer, A. and Riegler, C.（1999）, Gewinnabhängige Managemententlohnung und Investionsanreize, *Betriebswirtschaftliche Forschung und Praxis*, 51, S.70-90.
- Weber, J.（1986）, Deckungsbeitragsrechnung, *Kostenrechnungspraxis*, 3/86 Jg., S.79.
- Weber, J.（1987）, Deckungsbeitragsrechnung – ein terminologischer Vorschlag, *Kostenrechnungspraxis*, 6/87 Jg., S.255-256.
- Weber, J. & Schäffer, U.（1998）, Controlling-Entwicklung im Spiegel von Stellenanzeigen 1990-1994, *Kostenrechnungspraxis*, 42, S.227-233.
- Ziegler, H.（1992）, Prozeßorientierte Kostenrechnung im Hause Siemens, *Betriebswirtschaftliche Forschung und Praxis*, 4/1992 Jg., S.304-318.
- Ziegler, H.（1994）, Neuorientierung des internen Rechnungswesens für Unternehmens-Controlling im Hause Siemens, *Zeitschrift für betriebswirtschaftliche Forschung*, 46, S.175-188.

（日本語文献）
- 青木倫太郎（1958）「部門別原価計算」（中西寅雄編『近代原価計算』同文舘，183-204

参考文献

頁)。
- 安達和夫（1976）「原価計算基準の再検討」『原価計算』第 198 号，6-18 頁。
- 石川文康，岩谷信訳（1982）『ニコライ・ハルトマン哲学入門』晃洋書房。
- 石原　肇（1978a）「商法における制作価格規定と原価計算論」（宮上一男編『シュマーレンバッハ研究』世界書院，345-398 頁）。
- 石原　肇（1978b）『近代原価会計論』森山書店。
- 市原季一（1959）『西独経営経済学』森山書店。
- 井手正介，高橋文郎（1992）『ビジネスゼミナール企業財務入門』日本経済新聞社。
- 伊藤　博（1978）「「原価計算基準」の再検討」『原価計算』第 220 号，32-37 頁。
- 井上康男（1961）『ドイツ管理会計論』白桃書房。
- 夷谷廣政（1988）「補償貢献額計算に関する近時の論争について」『経済論集』第 44 巻第 3 号，35-69 頁。
- 太田善之（1989）「期間損益計算における収益・費用対応についての一考察」『会計』第 136 巻第 6 号，111-124 頁。
- 岡本　清（1980）『原価計算〔三訂版〕』国元書房。
- 岡本　清（1994）『原価計算論〔五訂版〕』国元書房。
- 岡本清編著（1981）『原価計算基準の研究』国元書店。
- 尾畑　裕（1992）「ドイツにおけるプロセス原価計算の展開－アメリカの活動別原価計算の導入と限界計画原価計算派からの批判の検討－」『一橋論叢』第 107 巻第 5 号，705-724 頁。
- 尾畑　裕（1996）「原価計算論の再構築－ドイツにおける原価理論・原価計算・コントローリングの発展に学ぶ－」『会計』第 149 巻第 4 号，15-28 頁。
- 尾畑　裕（1998）「ドイツにおけるＡＢＣ／ＡＢＭの適用から学ぶもの」『企業会計』Vol.50 No.6, 53-59 頁。
- 尾畑　裕（2000）『ドイツ原価理論学説史』中央経済社。
- 片岡洋人（2004）「ＡＢＣの基礎的構造と意思決定」『管理会計学』第 12 巻第 2 号，61-74 頁。
- 久保田音二郎（1959）『間接費計算論』森山書店。
- 久保田音二郎（1965）『直接標準原価計算』千倉書房。
- 久保田音二郎（1980）「原価計算の期間損益計算への関係」神戸大学会計学研究会編『シュマーレンバッハ研究（復刻版）』中央経済社，163-178 頁。
- 久保田音二郎，小林哲夫（1984）「統一原価計算制度（ドイツ）」（神戸大学会計学研究室編『第 4 版会計学辞典』同文舘出版）。
- 河野二男（1988）『直接原価計算論』九州大学出版会。
- 小林哲夫（1964）『経営費用理論研究』神戸大学経済経営研究所。
- 小林哲夫（1972）『原価理論』千倉書房。
- 小林哲夫（1973）「短期成果管理計算の機能と構造」『神戸大学経営学部研究年報』ⅩⅨ号，245-299 頁。
- 小林哲夫（1976）「西独における原価計算モデルの展開」『会計』第 109 巻第 5 号，104-118 頁。
- 小林哲夫（1977）「Schweizer・Hettich・Küpper, Systeme der Kostenrechnung」『国民経済雑誌』第 135 巻第 1 号，117-119 頁。
- 小林哲夫（1987）「管理会計システムの適合性の喪失について」『国民経済雑誌』156 巻 4

号，19-40 頁。
・小林哲夫（1988）『原価計算〔改訂版〕』中央経済社。
・小林哲夫（1993）『現代原価計算論』中央経済社。
・小林哲夫（1997）「パネルディスカッション「原価計算基準の再検討」の概要」『原価計算研究』Vol.21 No.2，1-14 頁。
・小林啓孝（1992）「活動基準原価計算（ABC）の検討」『三田商学研究』第 35 巻 4 号，60-77 頁。
・斉藤隆夫（1970）「原価発生原因主義の原則－原価の割当計算可能性の論理について－」『会計』第 98 巻第 3 号，61-75 頁。
・阪口　要（1984）『部分原価計算論序説』税務経理協会。
・阪口　要（1992）『ドイツ原価計算システム』税務経理協会。
・櫻井通晴（1991）『企業環境の変化と管理会計』同文舘出版。
・櫻井通晴（1995）『間接費の管理』中央経済社。
・櫻井通晴（1998）『新版間接費の管理』中央経済社。
・佐藤成紀（1991）「新日本製鐵の部門別管理会計」（田中隆雄編『現代の管理会計システム』中央経済社，123-139 頁）。
・志村　正（1991）「貢献差益法と活動基準原価分析」『情報研究（文教大学）』第 12 号，61-73 頁。
・世良晃志郎訳（1962）『マックス・ウェーバー　支配の社会学Ⅱ』創文社。
・田中隆雄（1991）「企業環境の変化と管理会計の革新」（田中隆雄編『現代の管理会計システム』中央経済社，1-28 頁）。
・津曲直躬（1981）「戦前・戦中の原価計算基準－財務管理委員会「準則」と企画院「要綱」－」（岡本清編著『原価計算基準の研究』国元書店，3-15 頁）。
・土岐政蔵・斉藤隆夫共訳（1960）『回想の自由経済』森山書店。
・内藤三郎（1965）『経営財務と費用理論』法政大学出版局。
・中田範夫（1981）「計画原価計算における限界費概念」（神戸大学会計学研究室編『現代管理会計論』中央経済社，66-87 頁）。
・中田範夫（1997）『ドイツ原価計算論』晃洋書房。
・中西寅雄（1936）『経営費用論』千倉書房。
・中西寅雄（1958）「原価要素の分類について」（中西寅雄編『近代原価計算』同文舘，17-32 頁）。
・西田芳次郎（2003）『ルンメル原価計算論研究』同文舘出版。
・長谷川拓三（1994）「ドイツにおける戦略的原価マネジメントの構想について－ホルヴァートと彼のグループによる提唱の検討を中心に－」『岐阜経済大学論集』第 27 巻第 4 号，97-136 頁。
・番場嘉一郎（1977）「「原価計算基準」の検討課題」『企業会計』第 29 巻第 2 号，5-11 頁。
・平林喜博（1974）『費用理論序説』森山書店。
・平林喜博（1980）『原価計算論研究』同文舘出版。
・平林喜博（1992）「Kalkulation と久保田原価学説」『会計』第 142 巻第 2 号，28-40 頁。
・廣本敏郎（1997）『原価計算論』中央経済社。
・松本雅男・小林靖雄（1962）『K・メレロビッチ　コスト・マネジメント－原価計画と原価管理－』日本事務能率協会。
・丸山真男（1961）『日本の思想』岩波新書。

- 溝口一雄（1961）『費用管理論』中央経済社。
- 宮本匡章（1967）『無効費用の理論』千倉書房。
- 宮本匡章（1990）『原価計算システム』中央経済社。
- 宮本匡章（1994）「管理会計における管理技法の持続性」『会計』第145巻第1号, 1-13頁。
- 深山　明（1987）『西ドイツ固定費理論』森山書店。
- 深山　明（2001）『ドイツ固定費理論』森山書店。
- 三好幸治（1997）「経営環境の変化と第2世代ＡＢＣ－ターニーの所説を手掛りとして－」『研究年報『経済学』（東北大学）』Vol.58 No.4, 1-20頁。
- 諸井勝之助（1999）「『原価計算基準』の解明」『原価計算研究』Vol.23 No.2, 1-15頁。
- 諸井勝之助（2002）『私の学問遍歴』森山書店。
- 門田安弘（1997）「「ＡＢＣ貢献利益法」の提唱－ＡＢＣと貢献利益法との接点」『企業会計』Vol.49 No.9, 4-12頁。
- 柳田　仁（1987）『ドイツ管理会計論』中央経済社。
- 柳田　仁（2006）『国際経営会計論』中央経済社。
- 山形休司（1968）『原価理論研究』中央経済社。
- 山形休司（1969）『生産計画の理論』森山書店。
- 安平昭二（1977）「コンテンラーメンの種類とその発展」（神戸大学会計学研究室編『原価計算ハンドブック』税務経理協会, 146-151頁）。
- 両頭正明（1981）『現代西ドイツ直接原価計算論序説－相対的直接原価計算論を中心として－』滋賀大学経済学部研究叢書第6号。

索　引

〔あ行〕

RI 研究 ･････････････････････ 234
アグレガート ･･････････････････ 175
EU（欧州連合）規則 ････････････ 222
意思決定志向的原価概念 ･･････････ 31
意思決定の構造 ････････････････ 27
意思決定の連鎖 ････････････････ 26
異質的原価発生 ････････････････ 54
異質的原価発生の解消 ･･････････ 58
一回費 ･････････････････ 106, 117
因果関係の 3 条件 ･･････････････ 28
ウィーン講演 ･････････････････ 193
A 型生産関数 ･････････････････ 177
営業簿記 ････････････････････ 104
ABC ･･････････････････････ 121
　　──の階層構造 ･････････････ 128
　　──の革新性 ･････････････ 144
　　──の基本等式 ･････････････ 177
　　──の 3 条件 ････････････ 186
ABC 貢献差益法 ････････････････ 136
ABC 全部原価計算 ･････････････ 130
FA 化の進展 ･･････････････････ 41
LSÖ ･･････････････････ 7, 221
LSP ･･･････････････････････ 221
LSBÖ ･･････････････････････ 7

〔か行〕

階梯式配賦法 ･････････････････ 82
回避可能原価 ･････････････････ 185
価額法 ･････････････････････ 110
掛持ち作業 ･･･････････････････ 61
価値的原価概念 ････････････････ 31
活動基準原価計算 ･･････････････ 121
活動ドライバー ････････････････ 156
活動表 ･････････････････････ 150
活動分析 ････････････････････ 150
関係データ・ベース ････････････ 89
間接関連量 ･･･････････････････ 57
間接費 ･･････････････････ 5, 18, 46
　　──から直接費への転化現象 ･･････ 119

　　──の直接費化 ･･････････････ 3, 76
間接領域 ･･･････････････････ 145
管理会計と財務会計との調和化 ･････ 222
関連原価 ････････････････････ 95
関連対象 ･････････････････････ 5
関連対象階層 ･････････････････ 18
関連量 ･･･････････････ 5, 152, 232
　　──の計画値 ･･･････････････ 70
　　──の実際値 ･･･････････････ 70
関連量システム ･････････････････ 45
関連量選択の分析的方法 ･･････････ 55
機会原価 ････････････････････ 219
期間間接費 ･･･････････････････ 20
期間関連原価計算 ･･････････････ 104
期間関連補償貢献額計算 ･････････ 39
期間計算階層 ･････････････････ 20
期間成果計算 ･････････････････ 227
期間直接費 ･･･････････････････ 20
期限性 ･････････････････････ 92
期限性度 ････････････････････ 92
基準性原則 ･･･････････････････ 220
基準量 ･･･････････････････ 46, 152
基礎計算 ･････････････････････ 9
基礎計算表 ･･･････････････････ 32
記帳技術的原価分解法 ･･････････ 207
逆行的な粗利益計算 ････････････ 25
キャッシュ・インフローの期間配分 ･･ 237
キャパシティ・コスト ･･･････ 86, 137
　　──の会計 ･･･････････････ 137
給付単位計算 ･････････････････ 103
給付単位計算率 ････････････････ 49
給付費 ･･････････････････ 24, 86
給付量中立的プロセス ･････････ 152
給付量誘発的プロセス ･････････ 151
強度 ･･･････････････････････ 179
　　──による適応 ･･･････････ 181
グーテンベルクの等式 ･････････ 177
区間固定費 ･･･････････････････ 184
組立経営 ･････････････････････ 82
クリーン・サープラス会計 ････････ 236
経営管理者の経済合理的な判断 ････ 190

経営決算・・・・・・・・・・・・・・・・・・・・・・・ 103
経営決算表・・・・・・・・・・・・・ 32, 49, 82, 104
経営準備費・・・・・・・・・・・・・・・・・・・ 24, 86
経営内部給付振替計算・・・・・・・・・・・・・・ 49
経営部分単位・・・・・・・・・・・・・・・・・・・・・ 176
経営簿記・・・・・・・・・・・・・・・・・・・・・・・ 104
　――の勘定体系・・・・・・・・・・・・・・・・ 171
計画関連量・・・・・・・・・・・・・・・・・・・・・・ 70
計画給付単位計算・・・・・・・・・・・・・・・・・ 63
計画原価・・・・・・・・・・・・・・・・・・・・・・・ 44
経常費・・・・・・・・・・・・・・・・・・・・・・・・・ 117
結合原価・・・・・・・・・・・・・・・・・・・・ 17, 186
結合されたプロセス志向給付単位計算
　・・・・・・・・・・・・・・・・・・・・・・・・・・・・・ 110
原価
　――の依存性・・・・・・・・・・・・・・・・・・・ 23
　――の帰属可能性・・・・・・・・・・・・・・・ 21
　――の給付への帰属計算・・・・・・・・・ 27
　――の把握方法・・・・・・・・・・・・・・・・ 21
　――の変動性・・・・・・・・・・・・・・・・・・ 23
限界計画原価計算・・・・・・・・・・ 44, 75, 231
　――および補償貢献額計算・・・・・ 44, 76
限界原価計算・・・・・・・・・・・・・・・・・・・・ 44
原価曲線の傾向的線形性・・・・・・・・・・ 183
原価計算・・・・・・・・・・・・・・・・・・・・・・・ 214
　――の適用領域・・・・・・・・・・・・・・・ 167
　――の統一化・・・・・・・・・・・・・・・・・・・ 6
　――の発展過程・・・・・・・・・・・・・・・・ 43
　――の利用目的・・・・・・・・・・・・・・・ 167
原価計算カルテル・・・・・・・・・・・・・・・・ 10
原価計算基準・・・・・・・・・・・・・・・・・・・ 163
原価計算基礎案・・・・・・・・・・・・・・・・・ 164
原価計算上の集計単位・・・・・・・・・・・・ 166
原価計算対象・・・・・・・・・・・・・・・・・・・・・ 5
　――の階層化・・・・・・・・・・・・・・・・・・ 18
原価計算的簿記・・・・・・・・・・・・・・・・・ 195
原価作用因・・・・・・・・・・・・・・ 45, 123, 125
減価償却スケジュール・・・・・・・・・・・・ 237
減価償却費の期間配分・・・・・・・・・・・・ 237
原価転嫁計算・・・・・・・・・・・・・・・・・・・・・ 8
原価場所原則・・・・・・・・・・・・・・・・・・・・ 51
原価発生尺度・・・・・・・・・・・・・・・・・・・・ 45
原価範疇階層・・・・・・・・・・・・・・・・・・・・ 34
原価部門計画の実施・・・・・・・・・・・・・・ 47
原価部門費・・・・・・・・・・・・・・・・・・・・・・ 46
原価部門別計算の重要性・・・・・・・・・・ 166

原価要素の機能別分類・・・・・・・・ 167, 173
原価割当視点・・・・・・・・・・・・・・・・・・・ 156
工業簿記・・・・・・・・・・・・・・・・・・・・・・・ 104
貢献差益法・・・・・・・・・・・・・・ 41, 122, 138
工場管理部門費・・・・・・・・・・・・・・・・・ 167
工程別流し計算・・・・・・・・・・・・・・・・・・ 16
顧客
　――の原価計算的勘定・・・・・・・・・ 196
　――の差別的処理論・・・・・・・・・・・ 201
　――の法的勘定・・・・・・・・・・・・・・・ 197
国際会計基準・・・・・・・・・・・・・・・・・・・ 222
コスト・センター・・・・・・・・・・・・・・・ 123
コスト・ドライバー・・・・・・ 45, 154, 210, 232
コスト・プール・・・・・・・・・・・・・ 123, 166
固定間接費・・・・・・・・・・・・・・・・・・・・・ 148
固定費・・・・・・・・・・・・・・・・・ 23, 183, 200
　――の除去可能性・・・・・・・・・・・・・・ 85
個別原価計算・・・・・・・・・・・・・・・・・・・・ 11
固変分解・・・・・・・・・・・・・・・・ 23, 122, 211
「ころがし」計算・・・・・・・・・・・・・・・・・・ 8
コントローリング・・・・・・・・・・・・・・・ 214

〔さ行〕

差別価格論・・・・・・・・・・・・・・・・・・・・・ 201
算定基準・・・・・・・・・・・・・・・・・・・・・・・ 206
残留固定費・・・・・・・・・・・・・・・・・・・・・ 184
時間的適応・・・・・・・・・・・・・・・・・・・・・ 181
資源消費会計・・・・・・・・・・・・・・・・・・・ 234
支出が近い原価・・・・・・・・・・・・・・・・・・ 13
支出が遠い原価・・・・・・・・・・・・・・・・・・ 13
施設維持活動・・・・・・・・・・・・・・・・・・・ 136
施設レベルの原価・・・・・・・・・・・・・・・ 128
実際関連量・・・・・・・・・・・・・・・・・・・・・・ 70
実際原価・・・・・・・・・・・・・・・・・・・・・・・・ 51
実物資本維持・・・・・・・・・・・・・・・・・・・ 220
事務領域の効率化・・・・・・・・・・・・・・・ 106
事務労働者（ホワイトカラー）・・・・・・ 146
収益法則・・・・・・・・・・・・・・・・・・・・・・・ 177
　――による適応・・・・・・・・・・・・・・・ 181
収支的原価概念・・・・・・・・・・・・・・・・・・ 31
重層的計算構造・・・・・・・・・・・・・・・・・ 158
主要プロセス・・・・・・・・・・・・・・・ 111, 150
情報エンパワーメント・・・・・・・・・・・ 157
正味現在価値・・・・・・・・・・・・・・・・・・・ 227
初期 ABC・・・・・・・・・・・・・・・・・ 123, 169
職能部門別組織・・・・・・・・・・・・・・・・・ 108

索　引　257

真の間接費 …………………… 9, 21
数学的原価分解法 ……………… 207
生産性分析 ……………………… 158
生産に基づく原価アプローチ …… 224
製造原価計算準則 ……………… 164
製造工業原価計算要綱 ………… 165
制度としての原価計算 ………… 163
製品
　　——に起因する異質性 ……… 54
　　——の全部単位原価 ………… 129
　　——の複雑性 ………………… 117
製品維持活動 …………………… 133
製品原価計算の計算軸 ………… 76
製品単位貢献額 ………………… 39
製品レベルの原価 ……………… 128
線型近似法 ……………………… 227
全部原価計算 …………………… 8
　　——の基礎理論 ……………… 185
操業度 …………………………… 181
　　——に関連しない原価 ……… 127
　　——に関連する原価 ………… 127
操業度基準原価計算システム … 124
操業度差異 ……………………… 71
総原価計算価格 ………………… 204
総合原価計算 …………………… 11
相対的直接費および補償貢献額による
　計算 …………………………… 4
相対的直接費計算 ……………… 4
相対的直接費に基づく部分原価計算 … 4
増分活動原価 …………………… 185
ゾル原価 ………………………… 51

〔た行〕

第一次原価計算価格 …………… 204
第一次原価部門 ………………… 57
第一次費 ………………………… 202
対象関連原価計算 ……………… 104
第二次原価計算価格 …………… 204
第二次原価部門 ………………… 66
第二次費 ………………………… 202
第二世代ABC ……………… 155, 169
多品種少量生産 ………………… 106
単位レベルの活動 ……………… 133
単位レベルの原価 ……………… 128
段階的固定費補償計算 ………… 75
短期変動費 ……………………… 126

弾力的計画原価計算 ………… 43, 76
弾力的計画原価計算および補償貢献額
　計算 …………………………… 44
中間的原価計算対象 …………… 175
中性費用 ………………………… 219
長期変動費 ………………… 126, 176
直接関連量 ……………………… 56
直接原価計算 ………… 10, 41, 76, 122
直接配賦法の第一法 …………… 165
直接配賦法の第二法 …………… 165
直接費 …………………… 5, 8, 46
直接費計算および補償貢献額計算
　………………………… 24, 76, 231
直課型原価計算システム ……… 6
通常の原価計算シェーマ ……… 11
逓減費 …………………………… 200
データ・ベース ………………… 10
ドイツ管理会計 ………………… 213
ドイツの原価計算制度 ………… 103
同一性原則 ……………………… 30
同質的原価発生 ………………… 54
投資理論に基づく原価計算へのアプローチ
　………………………………… 228
動態的限界計画原価計算 …… 89, 96
投入産出分析 …………………… 224
投入資源 ………………………… 176
特殊補償貢献額 ………………… 39
特別計算 ………………………… 16

〔な行〕

内部企業会計 …………………… 214
内部経営給付の振替計算 ……… 36
内部相互補助 ……………… 199, 210
2次元ABCモデル ……………… 156

〔は行〕

発生原因原則 …………………… 27
発生原因原則（因果原則） …… 27
発生原因原則（目的原則） …… 27
バッチレベルの活動 …………… 133
バッチレベルの原価 …………… 128
販売費および一般管理費 ……… 164
B型生産関数 …………………… 178
費消関数 ………………………… 176
費目別計算・部門別計算・製品別計算
　………………………………… 164

標準原価・・・・・・・・・・・・・・・・・・・・・・・ 44
比例ゾル原価・・・・・・・・・・・・・・・・・・・ 70
比例費・・・・・・・・・・・・・・・・・・・・・・・・・ 200
付加原価・・・・・・・・・・・・・・・・・・・・・・・ 219
複数基準配賦法・・・・・・・・・・・・・・・・・ 71
部分原価計算・・・・・・・・・・・・・・・・・・・ 9
部分プロセス・・・・・・・・・・・・・・ 112, 150
部門間接費・・・・・・・・・・・・・・・・・ 18, 82
部門共通費・・・・・・・・・・・・・・・・・・・・ 82
部門経営の差別的処理・・・・・・・・・・ 204
部門個別費・・・・・・・・・・・・・・・・・・・・ 82
部門直接費・・・・・・・・・・・・・・・・・ 18, 82
部門費集計表・・・・・・・・・・・・・・・ 32, 49
部門別計算の重要性・・・・・・・・・・・・ 146
プロセス原価・・・・・・・・・・・・・・・・・・ 108
プロセス原価管理・・・・・・・・・・・・・・ 158
プロセス原価計算・・・・・・・・・・・ 143, 233
プロセス原価部門・・・・・・・・・・・ 111, 171
プロセス原価部門計算・・・・・・・・・・・ 149
プロセス原価率・・・・・・・・・・・・ 109, 153
プロセス志向給付単位計算システム・・ 116
プロセス志向原価計算・・・・・・・・ 105, 170
プロセス志向個別原価計算・・・・・・・・ 110
プロセス視点・・・・・・・・・・・・・・・・・・ 156
プロセス条件の変更・・・・・・・・・・・・・ 61
プロセス数量・・・・・・・・・・・・・・ 109, 152
プロセス表・・・・・・・・・・・・・・・・・・・ 150
プロセス分析・・・・・・・・・・・・・・・・・・ 150
プロセス別給付単位計算・・・・・・・・・ 110
プロセス別組織・・・・・・・・・・・・・・・・ 108
プロセス量・・・・・・・・・・・・・・・・・・・ 109
分析的原価計画・・・・・・・・・・・・・ 93, 153
BAB ・・・・・・・・・・・・・・・・・ 32, 49, 82, 104
ペナルティ・コスト・・・・・・・・・・・・・ 189
偏限界生産力・・・・・・・・・・・・・・・・・ 178
変動的な真の間接費・・・・・・・・・・・・・ 18
変動費・・・・・・・・・・・・・・・・・・・・ 23, 183

方法選択の問題・・・・・・・・・・・・・・・・ 98
方法に起因する異質性・・・・・・・・・・・ 54
補償関連量・・・・・・・・・・・・・・・・・・・ 68
補償貢献額・・・・・・・・・・・・・・・・・・・ 79
補償貢献額計算・・・・・・・・・・・・・ 25, 77
補助経営部門費・・・・・・・・・・・・・・・ 167
補助部門費の配賦方法・・・・・・・・・・・ 71

〔ま行〕

埋没原価・・・・・・・・・・・・・・・・・・ 81, 101
マクロ活動・・・・・・・・・・・・・・・・・・・ 156
全く支出を伴わない原価・・・・・・・・・ 13
ミクロ活動・・・・・・・・・・・・・・・・・・・ 156
見せかけの間接費・・・・・・・・・・・・・・ 21
見せかけの直接費・・・・・・・・・・・・・・ 22
無効費用・・・・・・・・・・・・・・・・・・・・ 183

〔や行〕

有効費用・・・・・・・・・・・・・・・・・・・・ 183
要素投入量・・・・・・・・・・・・・・・・・・・ 183
要素費消量・・・・・・・・・・・・・・・・・・・ 183
予算許容額・・・・・・・・・・・・・・・・・・・ 70
予算許容額配賦・・・・・・・・・・・・・・・・ 71
予算差異・・・・・・・・・・・・・・・・・・・・・ 71

〔ら行〕

領域原価部門・・・・・・・・・・・・・・・・・・ 52
領域部門原則・・・・・・・・・・・・・・・・・・ 51
利用資源・・・・・・・・・・・・・・・・・・・・ 177
量的適応・・・・・・・・・・・・・・・・・・・・ 183
累加法・・・・・・・・・・・・・・・・・・・・・・・ 14
連産品・・・・・・・・・・・・・・・・・・・ 17, 186
ロット別生産・・・・・・・・・・・・・・・・・・ 60

〔わ行〕

割引キャッシュ・フロー・・・・・・・・・ 228

〈著者紹介〉

森本　和義（もりもと・かずよし）

　1964年　大阪府堺市に生まれる
　1987年　同志社大学商学部卒業
　1991年　大阪市立大学大学院経営学研究科前期博士課程修了
　現　在　羽衣国際大学現代社会学部教授

《検印省略》

平成27年7月30日　初版発行　　　略称：ドイツ原価

ドイツ原価計算研究
―アメリカの活動基準原価計算（ABC）との比較研究―

著　者　Ⓒ　森　本　和　義
発行者　　　中　島　治　久

発行所　同文舘出版株式会社
東京都千代田区神田神保町1-41　〒101-0051
電話　営業03(3294)1801　振替00100-8-42935
編集03(3294)1803　http://www.dobunkan.co.jp

Printed in Japan　2015

印刷：萩原印刷
製本：萩原印刷

ISBN 978-4-495-20301-6

JCOPY　〈出版者著作権管理機構　委託出版物〉
本書の無断複製は著作権法上での例外を除き禁じられています。複製される場合は，そのつど事前に，出版者著作権管理機構（電話 03-3513-6969, FAX 03-3513-6979, e-mail: info@jcopy.or.jp）の許諾を得てください。